李丹阳 著

何以中原

淮阳伏羲女娲
信仰研究

学苑出版社

图书在版编目（CIP）数据

何以中原：淮阳伏羲女娲信仰研究 / 李丹阳著 .——北京：学苑出版社，2024.4

ISBN 978-7-5077-6905-0

I.①何… Ⅱ.①李… Ⅲ.①信仰–研究–淮阳县 Ⅳ.① B933

中国国家版本馆 CIP 数据核字（2024）第 046912 号

责任编辑：陈　佳
出版发行：学苑出版社
社　　址：北京市丰台区南方庄 2 号院 1 号楼
邮政编码：100079
网　　址：www.book001.com
电子邮箱：xueyuanpress@163.com
联系电话：010 - 67601101（营销部）、010 - 67603091（总编室）
印　刷　厂：北京建宏印刷有限公司
开本尺寸：710 mm × 1000mm　1/16
印　　张：23
字　　数：308 千字
版　　次：2024 年 4 月第 1 版
印　　次：2024 年 4 月第 1 次印刷
定　　价：118.00 元

序 言

《何以中原——淮阳伏羲女娲信仰研究》是以李丹阳博士的学位论文为底本修订而成的。丹阳当时在中国社会科学院研究生院师从尹虎彬攻读博士学位，这篇序言理应由他的导师尹虎彬来撰写，但虎彬不幸于2020年3月13日因病去世，无缘看到他爱徒的成果出版，也就无从为本书写序。不久前丹阳找我，希望我为这本书作序。我自知不是合格的序言撰写人，但又无法拒绝他的请求，因为他的导师尹虎彬是我多年的挚友和同事，替虎彬做一点事情本就责无旁贷；再者，丹阳攻读博士学位期间我任系主任，学生们的学习情况还是多少了解的，作为老师为学生的成果写个序言，也算名正言顺。

丹阳的导师虎彬在北京师范大学攻读博士学位时，就对民间信仰有浓厚兴趣。他的学位论文以《河北后土宝卷与地祇崇拜》为书名，内容主要是从宝卷出发，关注民间信仰问题。虎彬这部书以民俗学的理论和方法为基点，对宝卷的文本内容和演述活动，宝卷传承的文化环境和社会功能等，进行了比较全面的描述。这种结合文献和田野的功夫和路数，在丹阳研究伏羲女娲信仰的著作中，有比较充分的体现。丹阳的研究，聚焦淮阳地区的伏羲女娲信仰，从其生成与发展入手，进入文化空间的梳理，再描述相关仪式活动，最后以围绕伏羲女娲信仰出现的各类民间叙事的讨论收尾。这个结构安排有其精巧之处，尤其是"从信仰到叙事"和"从叙事到信仰"的总结，就是在信仰与叙事的互构关系中去理解民间精神世界的构造和运作规律，显示了作者立足田野材料的立场，以及不盲从成说的态度。

在该书的结尾部分，丹阳总结说：首先，围绕伏羲女娲生成的民间叙事传统，具有多层级多样式的轮廓，在其发展进程中随时受到地域性和时段性的影响，于是时代因素和地域特征就会渐次进入当地的叙事体系中，这是淮阳地区伏羲女娲信仰的主要特点；其次，信仰的力量令围绕信仰生成的叙事传统具有传承动力；最后，是当地的叙事传统和信俗中神圣与世俗交融的特点。按照作者的原话，当地人"在日常生活实践中打通面向神圣与世俗的两个世界"。这些总结，在我看来，都是符合实际情况的学理性思考。其实，本书中还有诸多很有意思的讨论，如关于正祀与准正祀、主信仰圈与次信仰圈等，都显示了作者能够走进田野又超越田野材料的能力。

在博士学位论文定稿时的"后记"中，丹阳博士言及他的导师在这篇博士论文上面倾注的心血，说尹虎彬带着他两度深入田野，先后六次精心修订论文。熟悉尹虎彬的同道都知道，这是尹虎彬一贯的做事风范。为了让学生们尽快入门，尽快进步，他堪称言传身教的楷模。带着学生深入田野，这不是第一回。为了能更好地指导学生，他也会挤出时间来，和学生一道进入学生选定的田野点，尽可能掌握相关材料。可以说，他的学生，都是他手把手教出来的。他学生在专业能力上的每一点进步，都浸透着他的师者情怀。

这部书稿，就见证了老师的情怀和学生的努力。

是为序。

朝戈金

（中国社会科学院大学教授、博士生导师，

中国社会科学院民族文学研究所原所长）

2023年10月12日于呼和浩特

从庙会研究民间信仰
——读《何以中原——淮阳伏羲女娲信仰研究》
（代序）

李丹阳14年前进入中国社会科学院研究生院少数民族文学系攻读民俗学专业博士学位，师从民俗学研究大家尹虎彬教授。在尹教授严格细致的指导下，他认真撰写了博士学位论文《淮阳伏羲女娲信仰研究》，并顺利通过博士学位论文答辩，获得博士学位。

前些时间接到李丹阳的电话，告知他已将博士学位论文修改成书，待出版，请我为之写序。我本来是有些犹豫，一是因为我的研究方向并不是民俗学，对中原腹地的民间信仰也没有做过系统研究；二是近年来民俗学学科建设发展很快，诸多前沿话题的探讨、非物质文化遗产保护等研究成果层出，我虽一直关注并学习，也还是有些力不从心。犹豫片刻，我还是答应了，丹阳是我们系的优秀毕业生，他的恩师——我的同事、好友尹虎彬教授已经因病辞世三年，丹阳的著作出版是对虎彬教授的最好的纪念。我的这些文字虽只是阅读这部著作的一点体会，也是借此表达对尹虎彬教授深深的敬意和永久的怀念。

2011年3月初，农历二月初一，我和尹虎彬一起去李丹阳撰写博士学位论文的田野工作点——淮阳太昊陵及周边伏羲女娲神话流传地进行了为期一周的实地考察，于我是一次"补课"，可以深入了解中原文化悠久的民间传统，对虎彬和丹阳则是他们师生的田野调查工作实践。现在重读李丹阳的博士学位论文，当年在淮阳，虎彬教授微笑着、手持录音笔记录着每一次的访谈，与丹阳的低声交谈、在农家"香社"小院和村民深入交谈的场景时时浮现。

伏羲、女娲神话在中华神话传统中具有重要的地位，广泛流传于中华大地，也是淮阳民间信仰的核心。淮阳的"太昊陵庙会"则是区域性的独有的文化传统。伏羲庙会文化内涵深厚，丰富多彩。庙会中有隆重的祭祀仪式，祭奠人祖伏羲；有祭祀性和民众性乐舞，"担经挑"舞蹈，保留着原始的"巫舞"形态；也有具备劝善意义的"守宫说唱"演述；以及关于伏羲、女娲的诸如"抟土造人"之类的故事传说，保留着"人类童年"意识的传统民间美术和民间工艺"泥泥狗"，八卦文化散落传统民间形成的习俗等等。研究者将伏羲庙会作为文本，涉及神话传说、仪式、民俗活动、民间工艺、风物遗存，以及在《山海经》《太平御览》《史记》等古代典籍中的文献记录，研究资料丰富，研究对象庞杂。如何将传统庙会承载的文化信息与伏羲女娲信仰之间的内在逻辑阐述清楚，是一项很具有挑战性的课题。

基于对淮阳二月会的深入调查和全方位的考察，李丹阳完成的这一部著作，以淮阳最有代表性的文化传统事象——太昊陵伏羲庙会为研究个案，将庙会文化作为民间信仰的文本，对当地的伏羲女娲信仰进行了系统研究，论者的研究思路和方法、得出的结论，有新意，亦有现实针对性。

时隔12年，再读丹阳博士的这部书稿，研究者清晰的思路、著作的严谨结构、丰富而不繁杂的文献资料、朴实无华的文风，将在看似复杂无序的民俗生活百态中传承千年的伏羲女娲信仰生发和传承的脉络，一一铺陈开来。这种充满历史和生活画面感的阅读体验，我在阅读虎彬教授的《河北民间厚土地祇崇拜》时曾经有过。这应该是民俗学界多年

从庙会研究民间信仰——读《淮阳伏羲女娲信仰研究》（代序）

来倡导口头传统研究、转变研究范式的学术实践所体现的学术生命力和感染力。

这项研究成果的意义和价值，已经完整呈现于著作的缜密论证中，毋庸赘言。这里只想就研究者在探讨活形态的文化传承现象时，体现出的现实关怀谈一点感想。

伏羲女娲等神话传说人物的事迹行状原无定论，陵寝更难确认，但淮阳（古陈州）确有相关的物质的"太昊陵"和非物质的"二月会"的传统习俗，丹阳博士的研究特别关注了区域民间信仰的研究范式，详见"绪论"部分的"研究回顾"中的论述。其中提到的研究范式包括通论模式的研究范式、民俗事象的研究范式、民俗整体研究范式。在"民俗事象的研究范式"中，讨论了"神灵崇拜、庙宇类型""庙会、仪式活动类型""民间叙事类型""香会组织类"等四个研究方面的学术传统，结合著作中引用的文献和田野调查的资料，可以看出作者的前期调查路径和研究思路，研究者的视野中始终有民间文化传承人的活动轨迹，有民间信仰在当代发展的社会性功能转化。回到前面提到的2011年3月上旬的那次调研，我们参加了伏羲庙会的祭奠仪式，目睹了争先恐后涌入太昊陵烧香祈福还愿的民众，观看了太昊陵前广场上的"担经挑"舞蹈、不同村镇香社的鼓队及秧歌队的表演，逛了集市上的各种小摊，当然还有不能错过的"泥泥狗"摊位，深深感受到了冬日中民众的热情。接下来的几日，我们去了西华县城北7.5公里的聂堆镇思都岗村的"女娲城"。在那里，村民集资建立的简易寺庙，供奉着民间传说中的各路神灵；看守寺庙的中年妇女，会讲述女娲补天的神话故事。我们还拜访了传承"担经挑"舞蹈的香社、制作泥泥狗的作坊等，这些都是虎彬教授和丹阳博士的田野调查点，偏远乡村中的文化遗存和民间信仰的传承现状是他们的研究方向。

这些深入细致的调查所搜集的资料和研究者的记叙，真实记录了论文写作年代的这个区域的民间信仰的存续状态，在论文撰写的过程中，他尽可能地使用那些从历史上保存下来的和在现实中传承的民间信仰的民俗志资料，体现了民俗学者的学术自觉。研究者对伏羲庙会与民间信仰的互动发展中存在的问题所提出的对策建议，对当今挖掘和保存优秀传统文化资源、促进非物质文化遗产的创新性转化，仍具有现实指导意义。还必须强调的是，研究者聚焦于淮阳地区的伏羲女娲信仰的研究，是在中华传统文化的发展格局中的整体性观照，研究个案的普遍性意义不言自明。

上述文字仅为读书稿后的一些感想，言之不当之处请谅。

汤晓青

（中国社会科学院民族文学研究所原副所长）

2023 年 7 月 14 日

目 录

绪 论 ··· 001

第一节　伏羲女娲及区域民间信仰研究概述 ······························· 003
一、伏羲女娲神话相关研究概况 ·· 004
二、区域民间信仰的研究回顾 ·· 019

第二节　淮阳伏羲女娲研究的现状 ··· 037

第三节　本书的缘起和意义 ·· 043

第四节　相关术语的界说 ·· 047
一、民间信仰与伏羲女娲信仰 ·· 047
二、关于伏羲、伏羲氏与太昊的关系 ·· 049
三、几个地名的界说 ·· 050

第一章　生成与发展 ··· 053

第一节　信仰的历史发展脉络——以形象流变为主线 ··············· 055
一、信仰的初始形态 ·· 057
二、形成对偶神后的信仰形态 ·· 067
三、完全世俗化后的信仰形态 ·· 081

第二节 淮阳伏羲女娲信仰概说 086
一、淮阳基本概况 087
二、信仰的演化 088
三、信仰的区域特点 092
四、信仰的地理范围 104

第三节 信仰传承中社会各阶层的作用 106
一、历代地方官员 107
二、地方精英 112
三、巫觋 116
四、普通民众 118

第四节 儒、道、释的影响 123
一、儒学 124
二、道教 128
三、佛教 131

小　结 135

第二章　文化空间 139

第一节　寝陵与庙宇 142
一、太昊陵的由来 143
二、明朝的着力扶植和"正祠"地位的形成 145
三、太昊陵的基本建构 149

第二节 画卦台、白龟池、平粮台及龙湖 ································ 165
　一、画卦台 ··· 165
　二、白龟池与龟信仰 ··· 167
　三、平粮台古城 ··· 172
　四、龙湖 ·· 175

第三节 两个信仰圈的交叉存在 ·· 182
　一、主信仰圈与次信仰圈 ··· 184
　二、正祀与准正祀 ·· 187
　三、正统与边缘 ··· 190

小 结 ·· 194

第三章 仪式活动 ·· 197

第一节 淮阳历史上的伏羲女娲祭祀 ···································· 199
　一、历代官方对伏羲、女娲的祭祀 ··································· 200
　二、民祭的由来和盛况 ·· 204

第二节 淮阳伏羲女娲祭祀活动的现状 ································ 211

第三节 生殖崇拜——伏羲女娲信仰及民俗事象的主要内涵和区域特色 ··· 223
　一、泥泥狗 ··· 224
　二、子孙窑 ··· 228
　三、担经挑 ··· 230

四、楼子 ·· 232
　　五、"还童子" ·· 234
　　六、布老虎 ·· 234

第四节　信仰仪式活动及民俗事象的保护 ··············· 238
　　一、伏羲女娲信仰的双重性和当前的现状 ················· 239
　　二、政府部门在保护和开发中存在的问题 ················· 240
　　三、对伏羲女娲信仰及祭祀等仪式活动的保护 ············ 243

小　结 ·· 249

第四章　民间叙事 ·· 253

第一节　神话与传说 ·· 256
　　一、伏羲女娲神话的地方表述 ······························· 257
　　二、伏羲的神话与传说占据主导地位 ······················ 261
　　三、与风物传说深度融合的地域特色 ······················ 266

第二节　民间说唱经文及演述 ······························· 270
　　一、民间说唱经文的总体特点 ······························· 270
　　二、民间说唱经文的主要表现形式 ·························· 276
　　三、民间说唱经文所体现的传统基调 ······················ 289

第三节　图像叙事——泥泥狗事象的信仰表达 ·········· 296
　　一、生成语境的还原：泥泥狗的前世今生 ················· 297
　　二、具象和抽象相统一的信仰表达 ························· 304

    三、与神话演述文本的互动 ……………………………………… 307
    四、风格、手法的多元化与叙事表达的趋同性 ………………… 310
  第四节　民间叙事与伏羲女娲信仰 ………………………………… 314
    一、从信仰到叙事 ………………………………………………… 315
    二、从叙事到信仰 ………………………………………………… 318
    三、民间叙事对伏羲女娲信仰的表达 …………………………… 321
  小　结 …………………………………………………………………… 327

结　语 ……………………………………………………………………… 329
主要参考文献 …………………………………………………………… 337
后　记 …………………………………………………………………… 353

绪 论

伏羲和女娲在中国神话系统里具有无可替代的重要地位，在中原地区的民间信仰体系中更是举足轻重，进而体现在生生不息、绵延几千年的中原文化中。中外学者对两神的相关研究展开较早，成果也很丰富。为充分借鉴前人先学们丰硕的学术成果和灵活的研究方法，这里对伏羲女娲及区域民间信仰研究的整体概况、地方学者对伏羲女娲的研究、本书的缘起和意义以及相关术语的界定等进行必要的勾勒和说明。

第一节
伏羲女娲及区域民间信仰研究概述

伏羲和女娲是中国上古神话和传说中的两位大神，且在三皇系统当中，地位最稳固的是伏羲以及稍后跻身其中的女娲，从开始出现到最终被司马迁排除在信史范畴之外并彻底神祇化，以二氏结合化生人类缔造出一部中国人的"创世记"。中国学界对二者的研究一直持续不断。在中国正统的历史观念中，与神话相关的材料从未得到过应有的重视，神话被历史化、实用化和文学化的实际情况普遍存在，这些都给神话研究者带来了诸多困难，使得诸多学者在研究时陷入"大胆假设"后"小心求证"时资料严重匮乏的迷茫。

鉴于伏羲、女娲对中国传统文化的影响及其独特地位，民俗学、历史学、考古学、人类学、宗教学、图像学等多种学科都对二神有过专门的研究，而随着研究的深入，伏羲女娲的研究越来越成为多种学科共同开发、交流、促进的一个研究领域。神话与民间信仰有着密切联系，对特定区域内的伏羲女娲信仰研究，既属于民间信仰的范畴，又是伏羲女娲神话在区域内传承的必然结果。伏羲女娲神话的发生、流变及独特内涵仍是进行区域内民间信仰研究时的一个重要依据，而研究本身同样可以看作伏羲女娲研究的一个有机组成，因此对学界研究伏羲女娲的整体成果和区域民间信仰研究的概况进行梳理就显得至关重要。

一、伏羲女娲神话相关研究概况

近现代以前的学者中，东汉的王充和南宋的罗泌给予伏羲女娲及其神话的关注最多，其他如晋代张湛，清代黄芷御、赵翼、俞正燮等人，也都力图对伏羲女娲神话进行客观的解释。他们从事的主要是伏羲女娲神话的解释、探究及资料的搜集、保存、整理工作，也有以史学的眼光看待伏羲女娲神话的，如王充《论衡·顺鼓篇》、赵翼《陔余丛考·炼石补天》、俞正燮《癸巳存稿》卷十二"补天"都试图对女娲神话做出合理的解释。而相比之下，伏羲更受史家的推崇。隋唐以后，《艺文类聚》《太平御览》以及《绎史》等书，开始将在此之前的典籍所记载的伏羲神话和传说，编成互不相关的条目，唐代司马贞的《补三皇本纪》和宋代罗泌的《路史·后纪》中的《太昊纪》等，也对前人所记进行综合和连缀的重组，为伏羲作传记。

近现代以来，茅盾、顾颉刚、芮逸夫、闻一多、常任侠、袁珂等学者对伏羲女娲信仰的起源地、伏羲女娲形象及二者的关系等方面进行了系统研究并在一些方面取得了突破性进展。如20世纪三四十年代中国学者对同胞配偶型洪水故事的研究，将包括伏羲女娲研究在内的中国神话学推向了成熟的阶段。尤其是从1937年到1940年末这三年多时间里，西南地区成为北京、上海的很多学者躲避战乱，继续学术事业的首选之地，他们在这些少数民族聚居的地区开展了大量以田野考察和民间资料搜集为基础的研究，并且颇具成果。在发掘出众多民族神话，大大丰富中国神话系统的同时，还创立了学术研究与田野作业相辅相成的方法。

从另一方面，也为伏羲女娲信仰起源地的"南方说"埋下了注脚。而近年来，随着民间信仰研究的兴起，伏羲女娲作为在中国神话中的代表性人物吸引了越来越多的神话研究者的目光，相关的研究成果也如雨后春笋般涌现出来。

（一）伏羲女娲神话研究的主要代表学者

在中国现代神话学建设的建设上，茅盾以《神话杂论》①、《中国神话研究ABC》②等学术成果成为先行者，其在神话学研究上的主要成就可以概括为两个方面：一是开创了把中国神话按地域划分的先河，将其分作南、北、中三个系统；二是运用人类学的观点去阐释伏羲女娲神话产生的原因、产生地以及伏羲、女娲间的关系，他认为伏羲女娲神话源起于北方民族，由"古神女而帝者"③的女娲比伏羲形象更为古老，伏羲则是神话中的"春之神"，等等，这些至今仍是我们进行研究伏羲女娲神话时的重点课题。

人类学家芮逸夫在田野调查的基础上写出了伏羲女娲研究史上第一篇科学专论。1933年，芮逸夫与凌纯声等一行赴湘、黔边境考察苗族，苗族的洪水后兄妹始祖神话引起了他的特别关注。1936年12月，芮逸夫根据考察结果写成了《苗族的洪水故事与伏羲女娲的传说》④一文。在此文中，芮氏首先运用了结构分析的方法，将在湘西考察中搜集所得的4个苗族洪水神话与在中外流传的20余则洪水故事中的人名和情节进行分析比对，得出了它们同属"洪水遗民—兄妹结婚—再造人类"中心母题的结构。其次他运用了语言学分析方法研究伏羲和女娲的名字，认为

---

① 茅盾：《神话杂论》，世界书局1929年版。
② 玄珠（即茅盾）：《中国神话研究ABC》，世界书局1929年版。
③ 郭璞注《山海经·大荒西经》："女娲，古神女而帝者，人面蛇身，一日中七十变。"见袁珂校注：《山海经校注》，巴蜀书社1993年版，第455页。
④ 芮逸夫：《苗族的洪水故事与伏羲女娲的传说》，《人类学集刊》1938年第1卷第1期。

"伏羲"与洪水神话中的哥哥的发音相近，名字含义相同，为"始祖"之义；女娲的名字则相应地与洪水神话中的妹妹名字相似，进而他认为伏羲、女娲同样也为洪水遗民，很有可能就是苗族洪水神话中的兄妹。并且他还通过调查并结合文献资料证明：苗人的祖先为伏羲、女娲，而伏羲、女娲二名至战国末年才见诸古籍，恐怕是从苗人中吸取过来的。这种结论现在看来过于牵强，因为缺乏充分证据而存在较大漏洞。

常任侠 1939 年的《重庆沙坪坝出土之石棺画像研究》[①]从考古学的角度出发，将现代苗瑶洪水神话与作为考古成果的石棺画像结合起来，论证人首蛇身形象的对偶神即为伏羲和女娲。该文提出了一个重要观点就是：古中原各民族杂居，故伏羲、女娲神话不必作为汉族神话。他还在清代瞿中溶《汉武梁祠石刻画像考》、容庚《汉武梁祠画像考释》中关于武梁祠伏羲女娲画像的研究成果基础上，考证出最晚在东汉以前，或许在战国末期即有伏羲女娲为夫妇的说法。

闻一多及时借鉴了芮逸夫及常任侠两人在伏羲女娲神话研究上的成果，并充分发挥自己在文献学上的特长进而深入研究伏羲女娲神话，《伏羲考》作为相应的学术成果一直深受神话学界的重视和推崇。[②]该书汇集了《从人首蛇身像谈到龙与图腾》《战争与洪水》《汉苗的种族关系》《伏羲与葫芦》等文章。《伏羲考》一书鲜明体现了闻一多在伏羲女娲神话研究中重点关注的问题：伏羲女娲人首蛇身像的问题、伏羲女娲与洪水及伏羲女娲与葫芦等三个方面。除了其大胆的推测导致他在一些问题上的结论失于牵强之外，闻氏在伏羲女娲神话研究中取得了丰硕成果，在一定程度上推动了伏羲女娲的研究。首先在伏羲女娲人首蛇身像的问题上，他赞同芮逸夫稍早得出的"伏羲、女娲为苗人祖先说"结论，把二神看作苗族的祖先神。又因为人首蛇身形象较多出现于画像和文献资料的时

---

① 常任侠：《重庆沙坪坝出土之石棺画像研究》，《时事新报·学灯》1939 年第 41、42 期。
② 闻一多的《伏羲考》，部分发表于《人文科学学报》1942 年第 1 卷第 1 期、《文艺复兴》1948 年 9 月中国文学研究专号上。本书参照版本为：《伏羲考》，上海古籍出版社 2009 年版。

期与伏羲女娲神话流传最活跃的时期大致相同，所以闻氏认为考古发掘中频频出现的人首蛇身画像可能即为伏羲、女娲，并且二神以"延维"或"委蛇"的称呼出现于《山海经》中。他还把图腾崇拜运用到具体研究中，认为人首蛇身应该是在蛇神崇拜的基础上进化而来的，属于更高一级的图腾崇拜的形式。在伏羲、女娲与洪水的问题上，他运用母题分析的方法分析几十个洪水遗民故事并发现"战争""洪水"是其中的两大元素，而且"战争"又是最根本的元素。在此基础上，闻氏把盘瓠神话与伏羲女娲神话、盘瓠与伏羲女娲联系了起来，认为盘瓠为伏羲声转，盘瓠和伏羲应该属于同一个大神。在伏羲、女娲与葫芦的问题上，他对近50个洪水造人故事的母题进行列表分析比对，认为"葫芦"与这类故事的联系在于，它在造人故事中占据了核心地位，而造人故事则显然又是洪水造人故事中的更为重要的主题。除此之外，他还在对二神的名字进行语音的训诂分析后得出了伏羲、女娲都是"葫芦"化身的结论，即伏羲为"男葫芦"，女娲为"女葫芦"，二神成了一对"葫芦精"。

闻一多的上述观点在伏羲女娲研究史上具有重要意义，《伏羲考》则可以看作中国创世、洪水和人类起源神话研究的里程碑式论著。但也应该看到，因为过分依赖考据方法，并且采取了以声训为主的论证方法，使他的相关论证出现了一些自相矛盾之处，也难以解释诸如"伏羲、女娲既然最初是葫芦，那么后来又怎么变成人首蛇身"之类的问题。

以顾颉刚的"古史辨"派为代表的史学家的介入也是伏羲女娲神话研究史上的一大亮点。"古史辩派"运用历史的眼光和传统的考据征订法对伏羲、女娲神话的来源及其演变进行了考证，具体成果就是顾颉刚、杨向奎合著的《三皇考》。该书认为女娲是开天辟地的人类始祖，其形象为人首蛇身却并不一定是女性，但在后来演变过程中地位下降并被附会为伏羲之妹或夫人。[①] 吕振羽在其后试图运用唯物史观尝试解释伏羲、女

[①] 顾颉刚、杨向奎：《三皇考》，载吕思勉、童书业编著《古史辨》第七册，上海古籍出版社1982年版。

娲神话，他认为"伏羲"在时间上是渔猎经济社会的反映，"赤龙感女娲""伏羲始制嫁娶"等神话都是相应古代氏族制度的反映。① 徐旭生则结合自己研究古史的心得，提出了对伏羲、女娲研究的独到见解，指出伏羲是上古时代苗蛮部落集团的一个名号，伏羲、女娲关系密切，女娲可能属于伏羲氏族，二神兄妹而婚繁衍人类的神话大概是战国中期从南方传入华夏。②

钟敬文先生作为中国民俗学的奠基人之一，对于伏羲女娲研究也有着浓厚兴趣和不少真知灼见。除了积极倡导运用文献资料、考古学、民俗学等多学科来研究伏羲女娲神话外，他还对伏羲女娲最早的由来及两者的关系做出了判断。他认为，"伏羲、女娲很可能本是两个不同部落、不同地域的大神（或神化了的酋长），他们所代表的社会发展阶段也不同，伏羲是渔猎时期部落酋长形象的反映，女娲则是农业初期阶段的女酋长的反映。他们的神话原来各自流传着，经过民族大融合后才或迟或速地被撮合在一起"③。其后，在论及"洪水后兄妹再殖人类神话"的研究中，他又指出"洪水为灾"和"兄妹而婚再殖人类"两个母题可能"先是分别存在的，只是在流传过程中才被拼合到一起的"④。这些结论因平实而能经得起时间的考验。

袁珂在建设中国神话学上可谓用力最勤，也一向被视为对中国神话学贡献最丰厚的学者之一，他投入了大量精力去整理、校注中国浩繁驳杂的神话资料，著作等身，呈现给我们《中国神话通论》⑤《中国神话史》⑥《中国

---

① 吕振羽：《史前期中国社会研究》，生活·读书·新知三联书店1961年版，第75页。
② 徐旭生：《中国古史的传说时代》（增订本），科学出版社1961年版，第132页。
③ 钟敬文：《钟敬文民间文学论集》（上），上海文艺出版社1982年版，第127页。
④ 钟敬文：《民俗文化学》，中华书局1996年版，第231页。
⑤ 袁珂：《中国神话通论》，巴蜀书社1991年版。
⑥ 袁珂：《中国神话史》，上海文艺出版社1988年版。

神话资料萃编》①《中国神话传说词典》②《山海经校注》③等一系列著作。在神话研究中，袁珂提出了"广义神话论"的观点，强调研究中国神话必须走"广义"的道路。④"广义神话论"的提出，在国内外学术界引起了强烈反响和激烈的争论，在中国神话研究史上影响深远，具有特殊的意义。在伏羲女娲神话的研究方面，袁珂赋予了女娲"一日七十化"的"化"字以新的解释，认为应该是"孕育""化生"的意思。此外，他还认为女娲造人神话是原始时代最早产生的神话之一，是母权制氏族社会时期妇女孕育后代事实的镜像和反映，伏羲女娲兄妹婚神话则出现在稍晚时期的母权制向父权制过渡期，伏羲是作为女娲男性配偶神的身份才出现在兄妹婚神话中。其中的洪水情节应该是更晚一些的唐代或唐代以后附会、粘连上去的，从而形成了洪水后兄妹再造人类神话。袁珂以自己缜密的辨析能力和推断工作推动了包括伏羲女娲神话在内的中国神话的研究。

（二）伏羲女娲神话研究的主要内容

在介绍以上学者在伏羲女娲相关研究中取得的建树之后，我们针对伏羲女娲研究的主要内容，将涉猎伏羲女娲研究的学者观点归类概述如下。

1. 对伏羲女娲信仰起源地的探讨

学者们对伏羲女娲信仰的起源地有着各种猜测和推断，基本可以分为"南方说"和"北方说"两大学派。持"南方说"的学者队伍中，可谓"群星闪耀"，主要有芮逸夫、常任侠、闻一多、徐旭生、吕思勉、胡小石、蒙文通、徐中舒、袁珂、邓少琴、刘大杰、冯天瑜、饶宗颐、萧兵等。"南方说"又能细分为两种意见：一是"苗瑶说"，主张女娲、伏

---

① 袁珂、周明编：《中国神话资料萃编》，四川省社会科学院出版社1985年版。
② 袁珂编：《中国神话传说词典》，上海古籍出版社1985年版。
③ 袁珂：《山海经校注》，上海古籍出版社1980年版。
④ 袁珂：《再论广义神话》，《民间文学论坛》1984年第3期。

羲源起于南方的苗瑶民族，以芮逸夫、闻一多、徐旭生等为代表；一是巴蜀说，即主张女娲、伏羲产生于古代的巴蜀一带，以胡小石、蒙文通、邓少琴等为代表。两种意见之中，"苗瑶说"更具影响。

持"南方说"的主要依据有四条：一是伏羲、女娲在中国古代文献典籍中出现较晚，有可能是汉族后来接受了南方民族所传过的文化的结果；二是南方各少数民族中，盛传着兄妹始祖型洪水神话，且男女主人公的姓名与伏羲、女娲音近，且事迹又多相似，可证伏羲女娲的神话与兄妹始祖型神话同出一源，并首先盛行于南方；三是苗、瑶等南方少数民族中，至今仍存在着信仰、礼祀伏羲、女娲的习俗；四是伏羲、女娲人首蛇（龙）身形象，也源自南方民族（包括苗蛮、巴人等）对蛇的崇拜以及当地"蛇神"的盛行，是在这个基础上进化而来。随着近年来研究的深入，"南方说"已显露出大量的局限和破绽，如在南方一些土著民里遗存的一些古代神话的叙事，既可能是古代的遗留物，也可能是后发达民族保留了古代北方神话的遗存，无法辨明孰先孰后，这就足以凸显溯源方法的局限性。而张振犁等于20世纪80年代在北方民间田野调查中发现大量的关于伏羲女娲的神话和遗迹，则又一次证明南方土著民的口传神话并非唯一留存至今的古代神话。这说明持"南方说"的学者不但受到材料的局限，也受到观念和研究方式的局限。

持"北方说"的学者有：茅盾、张光直、王孝廉、张自修、张振犁、云博生、杨利慧、高有鹏等。其立论主要建立在对"南方说"批判的基础上。值得注意的是，在持"北方说"的学者中，茅盾虽然是首倡者，但却未能提出有力的依据，而王孝廉虽然对南方说做出了尖锐的批评，抓住了"南方说"所谓"古音一致"的弊端，但却未能"有破有立"，建立起让人信服的观点。而张振犁和杨利慧用细致的田野资料搜集工作和大量翔实的材料，为"北方说"增加了一些有分量的筹码。张振犁在20世纪80年代以来，组建"中原神话调查组"对中原地区的中国古典神话进行了实地考察，并最终形成了《中原古典神话流变论考》和《古代东方文化的曙光——中原神话文化价值论析》（中原神话调查组合著）等成果。书中以大量流传在民间的伏羲女娲神话传说及遗迹，进一步证明了伏羲女娲与中原地区的密切联系，他在书中强调指出中原地区是伏羲女娲文化的中心区，但他把自己的家乡新密市的浮戏山看作"华胥氏为首的华族居住地，伏羲、女娲也是华胥氏在这里生的儿女"[①]观点，则明显带有感情的成分和想当然的揣测。

杨利慧是专注伏羲女娲神话研究并取得丰硕成果的学者。她从研究女娲神话入手，《女娲的神话与信仰》（1997年）、《女娲溯源——女娲信仰起源地的再推测》（1999年）及《现代口承神话的民族志研究——以四个汉族社区为个案》（2011年）等三本著作可视为近年来相关研究的总结。她多年来一直着力于女娲神话研究及其信仰研究，尤其偏重后者，结合古代文献与考古学、民族志资料，对女娲神话研究中的诸多问题进行了重新审视。她通过搜集到的500余项有关女娲的民间材料，以及大量的关于女娲信仰的实地调查，对"南方说"从各个方面加以辩驳。其中最锐利的武器便是她发现女娲神话及其信仰的留存，在北方汉族中要远比在南方少数民族中更为丰富。她还敏锐捕捉到了中国考古学界的一些相关的学术成果，并借鉴并运用国外学者的传说"中心地"理论，对包括甘肃彩陶罐上的鲵鱼纹等一些出土资料进行分析比对，明确指出位于中国西北部的甘肃省天水地区就是女娲神话和信仰的起源地。但她对女娲信仰的产生地做出如此具体的推测及对其演化传播做出的所谓与中华文明的发展交流史向序一致的清晰时空描摹，感觉尚缺乏说服力。

2. 伏羲女娲人首蛇（龙）身形象分析

这一研究内容和对二神对偶神形成的研究有着密切联系。诸多学者在承认伏羲女娲形成对偶神后形象统一为人首蛇（龙）身的前提下，对二神尤其是女娲作为独立大神的形象存在很大争议。如，龚维英在谈论

---

① 张振犁：《中原神话研究》，上海社会科学院出版社2009年版，第377页。

女阴崇拜时，对女娲的原型做过如下论述："如果不加讳饰，还事物以本来面目，那么这位'古之神圣女'、人类伟大母亲女娲，最原始的面貌便是女性生殖器。其他一切的'花里胡哨'，都是后来的缙绅先生涂抹的脂粉。若作如是观，女娲的'化万物'和'一日七十化'自然情顺理通，豁达无碍。因为她的身份本来就近似《老子》说的'天下母'和'玄牝'。"①此外，还有葫芦说、鸟说、蛙说，不一而足。关于伏羲的形象，人首蛇（龙）身的主流说法则一直岿然不动。近年来，越来越多的学者在研究此问题时把目光投向了考古学，希望通过出土文物、文献来取得新的进展。②就伏羲女娲神话而言，从战国楚先王庙堂壁画到汉代山东、河南、四川、陕西等地的墓室画像、隋唐高昌故地阿斯塔那墓室绢画等，都有伏羲女娲二神的人首蛇（龙）身，尤以汉代墓室壁画、石刻画像居多。研究古代的伏羲女娲神话，这些材料无疑是不容忽视的。伴随着考古工作近年来的蓬勃发展，关于伏羲女娲形象的研究不断呈现出新亮点。

汉学家李福清《人类始祖伏羲女娲的肖像描绘》是运用汉画伏羲女娲图像进行伏羲女娲神话研究的颇具见解的一篇论文。如关于伏羲女娲的人首蛇身问题，李福清认为女娲的蛇或龙的身子是她隶属于图腾祖先世界的标志，女娲的形象比伏羲更为古老，伏羲的蛇形正是从女娲那里得到的；又如关于日月，李福清否认某些考古学家把伏羲女娲视为日神与月神的说法，认为伏羲与太阳的联系可能来源于伏羲作为东夷族图腾祖先的始祖鸟形，而鸟与太阳又存在某种古老的联系，而女娲与月亮的联系则来源于艺术对称性。③

---

① 龚维英：《原始崇拜纲要：中华图腾文化与生殖文化》，中国民间文艺出版社1989年版，第199页。
② 在中国学术史上，取得新材料、新发现以推动学术取得新的进展，是一个带有规律性的现象。尤其是出土文物、文献，对中国学术影响巨大。早在20世纪20年代前后，王国维运用"纸上之材料""地下之新材料"参证的方法研究中国古史，因为中国神话和古代历史间复杂的联系，使其受益不少。
③ ［俄］李福清：《中国神话故事论集》，马昌仪编，中国民间文艺出版社1988年版，第59页。

谷野典之的《女娲、伏羲神话系统考》则利用画像石资料考证伏羲女娲神话发展阶段的分期。他把伏羲女娲的发展细分为四个阶段：第一阶段，先出现女娲，人们赋予人首蛇身的形貌，即女娲的独立神阶段；第二阶段，在阴阳思想的作用下，女娲、伏羲形成对偶；第三阶段，女娲、伏羲的交尾形；第四阶段，女娲、伏羲为人面蛇身的交尾形。[①]

值得一提的是，楚帛书也被学者纳入伏羲女娲神话的研究中来，并且取得了不错的成果。楚帛书自20世纪40年代出土以来，因其释读的艰难，且半个多世纪以来主要集中在古文字学及古史学的圈子中进行研讨，一般的神话研究者绝少能注意并涉及。近年来帛书神话渐被关注，并被看作楚地相比其他地区更早流传伏羲及其配偶神话的证据之一，是楚人的传说系统，同时又是中国先秦时代完整创世神话的一个活标本。[②]刘文锁在《伏羲女娲图考》中提出，"在帛画中出现的'十二月神像'，其中相当于'巳'位的题纪为'余'的神像，形象是上身呈怪兽、下身呈两条缠绕的蛇（龙）躯体。这一形象的出现，是最早的复合类的蛇身交尾图像，可以看作是先秦时代伏羲及其配偶形象的蓝本"[③]。

3.伏羲、女娲的关系及对偶神的形成

目前，大部分学者都认为伏羲、女娲各自经历了由独立神到对偶神的演变，但对于形成对偶神的时间却还存在争议。如王孝廉通过检索文献总结出女娲有"化万物、补天与理水、造人与主婚、作笙簧"等四大神绩；而伏羲则有"雷神、东方木神、作八卦、制嫁娶、造网作罗、作瑟"等六大神绩。通过两者神绩的互相对照可以得知，二神在初期是没

---

① ［日］谷野典之：《女娲、伏羲神话系统考》，沉默译，《南宁师院学报》1985年第1、2期。
② 目前学界比较通行的观点将帛书中八行一段的文字中涉及的"熊雹戏"确认为伏羲。但对于段中"女填"的释读仍存在很大争议。严一萍、饶宗颐等学者认为女填即是女娲，而李学勤、杨宽等学者则持审慎态度，以为女填为女娲并无确证，雹戏所娶是另一人，不是女娲。故在此仅称为"伏羲及其配偶"。
③ 刘文锁：《伏羲女娲图考》，载中山大学编《艺术史研究·第8辑》，中山大学出版社2006年版，第120页。

有交叉的两个独立神，汉代以后才开始有了兄妹、夫妇等关系，但也并未有结婚生人类的内容。直到唐末李冗作《独异志》时，才采录当时南方诸族的兄妹婚神话，并正式附加上了女娲的名字。[①] 李福清认为伏羲与女娲最初并没有什么关系，多半是在公元初年以前，在华夏民族统一的神话体系形成的过程中，由于受到邻近各族神话的影响，才出现了两个始祖婚配的现象。谷野典之《女娲、伏羲神话系统考》则将公元前140年至公元2世纪中叶伏羲女娲神话的发展分为前期神话、后期神话，提出伏羲女娲由独立神至对偶神的转变具体时间大约是在后汉中期。刘渊临则通过对商代器物和甲骨文的研究发现，早在商代，"人首蛇身"及"双蛇交尾"的形象就已经出现并在当时的器物纹饰有所反映，判断汉代画像即在此基础上进化得来，而出现的"虫虫"字即为伏羲、女娲的象形文字，推断伏羲女娲对偶神话在商代即已存在。[②] 这一说法得到了宋兆麟的呼应，他根据安阳侯家庄1001号大墓出土的一件"一头两身蛇形木器"与后来的伏羲女娲交尾图类似得出判断，认为伏羲、女娲早在商代就已经形成对偶神。[③] 杨利慧则把两神可能形成对偶神的时间进一步提前，她把发现于甘肃地区的鲵形图纹视为人首蛇身像的雏形，并且指出临洮冯家坪出土的距今4000多年前的所谓"人首蛇身"的双连杯或者即为两神已形成粘连、对偶的缩影。[④]

关于二神缘何从初不相干到后来发展、演变为对偶神，学者们的说法也并不统一。如郭沫若指出，父系社会替代母系社会以后，对女娲原来至高神的地位造成了很大冲击并直接造成了其地位下滑，并沦落为伏

---

① 王孝廉：《东北、西南族群及其创世神话》，台北时报文化出版公司1992年版，第380页。
② 刘渊临：《甲骨文中的"虫虫"字与后世神话中的伏羲女娲》，《"中央研究院"历史语言研究所集刊》第41本第4分册，1969年。
③ 宋兆麟：《民间性巫术》，团结出版社2005年版，第26页。
④ 杨利慧：《女娲溯源——女娲信仰起源地的再推测》，北京师范大学出版社1999年版，第123页。

羲之妻;森山树三郎则把两神形成对偶神的原因归结为中国汉民族一向不喜欢独立神,把原来独立的伏羲、女娲结合相配而成为对偶神是习惯使然;杨利慧从文化史的角度出发,认为"原本独立的女神,在社会发展过程中,尤其是到了男性中心的社会,会逐渐粘连上一位男性神作配偶",同时发展了钟敬文的观点,进一步认为伏羲女娲黏合的基础"大约还因为都是被尊奉的部落或氏族的始祖或文化英雄的缘故"。二神具备相似、相近的神格是其形成对偶的主要原因。

4.伏羲、女娲与"洪水神话兄妹婚再殖人类"的关系

伏羲、女娲与"洪水后兄妹配偶再殖人类"神话发生联系的最早见诸存世文献的记载应该是晚唐李冗《独异志》,但书中只有"兄妹配偶再殖人类"内容,并无"洪水"的元素和情节。学者们对于"洪水后兄妹配偶再殖人类"是汉族原有还是有异质文化的渗入,以及它们与伏羲女娲原有神话的关系有着不同观点。芮逸夫在前文中所持的关于"伏羲、女娲乃是苗族洪水神话中的兄妹,出自南方苗族"的推论,对后来的相关研究影响深远。

刘亚虎指出,女娲神话在北方地区广泛流传,显示出一种农耕民族"地母"和女性始祖神的特质。伏羲神话的流传地区大约与女娲神话流传地区相近,并在之后逐渐靠拢。刘氏充分借鉴了楚帛书的相关研究成果,并将之作为证明"伏羲、女娲相互发生联系进而与'洪水兄妹神话'联系起来可能是在南方完成"这一假说的证据。这样的结果是女娲在作为女性氏族首领、地母、始祖神、高禖神等后,与伏羲密切联系并称,进一步突出了女娲自身生殖崇拜的色彩,并与伏羲一起上升为整个人类的始祖神。当结合后的伏羲女娲神话随着民族迁徙流传到南方以后,又自然与南方本来存在的洪水神话结合起来,就水到渠成地成为洪水神话中藏葫芦避洪水繁衍人类的姐弟或兄妹。[①]吕微根据敦煌残卷《天地开辟以

[①] 刘亚虎:《伏羲女娲、楚帛书与南方民族洪水神话》,《百色学院学报》2010年第6期。

来帝王纪》中完整记录下来的伏羲女娲"洪水后兄妹配偶再殖人类"神话，断言是"我们所能见到的、最早的、形态完整的同胞配偶型洪水故事的记录"[1]，肯定此即是伏羲女娲的故事，并将之看作此类神话资料谱系中最有价值的发现。比此前人们熟知的晚唐李冗《独异志》的记载，要早出许多年。他还依据楚帛书和汉代画像石的考古发现，大胆得出了伏羲、女娲与"洪水后兄妹配偶再殖人类"神话是中国本土的原生神话并完整、顺畅流传下来的结论。张振犁根据自己在中原地区大量田野工作所获取的中原活态神话认为，"洪水后兄妹配偶再殖人类"神话起源于北方华夏民族，反对西南少数民族起源论。但他在论断中过分强调了中原地区在神话发生、流传过程中的重要性，指出伏羲神话、女娲神话和洪水后兄妹配偶再殖人类神话都发源于中原并在当地完成了融合、粘连。[2]陈泳超则在《关于"神话复原"的学理分析——以伏羲女娲与"洪水后兄妹配偶再殖人类"神话为例》批判了张振犁与吕微的观点，认为二者所凭借的材料不足以支持所持的论点，并得出了一个相对稳妥的见解：伏羲、女娲自汉代开始有了或兄妹或夫妇的联系，但在此之前很难找到"洪水后兄妹配偶再殖人类"故事也是在本土源起、流传的有力证据。大概到了晋隋时代，"洪水后兄妹配偶再殖人类"故事才开始出现，并直接与伏羲女娲相连接。[3]

5. 对伏羲女娲神话母体及其数据的研究分析

研究旨在从一个更长的时间跨度和更宽泛精准的数据分析出发，来廓清伏羲女娲这对中国神话里的主要人物的演变过程以及现代意义。

---

[1] 吕微：《楚地帛书、敦煌残卷与佛教伪经中的伏羲女娲故事》，见吕微：《神话何为：神圣叙事的传承与阐释》，社会科学文献出版社2001年版，第342–343页。
[2] 张振犁、陈江风等：《东方文明的曙光——中原神话论》，东方出版中心1999年版，第34页。
[3] 陈泳超：《关于"神话复原"的学理分析——以伏羲女娲与"洪水后兄妹配偶再殖人类"神话为例》，《民俗研究》2002年第3期。

王宪昭认为，伏羲女娲母题是中国民间文学宝库中的经典母题类型，它们原本是独立的母题，后逐渐结合成一个新的母题，这种结合经历了从口头到典籍，再从典籍到口头的双向多层次文化交流，这些交流往往会形成若干相互联系而又不同的母题。如今，伏羲女娲母题已经成为中华民族具有人文始祖意义的文化符号，并且在漫长的传承过程中不断演变，表现出在各民族地区分布的广泛性、在不同民族之间传承的复杂性以及两者从独立到黏合的特殊性。这些特征的形成则与人类对神话文化功能的诉求、神话传承规则、民族交往与融合以及特定的文化理念等有关。[1]

王京则以伏羲女娲神话作为专题数据研究对象，分析了信息技术日趋普及大背景下对以多民族人文始祖神话为代表的中华民族传统文化进行数据研究的意义，并通过数据学方法、文献分析方法、模型分析法及多重证据等多种方法，从不同角度对该神话专题数据的建设、开发与应用进行全面研究。积极尝试大数据方法是在中国各民族传统文化乃至社科领域中研究方法的创新。[2]

6. 从哲学层面、农业文化及内生性社区文化的角度进行研究探索

如薄刃锋就从吐鲁番地区出土的伏羲女娲图入手，指出，从哲学的角度来看，伏羲女娲图的内涵同样丰富，从内容上来讲，伏羲女娲图的每一部分都有其相对应的哲学含义，人首蛇身的人物形象是远古图腾崇拜和祖先崇拜的遗留；天地、日月、男女都具有对立属性，在中国古代都曾代指阴阳；规矩不仅代表着古人天圆地方的宇宙模型，又被古人当作社会法度的象征；而交尾的形象，一方面表达了阴阳化生万物，实为宇宙的开端，另一方面却也表达了中国古代的一个普遍观点，即变是宇宙中的一个根本事实；星象图的出现，一方面象征着古代天文学的成

---

[1] 王宪昭：《论伏羲女娲神话母题的传承与演变》，《中原文化研究》2015年第5期。
[2] 王京：《中华民族伏羲女娲神话数据研究》，中国社会科学院研究生院博士学位论文，2020年。

就，即农时历法体现的天人和谐思想，另一方面也表现着中国古代谶纬神学的发展。伏羲女娲图在墓中的放置方式特殊，大多数用木钉钉于墓室上方，正好与墓主人相对。伏羲女娲图内容中所体现的哲学思想多与"天""宇宙"有关，因此伏羲女娲图这种特殊的放置方式体现了古人的哲学思想。①

刘竣指出，伏羲、女娲是中国远古神话中最早且具有浓厚"农神"色彩的两位创世大神。伏羲、女娲神话的原始形态初见于战国时期，成形于西汉。他们的图像产生于战国时期，定型于西汉，于东汉时期标准化，魏晋以后趋于人格化。在此流变过程中，以农神信仰盛衰为线索的农业文化现象贯穿其中。他通过对这些问题的探索，相对系统地梳理了早期农业与社会、政治、宗教信仰之间的相互影响及相互作用的关系。②霍志刚则将视野聚焦在乡村文化振兴的大背景下激活乡村文化振兴的内生性动力着眼，认为，始祖神话和信仰在激活文化认同和地域认同方面发挥着至关重要的作用，往往构成一个地域的标志性文化。通过神话和信仰资源的合理转化利用，推动内生性社区文化共同体的构建，重新树立起乡村文化自信，可以缓解当前普遍存在的农村精神文化衰落和地方特色丧失等发展问题，对于社区信仰圈内的群体起到了重要的凝聚和维系作用，可以充分激发民众的认同和主体参与意识，建立起乡村文化振兴的实践路径。③

此外，中外知名学者中，杨堃、萧兵、叶舒宪、陈建宪、陶阳、陈履生、程健君、李陈广、过文英，日本的森三树三郎、松前健、村上顺子，美国的D.博德等都发表过关于伏羲女娲研究的专著或专题性论文。

---

① 薄刃锋：《吐鲁番出土伏羲女娲图的哲学观念探析》，新疆师范大学硕士学位论文，2017年。
② 刘竣：《伏羲女娲神话、图像流变与所蕴含的农业文化现象》，《西北农林科技大学学报》（社会科学版）2015年第3期。
③ 霍志刚：《始祖神话信仰资源乡村振兴路径研究——以内生性社区文化共同体构建为中心》，《长江大学学报》（社会科学版）2023年第1期。

二、区域民间信仰的研究回顾

本书研究的重点是特定区域——淮阳的伏羲女娲信仰,属于对区域社会内民间信仰的研究,因此回顾、梳理学界对区域民间信仰的研究概况显得尤为必要。

早在20世纪初叶,顾颉刚等老一代学者对于北京西郊妙峰山碧霞元君信仰及其庙会活动的调查,可以看作对区域内民间信仰进行研究的一次有益探索,更揭开了现代中国民俗学田野调研的序幕,所发表的关于妙峰山香会、庙宇与神灵信仰研究的一系列文章,是中国早期民俗学中民间信仰的重要学术成果。其后,若干此类的文章相继出版,比较有影响力的有林用中、章松寿的《老东岳庙会调查报告》[1]、杨成志的《安南人的信仰》[2],陈梦家的《祖庙与神主之起源》[3],孙作云的《中国古代的灵石崇拜》[4]等。

1937—1949年,受到战争的影响,地方民间信仰类的学术成果乏善可陈,著名的有许地山在香港写的《扶箕迷信的研究》[5]、杨堃的《灶神考》[6]、许道龄的《玄武之起源及其蜕变》[7]、梁钊韬的《中国古代巫师的种类》[8]以及樊恭炬的《祀龙祈雨考》[9]等。

中华人民共和国成立以后,民俗学及民族学、人类学、社会学等学

---

[1] 林用中、章松寿:《老东岳庙会调查报告》,载《民国时期社会调查丛编·宗教民俗卷》,福建教育出版社2004年版。
[2] 杨成志:《安南人的信仰》,《民俗季刊》1937年1月30日。
[3] 陈梦家:《祖庙与神主之起源》,《文学年报》1937年第3期。
[4] 孙作云:《中国古代的灵石崇拜》,《民族杂志》1937年5卷1期。
[5] 许地山:《扶箕迷信的研究》,商务印书馆1941年版。
[6] 杨堃:《灶神考》,《汉学》1944年第1期。
[7] 许道龄:《玄武之起源及其蜕变》,国立北平研究院史学研究所,1947年。
[8] 梁钊韬:《中国古代巫师的种类》,《民族学研究集刊》1946年第5期。
[9] 樊恭炬:《祀龙祈雨考》,《二十世纪中国民俗学经典·信仰民俗卷》,社会科学文献出版社2002年版。

科曾"被当作'资产阶级学科',一度被否定了。民俗研究起初沿袭着延安时期民间文学艺术一枝怒放的格局,但这一枝也在'文化大革命'中凋落殆尽"[1]。中国民间信仰领域的研究因此遇到了近30年的停顿。直到1978年改革开放后,随着国家在政策方面相对温和的调整,主流意识形态逐渐淡出了普通民众的日常生活,为民间信仰的恢复提供了一个宽松环境,修庙塑神、结社起会、进香朝圣等自发信仰行为,在中国民间社会里越来越普及和常见,民间信仰作为中国普通民众精神生活领域的一个组成部分,越来越引起社会的关注,相应的研究才呈现出蓬勃发展的态势。

总的来看,以往区域民间信仰的研究主要围绕着以下研究范式。

(一)通论模式的研究范式

中国区域民间信仰概括性的研究作品,在标题前大都出现"某某地区""某某民族"等称谓,这种情况在近30多年的相关研究中更为常见。此类文章一般是侧重于文本研究,并注重文本资料和田野考察成果的结合,从涵盖层面上看,大多都会采取全景描绘的方式立体呈现所关注区域内民间信仰的存在状态和表现方式,包括信仰神灵的谱系、历史源流、多种功能及丰富特征等。[2]

从研究成果上来看,20世纪八九十年代区域民间信仰研究首先兴盛于南方,分别是东南沿海和江南地区。福建等东南沿海地区主要是以妈祖崇拜为核心的研究,1985年以来,关于妈祖研究的论文频频出现在诸多人文社会科学期刊上,数量和质量都比较可观。其中,朱天顺主编的

---

[1] 钟国发:《20世纪中国关于汉族民间宗教与民俗信仰的研究综述》,《当代宗教研究》2004年第2期。

[2] 陈进国:《民俗学抑或人类学——中国大陆民间信仰研究的学术取向》,载金泽、陈进国:《宗教人类学》(第一辑),民族出版社2009年版。

《妈祖研究论文集》[①]，徐晓望的《福建民间信仰源流》[②]，及林国平、彭文宇的《福建民间信仰》[③]应该是区域民间信仰研究中较早的著述。进入21世纪以来，陈进国的《隔岸观火：泛台海区域的信仰生活》[④]算得上是一部有分量的作品，该书结合文献和田野、考古与考现，对闽台及南洋地区独特的祖先崇拜现象及买地券习俗的研究，细致地剖析了泛台海区域之信仰生活的某些截面，生动勾勒出了区域历史之多元共生的信仰文化景观。

在江南地区民间信仰的研究中，姜彬主编的《吴越民间信仰习俗——吴越地区民间信仰与民间文艺关系的考察和研究》[⑤]，分别从神歌、仪式歌、宝卷、戏曲、灯会、传说等方面入手，描述了吴越地区民间信仰的现状以及与民间生活、民间文艺之间的内在关系。随后姜彬所在的上海民间文艺家协会又分别在1994年、1995年主编了《中国民间文化》的"民间俗神信仰""地方神信仰"两个专题，汇集了50多篇集中探讨地方神祇信仰的民俗调查论文，其内容主要是地方学者对于区域性的寺庙进行民俗事象调查，旨在观照地方神祇的渊源与信仰习俗。[⑥]此外，姜彬还在《区域文化与民间文艺学》一书中提出了"区域民间文艺学"的学科概念，认为区域民间文艺学"既与这一地区当代的文化现象相联系，又与这一地区的文化的历史现象（包括远古的文化）相联系；它不仅对民间文学本身进行研究，而且与特定地区的社会的历史的诸种文化现象

[①] 朱天顺：《妈祖研究论文集》，鹭江出版社1989年版。
[②] 徐晓望：《福建民间信仰源流》，福建教育出版社1993年版。
[③] 林国平、彭文宇：《福建民间信仰》，福建人民出版社1993年版。
[④] 陈进国：《隔岸观火：泛台海区域的信仰生活》，厦门大学出版社2008年版。
[⑤] 姜彬：《吴越民间信仰习俗——吴越地区民间信仰与民间文艺关系的考察和研究》，上海文艺出版社1992年版。
[⑥] 上海民间文艺家协会主编的《中国民间文化》（民间俗神信仰）第4集（总第16集）、《中国民间文化》（地方神信仰）第2集（总第18集），由学林出版社分别于1994、1995年出版。

结合起来进行研究"[①]。这一提法虽稍显大胆,却不失其积极意义。

20世纪90年代以来,北方地区区域民间信仰研究成果开始增多,其研究方向主要集中在碧霞元君、伏羲、女娲、城隍及关公等几个神祇上。如刘慧的《泰山宗教研究》[②]、刘永华的《关羽崇拜的塑成与民间文化传统》[③]、王齐洲的《论关羽崇拜》[④]、杨利慧的《女娲的神话与信仰》[⑤]和《女娲溯源》[⑥]、叶春生和蒋明智的《悦城龙母文化》[⑦]、叶涛的《论泰山崇拜与东岳泰山神的形成》[⑧]《碧霞元君信仰起源考》[⑨]《泰山石敢当》[⑩]、吴效群的《妙峰山：北京民间社会的历史变迁》[⑪]等。

值得一提的是,妙峰山以其民俗学界的"圣地"地位吸引了众多学者的关注,其中,美国学者韩书瑞的《北京妙峰山的进香之旅：宗教组织与圣地》[⑫]应该是比较具有代表性的研究成果。作者运用文化人类学的相关理论,全面分析了妙峰山信仰活动的社会和文化意义,并从碧霞元君信仰、妙峰山的进香之旅、各种势力的相互竞争、内部的差异等诸方面入手,系统地考察了妙峰山碧霞元君信仰形式的发生、转变及其社会冲突的影响。

20世纪90年代以来,少数民族地区的区域信仰研究也颇富成果,如

[①] 姜彬：《区域文化与民间文艺学》,中国民间文艺出版社1990年版,第5页。
[②] 刘慧：《泰山宗教研究》,文物出版社1994年版。
[③] 刘永华：《关羽崇拜的塑成与民间文化传统》,《厦门大学学报》1995年第2期。
[④] 王齐洲：《论关羽崇拜》,《天津社会科学》1995年第6期。
[⑤] 杨利慧：《女娲的神话与信仰》,中国社会科学出版社1997年版。
[⑥] 杨利慧：《女娲溯源》,北京师范大学出版社1999年版。
[⑦] 叶春生、蒋明智：《悦城龙母文化》,黑龙江人民出版社2003年版。
[⑧] 叶涛：《论泰山崇拜与东岳泰山神的形成》,《西北民族研究》2004年第2期。
[⑨] 叶涛：《碧霞元君信仰起源考》,《文史》2007年第4期。
[⑩] 叶涛：《泰山石敢当》,浙江人民出版社2007年版。
[⑪] 吴效群：《妙峰山：北京民间社会的历史变迁》,人民出版社2006年版。
[⑫] [美]韩书瑞(Susan Naquin)：《北京妙峰山的进香之旅：宗教组织与圣地》,周福岩、吴孝群译,《民俗研究》2003年第1期。

富育光、孟慧英的《满族萨满教研究》①，郭淑云的《原始活态文化：萨满教透视》②，巴莫阿依的《彝族祖灵信仰研究》③，巴莫曲布嫫的《鹰灵与诗魂——彝族古代经籍诗学研究》④《神图与鬼板：凉山彝族祝咒文学与宗教绘画考察》⑤以及汪毅夫的《客家民间信仰》⑥，林继富的《灵性高原——西藏民间信仰源流》⑦，文忠祥的《土族民间信仰研究》⑧，杨树喆的《师公·仪式·信仰》⑨等可以看作代表性的研究成果。

（二）民俗事象的研究范式

一些学者在研究中不但关注民间信仰自身的生成与演变以及来自上层的文化传统对其的影响，同时把更多的目光投向了区域社会中地方文化传统诸多民俗事象和民间信仰间的深层次联系上。在区域民间信仰的民俗事象研究取向中，以下几个主题值得关注。

1. 神灵崇拜、庙宇类型的研究

此类研究在区域民间信仰的研究中起步较早，除了民俗学学圈外，其他相近学科的一些学者也多有涉猎，所呈现的学术成果也很丰富。如早期刘锡诚、宋兆麟、马昌仪主编《中华民俗文丛》⑩对多种信仰民俗做了专题研究，丛书包括了王永谦的《土地与城隍信仰》、钟宗宪的《炎帝神农信仰》、陈建宪的《玉皇大帝信仰》、吕继祥的《泰山娘娘信仰》、

---

① 富育光、孟慧英：《满族萨满教研究》，北京大学出版社1991年版。
② 郭淑云：《原始活态文化：萨满教透视》，上海人民出版社2001年版。
③ 巴莫阿依：《彝族祖灵信仰研究》，四川民族出版社1994年版。
④ 巴莫曲布嫫：《鹰灵与诗魂——彝族古代经籍诗学研究》，社会科学文献出版社2000年版。
⑤ 巴莫曲布嫫：《神图与鬼板：凉山彝族祝咒文学与宗教绘画考察》，广西人民出版社2004年版。
⑥ 汪毅夫：《客家民间信仰》，福建教育出版社1995年版。
⑦ 林继富：《灵性高原——西藏民间信仰源流》，华中师范大学出版社2004年版。
⑧ 文忠祥：《土族民间信仰研究》，兰州大学博士学位论文，2006年。
⑨ 杨树喆：《师公·仪式·信仰》，广西人民出版社2007年版。
⑩ 刘锡诚、宋兆麟、马昌仪主编：《中华民俗文丛》，学苑出版社1994年版。

吕威的《财神信仰》等。刘锡诚主编《中国民间信仰传说丛书》[1]则差不多囊括了中国民间典型的神灵类别及相关的传说故事。在这类研究著述中，既有对地方神灵、庙宇概括性的研究，包括源起、演变、现状以及在区域社会内的地位和影响等，也有以神灵崇拜和庙宇为主线，探讨民间信仰对地方传统的深层次影响、与国家权力的对抗和互动以及结合地方某一特殊现象的研究等。如陈春声在《宋明时期潮州地区的双忠公崇拜》一文中，研究了一个来自北方，从唐代开始就被列入官方祀典的神祇——双忠公，如何在潮州逐步完成了地方化和民间化的过程，并指出这个过程同时与潮州地区乡村社会逐步融入国家体制的过程相一致。[2]黄挺的《民间宗教信仰中的国家意识与乡土观念——以潮汕双忠公为例》一文同样是关注潮汕地区的同一神明的信仰，作者结合宋代以来的文献记录和田野调查资料，对双忠公信仰活动中官方、地方精英和普通民众的不同态度，反映出了双忠公信仰背后投射出的国家政权与乡土社会间的复杂矛盾。[3]其他如高丙中的《一座博物馆——庙宇建筑的民族志》[4]、景军的《知识、组织与象征资本——中国北方两座孔庙之实地考察》[5]、骆建建的《归来之神：一个乡村寺庙重建的民族志考察》[6]、杨冰的《神灵、庙宇与村落生活：对一个鲁中山村民间信仰的考察》[7]等都是这类研

---

[1] 刘锡诚主编：《中国民间信仰传说丛书》，花山文艺出版社1995年版。
[2] 陈春声：《宋明时期潮州地区的双忠公崇拜》，载郑振满、陈春生主编：《民间信仰与社会空间》，福建人民出版社2005年版。
[3] 黄挺：《民间宗教信仰中的国家意识与乡土观念——以潮汕双忠公为例》，载郑振满、陈春生主编：《民间信仰与社会空间》，福建人民出版社2005年版。
[4] 高丙中：《一座博物馆——庙宇建筑的民族志》，《社会学研究》2006年第1期。
[5] 景军：《知识、组织与象征资本——中国北方两座孔庙之实地考察》，《社会学研究》1998年第1期。
[6] 骆建建：《归来之神：一个乡村寺庙重建的民族志考察》，上海大学社会学博士学位论文，2007年。
[7] 杨冰：《神灵、庙宇与村落生活：对一个鲁中山村民间信仰的考察》，山东大学硕士学位论文，2007年。

绪 论

究的出色成果。

2. 庙会、仪式活动类型的研究

庙会是传统中国社会特有的民俗事象，一直被看作民间信仰的基本实践模式之一，因此研究区域的民间信仰，庙会类型问题因其与地方信仰的紧密结合度显得十分常见。早在20世纪初叶，中国学界就开始了对庙会和相应仪式活动的研究。先期的研究多是针对庙会盛况及仪式活动的记录和全景描述，并辅以民俗学、社会学等角度的研究剖析，这一时期的著述也因而具有开创性的意义。如顾颉刚于1928年主编的《妙峰山》[1]算得上是此时期的一个典范之作，该书包含了他本人以及容庚、容肇祖、庄严、孙伏园等学者针对妙峰山香会的采风及研究成果。再如，林用中、章松寿先生在1936年所著的《老东岳庙会调查报告》则是另一部记载当时当地民俗历史的重要文献，该报告在对庙会历史、各种庙产、丰富传说、许愿还愿及香会组织的相关情况进行追溯源流的同时，还对这些民俗事象开展了详尽的考查，有助于我们全面了解这一庙会的形成与演变、当时民众丰富的民间信仰、信仰心理及香会组织的规模、影响力等。[2]这份报告也是目前存世的老东岳庙会历史上唯一的一份调查记录，对于学术研究具有重要参考价值。

改革开放以来，越来越多的学者开始关注庙会，而历史学者赵世瑜就是在中国庙会研究中成果颇丰的学者，他关于庙会的论文《明清时期华北庙会研究》[3]、《论中国传统庙会的狂欢精神》[4]、《庙会与明清以来的城乡关系》[5]及《明清时期江南庙会与华北庙会的几点比较》[6]，专著《狂欢与

---

[1] 顾颉刚：《妙峰山》，影印本，上海文艺出版社1988年版。
[2] 林用中、章松寿：《老东岳庙会调查报告》，《民国时期社会调查丛编·宗教民俗卷》，福建教育出版社2004年版。
[3] 赵世瑜：《明清时期华北庙会研究》，《历史研究》1992年第5期。
[4] 赵世瑜：《论中国传统庙会的狂欢精神》，《清史研究》1997年第4期。
[5] 赵世瑜：《庙会与明清以来的城乡关系》，《中国社会科学》1996年第1期。
[6] 赵世瑜：《明清时期江南庙会与华北庙会的几点比较》，《史学集刊》，1995年第1期。

日常——明清时期的庙会与民间文化》[1]等，都极具学术价值。如在《明清时期华北庙会研究》一文中，赵认为一个地区只有同时具备以下两个条件，庙会才能出现并发展：一是宗教繁荣、寺庙扩建，并且各种宗教活动丰富多彩；二是商业活动相对发达、城镇集市增多。在《明清时期江南庙会与华北庙会的几点比较》一文中，赵首开庙会研究中横向对比的先河。正如其在文中指出研究目的是"以庙会这样一个宗教、经济、文化的综合性区域中心为例，探索华北与江南历史文化现象的空间异同，特别是其中的地区性差异"。作者通过研究指出江南庙会社区性与宗教性的特点体现得更为充分，并分析指出了这一特点的形成原因。赵的研究丰富和拓宽了我们在庙会上的研究方法和多重研究角度。

高有鹏也是较早关注庙会的学者，在《庙会与中国文化》[2]一书中，他对中国的庙会分布进行了详细调查和勾勒，把中国的庙会群从地域上划分为"中原庙会群"、"北方庙会群"及"南方庙会群"，并从神话、民间信仰的角度对河南的西华女娲城庙会、淮阳太昊陵庙会、商丘阏伯台庙会，北京的妙峰山庙会，福建莆田的妈祖庙会进行了研究，指出了地域庙会与地方传统文化之间的密切联系。而刘铁梁的《村落庙会的传统及其调整》一文则对不同地域的几个村落仪式进行了比较分析，并研究表明，村落民众通过庙会仪式活动所建立的象征性生活世界和共同确认的社会秩序观念与他们的日常生活实践之间存在着特定的关联。

其他关于庙会类研究的著述还有很多，如刘慧的《泰山庙会》[3]，叶涛、任双霞的《泰山王母池九月九庙会调查报告》[4]，袁爱国的《泰山东岳

---

[1] 赵世瑜：《狂欢与日常——明清时期的庙会与民间文化》，生活·读书·新知三联书店2002年版。
[2] 高有鹏：《庙会与中国文化》，人民出版社2008年版。
[3] 刘慧：《泰山庙会》，山东教育出版社1999年版。
[4] 叶涛、任双霞：《泰山王母池九月九庙会调查报告》，《民俗研究》2004年第1期。

庙会考识》①，吕继祥的《泰山庙会述论》②，刘铁梁的《庙会类型与民俗宗教的实践模式——以安国药王庙会为例》③，岳永逸的《庙会的生产——当代河北赵县梨区庙会的田野考察》④《传说、庙会与地方社会的互构——对河北C村娘娘庙会的民俗志研究》⑤《行好——乡土的逻辑与庙会》⑥等。

民间信仰与仪式活动有着密切联系，前者是对自然、社会与个体存在的信念假设，后者则是对这些信念的行动表达和具体实践，民间信仰的仪式活动具有增强地区认同、整合区域社会的功能，有利于特定社区的内外团结和向心力、凝聚力的增强。社会学、人类学学者在这方面起步较早，著述颇多。郭于华主编的论文集《仪式与社会变迁》就汇聚了高丙中、王铭铭、罗红光、刘晓春等国内九位学者观点各异、视野不同但都聚焦于"仪式"的10篇论文。该书以仪式作为探讨社会变迁，特别是民间社会与国家权力交互作用的视角，通过观察仪式以呈现社会与文化的变异，旨在倡导一种从仪式的角度考察社会秩序及其变迁的方法。如该书中高丙中的论文将仪式作为一种独特的文化透镜，着重探讨民间社会与国家权力的复杂互动关系，他以《民间的仪式与国家的在场》为题通过关注国家如何出现在民间仪式中来审视国家与社会的关系。⑦刘晓春的论文通过对同处一个客家乡镇的两个"信仰—仪式"中心的考察与比较，展示了区域"信仰—仪式"中心的变迁，以及仪式的兴衰演变与

---

① 袁爱国：《泰山东岳庙会考识》，《民俗研究》1988年第4期。
② 吕继祥：《泰山庙会述论》，《民俗研究》1994年第1期。
③ 刘铁梁：《庙会类型与民俗宗教的实践模式——以安国药王庙会为例》，《民间文化论坛》2005年第4期。
④ 岳永逸：《庙会的生产——当代河北赵县梨区庙会的田野考察》，北京师范大学民俗学博士学位论文，2004年。
⑤ 岳永逸：《传说、庙会与地方社会的互构——对河北C村娘娘庙会的民俗志研究》，《思想战线》2005年第3期。
⑥ 岳永逸：《行好——乡土的逻辑与庙会》，浙江大学出版社2014年版。
⑦ 高丙中：《民间的仪式与国家的在场》，载郭于华主编：《仪式与社会变迁》，社会科学与文献出版社2000年版。

家族、社区、国家及当地政治、经济、文化资源的复杂关联,论证了所谓传统与再造其实是国家权力、民间精英与权威、民众生活动力等各种因素互动与共谋的复杂的历史过程。[1]此外,王宵冰的《仪式与信仰——当代文化人类学新视野》[2]也属于人类学者立足于仪式对民间信仰展开的研究。

陶立璠在《民俗意识的回归——河北省赵县范庄村"龙牌会"仪式考察》[3]一文中,通过对仪式的考察,指出范庄的龙牌信仰,其实包含多神信仰成分,借助这种信仰,使村落成员以及各个家庭的行为在一定程度得到规范,且最终与道德统一了起来。叶涛则在其博士学位论文《泰山香社研究》的基础上,对明清以来泰山香社的传统进香仪式进行民俗志描述和研究,为民间信仰的仪式研究提供了有益的参照。[4]盛燕、赵旭东的《从"家"到"庙"——一个华北乡村庙会的仪式变迁》[5]认为"家"是一种家庭的、内部的表征,而"庙"是公共的、外部的表征。通过从家到庙仪式的变迁,直接反映出了龙牌会从地方信仰向公共事物——龙文化遗产发展的过程。

3. 民间叙事类型的研究

林继富的《神圣的叙事——民间传说与民间信仰互动研究》[6]对民间叙事和民间信仰间的关系进行了研究,指出民间信仰是使民间传说等具

---

[1] 刘晓春:《区域信仰—仪式中心的变迁》,郭于华主编:《仪式与社会变迁》,社会科学与文献出版社2000年版。

[2] 王宵冰:《仪式与信仰——当代文化人类学新视野》,民族出版社2008年版。

[3] 陶立璠:《民俗意识的回归——河北省赵县范庄村"龙牌会"仪式考察》,《民俗研究》1996年第4期。

[4] 叶涛:《明清以来泰山香社传统进香仪式述略》,载刘魁立等:《民间叙事的生命树》,中国社会出版社2010年版,第119页。

[5] 盛燕、赵旭东:《从"家"到"庙"——一个华北乡村庙会的仪式变迁》,载黄宗智主编:《中国乡村研究》第六辑,福建教育出版社2008年版。

[6] 林继富:《神圣的叙事——民间传说与民间信仰互动研究》,《华中师范大学学报》(人文社会科学版)2003年第11期。

备了神圣叙事特征的重要因素。认为民间传说为民间信仰的保存和传播提供了方便，后者主要通过历史表达等方式存在于民间传说之中，并是决定着民间传说叙事变化的重要内容。这类研究范式比较有影响力的代表作品当数刘锡诚主编的《中国民间信仰传说丛书》，该丛书搜集了在中国民间影响很大的玉皇、灶王爷、八仙、关公、门神等12个民间信仰传说故事群，较为系统地反映出了20世纪90年代民俗学者对民间传说故事的搜集、整理和研究情况，其实也可以看作对中国北方民间信仰的一个笼统的梳理。

近年来，民俗学者在研究中越来越关注民俗"场（情）景性"的元素，并对民间信仰与区域传统之间的关系进行民间叙事角度的审视，宝卷、民间口头叙事文本的实现过程得到进一步关注，研究视野日趋扩大。[1]如尹虎彬在《河北民间后土信仰与口头叙事传统》中，主张《后土宝卷》及其演唱是民间神灵与祭祀的现场活动中一道重要程序，而地方性宝卷和民间叙事系统则产生于当地的后土祭奠并随之不断发展。这其中，神灵与祭祀构成了民间叙事传统的原动力；后土崇拜是神话与仪式交互作用下的一种膜拜仪式。[2]董晓萍则通过对河南马街书会的研究，探讨了民间信仰是如何被民众所认知和实践，以及讲唱经卷如何成为民众自我教育的方式。[3]

从民间叙事角度入手研究区域民间信仰越来越成为一些论文的关注点。如纳钦的《从传说到信仰：一个蒙古村落民间叙事传统的文化运行——以珠腊沁村公主传说为个案》也是一项民间传说与民间信仰之间关系问题的调查研究。在具体操作层面上，选择了微观研究方法，即从村落（或社区）的视角进行个案解析，力图重现一个蒙古民间传说与民

---

[1] 陈进国：《中国民间宗教研究的学术转向》，《中国社会科学报》2004年11月9日，第2版。
[2] 尹虎彬：《河北民间后土信仰与口头叙事传统》，北京师范大学博士学位论文，2003年。
[3] 董晓萍：《华北说唱经卷研究》，《北京师范大学学报》（社会科学版）2000年第6期。

间信仰相互作用而产生的民间叙事传统运作过程。[1]张士闪的《传统妈祖信仰中的民间叙事与官方叙事》一文，借鉴法国历史学家哈布瓦赫的集体记忆理论，围绕妈祖信仰而孕生出的神话传说、庙记碑文等文本分析指出，它们内含了民间叙事与官方叙事的不同立场，由此反映出了国家政治与民间社会的微妙关系。认为妈祖信仰也正是在民间社会与国家政治的长期互动中，不断地发生重构，从而为两者之间的文化认同提供了必要的路径与铺垫。[2]杨丹妮的《口传——仪式叙事中的民间历史记忆——以广西和里三王宫庙会为个案》的研究涉及了庙会、仪式活动及叙事，但其研究重点是在叙事过程中三王父子的英雄形象及其事迹是如何被侗族民众集体想象、描述和构建的，并以此追溯区域社会内的成员共同分享的集体记忆。[3]梁珊的《〈郭丁香〉与灶神信仰——中原第一民间叙事长诗的文化解析》指出《郭丁香》作为中原第一民间叙事长诗，其表现内容主要是传说中的灶王爷张万良和灶王奶奶郭丁香的生活故事和爱情纠葛，在民间广为传唱。它以丰富的内容、曲折离奇的情节、生动形象的人物塑造，反映了豫南民众对灶神这一特定主体的信仰及对传统道德中真、善、美的坚守和追求。[4]郑渺渺的《民间叙事与精神追求——闽南民间故事中的民间信仰》认为，闽南民间信仰蕴含于当地大量的民间故事中，并在很大程度上通过民间故事得以沿袭和传承。而当地民众独特的民间信仰及其深厚的文化内涵，鲜明地体现出他们特有的精神追求及对人生价值的巧妙把握。[5]

---

[1] 纳钦：《从传说到信仰：一个蒙古村落民间叙事传统的文化运行——以珠腊沁村公主传说为个案》，《民族文学研究》2004年第2期。

[2] 张士闪：《传统妈祖信仰中的民间叙事与官方叙事》，《齐鲁艺苑》2007年第6期。

[3] 杨丹妮：《口传—仪式叙事中的民间历史记忆——以广西和里三王宫庙会为个案》，《涪陵师范学院学报》2007年第1期。

[4] 梁珊：《〈郭丁香〉与灶神信仰——中原第一民间叙事长诗的文化解析》，《湖南工业职业技术学院学报》2009年第2期。

[5] 郑渺渺：《民间叙事与精神追求——闽南民间故事中的民间信仰》，《文艺争鸣》2006年第5期。

4. 香会组织类的研究

中国学界对于地方香会组织的研究，提出较早且至今著作仍具权威性观点的当数顾颉刚先生。在前面所提及的《妙峰山》[①]中，顾本人的《妙峰山的香会》学术价值最高。他在该文中从历史学和民俗学的角度对香会进行了详尽介绍和探讨，对香会名称、来源、历史沿革、组织、分类等具体问题都做了详尽介绍。他认为原始社祭是中国古代庙会缘起所在，佛、道教大建寺庙的客观活动则是促使香会形成的直接动因。这一成果至今仍对香会组织研究具有重大指导意义，尤其是其强调下层文化与上层文化具有同等重要研究价值的研究方法与学术态度，至今仍被诸多学者信守并践行。近30多年以来，针对香会组织的研究不断增多，其中，周谦的《民间泰山香社初探》[②]比较有代表性。该文把民间泰山香社大体分为三个类别，即"下层人民为生存而组织的纯民间香社""带有浓厚官方色彩的香社"及"以村或行业单位组织的信仰香社"。他认为泰山民间香社经历了汉唐发端、宋代中期兴盛，至明清达到顶峰的发展历程。周在文中强调，北方香社发生在民间信仰和民间结社的交界地带，对之纵向研究能管窥到我国民间信仰结社的渊源；而横向剖析又可详尽掌握民间信仰结社的整体情况。该文对于香会组织的研究具有较强的指导意义。

在研究香会组织的论文中，针对妙峰山碧霞元君信仰的香会的研究显然是一个热门方向。吴效群的博士学位论文《北京的香会组织与妙峰山碧霞元君信仰》一方面对北京香会组织进行了深入分析，另一方面着重探讨了在清王朝后期这个具体的历史背景之下，香会组织及其所形成的"行香走会"制度在国家与民间社会的关系中所起的作用。[③]2002年，

[①] 顾颉刚：《妙峰山》，影印本，上海文艺出版社1988年版。
[②] 周谦：《民间泰山香社初探》，《民俗研究》1989年第4期。
[③] 吴效群：《北京的香会组织与妙峰山碧霞元君信仰》，北京师范大学民俗学博士学位论文，1998年。

北京师范大学民俗学博士王晓莉的《碧霞元君信仰与妙峰山香客村落活动的研究——以北京地区与涧沟村的香客活动为个案》紧跟其后，就妙峰山庙会中的香客及其村落活动进行着重探讨。该文主要研究明清时期以来北京地区的碧霞元君信仰与妙峰山庙会的香客活动，描述和分析民国时期与改革开放之后妙峰山香客的进香活动，注重探讨妙峰山的香客及其村落活动。[1] 其他如孙进忠的《妙峰山：香会组织的传承与处境》[2]、李海荣的《北京妙峰山香会组织变迁研究》[3]、张义飞的《北京妙峰山民间武会研究》[4]、樱井龙彦和贺学君编的《关于妙峰山庙会的民众信仰组织（香会）及其活动的基础研究》（内部资料本，2006）等都是聚焦妙峰山香会组织的文章。

南方对地方神祇信仰组织的研究也可圈可点，并集中表现为信仰圈、祭祀圈的研究上，如施振民的《祭祀圈与社会组织——彰化平原聚落发展模式的探讨》[5]、林美容的《彰化妈祖的信仰圈》、钱杭的《祭祀圈与民间社会——以平阳县腾蛟镇薛氏忠训庙（大夫殿）为例》[6]、蔡志祥的《香港长洲岛的神庙、社区与族群关系》[7] 等。其中比较有代表性的是林美容的《彰化妈祖的信仰圈》，该文从社会组织的角度对台湾彰化以妈祖为信仰中心的活动及其组织进行研究，将信仰圈内信奉妈祖的组织视为台

---

[1] 王晓莉：《碧霞元君信仰与妙峰山香客村落活动的研究——以北京地区与涧沟村的香客活动为个案》，北京师范大学民俗学博士学位论文，2002年。

[2] 孙进忠：《妙峰山：香会组织的传承与处境》，知识产权出版社2011年版。

[3] 李海荣：《北京妙峰山香会组织变迁研究》，首都师范大学硕士学位论文，2005年。

[4] 张义飞：《北京妙峰山民间武会研究》，华南师范大学硕士学位论文，2007年。

[5] 施振民：《祭祀圈与社会组织——彰化平原聚落发展模式的探讨》，载叶涛、周少明主编：《民间信仰与区域社会——中国民间信仰研究论文选》，广西师范大学出版社2010年版。

[6] 钱杭：《祭祀圈与民间社会——以平阳县腾蛟镇薛氏忠训庙（大夫殿）为例》，载郑振满、陈春声编著：《民间信仰与社会空间》，福建人民出版社2003年版。

[7] 蔡志祥：《香港长洲岛的神庙、社区与族群关系》，载郑振满、陈春声编著：《民间信仰与社会空间》，福建人民出版社2003年版。

湾汉人的一种地缘组织，并把信仰圈放入台湾历史发展脉络中加以考察，尤其是从社会发展史及人群关系的历史活动来了解妈祖信仰圈的形成与发展的意义，诠释了信仰圈在揭示台湾汉人社会的特殊属性，以及民间社会自主性发展之澎湃的活动力与组织力等方面的独特作用。[1]

（三）民俗整体研究的范式

除了以上通论模式和民俗事象两种研究范式外，越来越多的学者倾向运用民俗整体研究的方法进行区域内民间信仰的研究，即从活态的信仰民俗事象入手，调查、研究信仰主体在特定语境下的生活状态和存在方式、历史情况和文化背景等。高丙中很早就提出了"整体研究"的主张，指出在民俗研究中要"关心整个民俗事件，将其中的诸多因素看作一个整体进行研究。要着眼于生活中的人和人的生活来研究民俗，并通过田野活动直接考察并参与到民俗事件中去获得资料，全面掌握事件中各个因素及它们的相互关系和意义"[2]。

民俗整体研究既审视信仰民俗事象活态的生成机制，也观照信仰生活的历史、社会、文化背景。除此之外，该研究取向也关注仪式过程、象征体系、社区性的祭祀组织等"宗教性"要素。[3]如杨利慧较早就开始把神话的文本与语境结合起来研究，以克服文本研究神话、信仰的局限，尝试贯通女娲神话与女娲信仰。注重运用表演理论（performance theory）进行研究是杨氏近年来的一个研究侧重点。杨认为，在研究中不但要注意古代典籍的研究（大多依赖古文献记载或结合考古资料进行研究的传统做法），也应对现实生活中仍然鲜活存在并担负着各种实际功能的口

---

[1] 林美容：《彰化妈祖的信仰圈》，载叶涛、周少明主编：《民间信仰与区域社会——中国民间信仰研究论文选》，广西师范大学出版社2010年版。
[2] 高丙中：《民俗文化与民俗生活》，中国社会科学出版社1994年版，第7—8页。
[3] 陈进国：《民俗学抑或人类学——中国大陆民间信仰研究的学术取向》，载于金泽、陈进国：《宗教人类学》（第一辑），民族出版社2009年版。

承神话给予足够重视，认为神话在一定程度上可以看作"不断变动着的现实民俗"[1]。在运用表演的理论视角进行研究的同时，杨充分认识到了表演理论在适用于中国神话和信仰研究上的局限性，立足中国本土的实际，提出了"综合研究法"（synthetic approach）的概念，主张在研究中注重做好"四个结合"，即长时段的历史研究和表演理论注重"情境性语境"（the situated context）和具体表演时刻（the very moment）的视角相结合、宏观的历史——地理比较研究与特定社区的民族志研究的结合、静态的文本阐释与动态的交流表演过程的结合以及对集体传承的研究与对个人创造力的研究结合。[2]这一方法在其《民间叙事的表演——以兄妹婚神话的口头表演为例，兼谈中国民间叙事研究的方法问题》[3]和《现代口承神话的民族志研究——以四个汉族社区为个案》中都得到了实践并取得了积极成效。叶舒宪则从中国文化研究的整体状况出发，提出了"四重证据法"的概念，主张充分借鉴人类学和考古学、美术史等新兴学科的范式经验，形成文本叙事、口传与身体叙事、图像叙事和物的叙事良性互动互阐的新方法论范式。[4]其他如刘铁梁、高丙中、尹虎彬、安德明、巴莫曲布嫫、刘晓春、岳永逸等都是民俗整体研究的倡导者和践行者。

近年来，越来越多的研究者立足现实社会实际和时代背景，把民间信仰尤其是区域民间信仰的研究如何促进社会治理、加强非物质遗产的保护运用及加大当地文化旅游资源开发结合起来，赋予了区域民间信仰更多的时代意义。

---

[1] 杨利慧：《神话的重建——以〈九歌〉、〈风帝国〉和〈哪吒传奇〉为例》，《民族艺术》2006年第4期。

[2] 杨利慧等：《现代口承神话的民族志研究——以四个汉族社区为个案》，陕西师范大学出版总社有限公司，2011年，第16-31页。

[3] 杨利慧：《民间叙事的表演——以兄妹婚神话的口头表演为例，兼谈中国民间叙事研究的方法问题》，载吕微、安德明：《民间叙事的多样性》，学苑出版社2006年版，第233-271页。

[4] 叶舒宪：《四重证据法：符号学视野重建中国文化观》，《光明日报》2010年7月19日。

绪 论

如邱秋苓运用综合研究的方法，以温州市为例对当前新农村建设过程中农村信仰问题进行了细致的分析，提出要从社会主义信念的视角出发，科学合理地协调科学发展观与民间信仰的关系，取其精华，去其糟粕，使其能够对农村文化的健康发展提供推动力，使社会主义核心价值体系与传统文化共同构建为"乡村文明"体系，使其为新农村建设发挥积极作用。①

改革开放以来，农村社区面临快速的城市化，拆迁安置是其中最剧烈的转变，而民间信仰空间的特殊性使其成为转变中的焦点。黄秋琳就将目光投向了城市化拆迁安置中民间信仰空间的重构上，并以厦门市海沧区温厝社区作为研究对象，从"社会—空间"视角，即国家与地方以及地方内部两个视角，来解析拆迁安置过程中民间信仰空间及其背后社区关系及组织制度的重构。民间信仰在国家法律中的模糊认定以及拆迁安置法规缺失等不利的情况下，地方社区却积极利用各种有利条件勇于博弈争取利益。在社区内部，民间信仰在空间以及组织结构上都进行不同程度的重构，这种重构一方面是旧有关系及空间的延续，同时也在新环境整合新社区上发挥了积极作用。②

郑容坤对闽南民间信仰在当下社会治理中发挥的支持功能进行了研究，认为当今世界是变革的社会，催生、衍生出许多同质性的治理难题。对我国而言，这些治理难题因应从传统到现代的社会转型，则显得更为沉重与繁杂。在此背景下，不但要批判地汲取西方治理的精华所在，而且还需建构本土化的社会治理话语体系，从而形成对实然社会治理现象的理论阐释和对西方治理理论的话语超越。建构本土化的社会治理话语体系离不开对我国优秀传统文化的学习、借鉴、转化、运用。中华优秀

---

① 邱秋苓：《新农村建设背景下的温州民间信仰管理研究》，浙江海洋大学硕士学位论文，2016年。
② 黄秋琳：《城市化拆迁安置中民间信仰空间的重构研究》，华侨大学硕士学位论文，2019年。

传统文化蕴含着丰富的道德伦理与治理智慧,可为国家治理提供有益启示与经验借鉴,从而促进社会善治。闽南民间信仰是中华优秀传统文化的组成部分,是流传于闽南民间社会,嵌入特定社会结构之中,成为沟通国家与社会的"权力文化网络"。类宗教文化形态的民间信仰,凭借信仰的神圣性,创设了有别于官僚系统的"非制度管理",在新时代背景下加强社会治理方面提供了不可忽视的协助和支持功能。①

综上所述,民间信仰研究这些年一直是民俗学、人类学、历史学、宗教学等多学科关注的重要对象,研究成果丰富,尤其是针对具体区域性个案研究以及发现更多的田野资料的分析上,学者们收获了一些非常有创见的成果。对区域内民间信仰的研究越来越呈现出多学科共同开发、多种研究方法并用的局面。但值得反思的是,民间信仰的研究在众多的具有共性的学术关注下,并未在跨学科的方法论上面达成共识。并且,中国民间信仰的学术性研究存在着被逐步导向所谓"对策研究"和商业化考量的危险。

本书把伏羲女娲信仰放在一个特定区域——淮阳进行研究,这和普通区域民间信仰研究又有所不同。因为伏羲女娲两位大神在中国神话尤其是创世神话里具有重要的地位,在全国范围内对二神的信仰存在一定程度上的普遍性和广泛性。但具体到淮阳这个特殊的区域内,由于伏羲女娲神话和当地风物的深度融合、特殊的地理位置和历史传承营造出来的信仰的土壤等原因,淮阳伏羲女娲信仰必然也呈现出一个不同的特点,而这也是民间信仰区域差异性、地方多样性的一个最好呈现。笔者将尝试运用多学科的综合研究方法,充分借鉴学界的相关研究成果,对伏羲女娲信仰在特定区域内生成、发展、渗透直至完全融入后发挥的巨大作用进行研究,进而廓清伏羲女娲信仰对区域文化传统乃至国家文化认同方面的持续有力的影响。

---

① 郑容坤:《闽南民间信仰的社会治理支持功能研究》,华东政法大学博士学位论文,2021年。

绪 论

第二节
淮阳伏羲女娲研究的现状

淮阳①古称陈州,位于中原腹地,它的民间信仰在很大程度上影响着整个中原地区的民间信仰,并不断丰富着整个中原地区的文化组成。淮阳伏羲女娲研究一直是中国伏羲女娲研究,乃至中国神话研究的一个关注点。并且有一个独特现象值得关注:在淮阳这个区域空间内,关于伏羲的神话及传说占据了较大比重,只是在以女娲城为中心的一个相对狭小的区域内,关于女娲的神话及传说才呈现出比较繁荣的情况。受此影响,在有关淮阳当地伏羲女娲的研究中,也呈现出一边倒的现象,对伏羲这位创世文明大神的研究占据了主要内容。

淮阳的伏羲女娲信仰自生成以来,经历了一个漫长的演变过程,但囿于文献资料的限制,我们无法对之前的信仰状况做一番生动、细致的描述和归纳,而只能通过有限的文献资料,并借助古代地方志以及有

---

① 淮阳区隶属河南省周口市,于 2019 年 12 月正式挂牌撤县设区。因本书调查年代为 2011 年前后,涉及相关单位名称皆按时称,不做修改,特此说明。

关考古发掘材料，来对历史上的信仰情况进行描摹和研究。从淮阳的地方志资料来看，淮阳最早的志书是《陈州府志》，编纂于清乾隆十二年（1747年），以后是清道光六年（1826年）的《淮宁县志》、民国五年（1916年）和民国二十二年（1933年）的《淮阳县志》，新中国成立后的志书是1991年出版的《淮阳县志》。以上志书对民间伏羲女娲信仰的记载比较简略，且大都通过记载地方风物或太昊陵庙会的形式予以简单概括，无法提供更多有价值的信息。

在对淮阳伏羲女娲信仰的相关研究成果进行回顾时，有两本书不得不提，一本是郑合成编纂的《陈州太昊陵庙会概况》[①]，另一本是蔡衡溪编著的《淮阳乡村风土记》[②]。从成书背景上来看，它们都在20世纪30年代面世，同为田野调查的成果。前者是1934年河南省立杞县教育试验区与淮阳师范学院两处师生共同在当年的太昊陵庙会期间进行的田野调查形成的调查成果；后者则是蔡衡溪先生根据自己及委托亲朋好友于1926—1927对当地风土民俗的调查情况整理而来，并于1934年正式印刷的。从两书内容上看，《陈州太昊陵庙会概况》对当时的太昊陵概况、1934年庙会各种情况及围绕着庙会的一些民俗事象和伏羲女娲神话的讲述、流变情况进行了描述，立足点是太昊陵和庙会，对伏羲女娲神话及民间信仰亦有独到的理解。《淮阳乡村风土记》主要侧重于民俗学领域，全书分为四编：第一编为语言，包括神话、传说、谚语、童谣等；第二编是婚姻和丧葬；第三编是集会，包括经济集会、娱乐集会、迷信集会及慈善集会；第四编则是全面介绍淮阳的历史、地理、经济、文化、教育、物产、古迹和名胜等。两书都为我们研究当时淮阳古庙会的各种情况和伏羲女娲神话在区域内的流传等提供了极其宝贵的历史文献资料，对研究区域内伏羲女娲神话和信仰的发展、流变具有很高的参考价值。

---

① 郑合成编：《陈州太昊陵庙会概况》，河南省立杞县教育试验区印，1934年。
② 蔡衡溪编著：《淮阳乡村风土记》，开封新豫印刷所印，1934年。

绪 论

新中国成立后，受国家政策影响，当地相关研究一直陷入停滞状态，这种情况一直持续到改革开放以后，随着伏羲女娲信仰的复兴才开始有所改观。1985年7月，淮阳成立了"伏羲八卦研究会"，于每年农历三月三日举行学术年会。1989年11月，淮阳伏羲八卦研究会协助淮阳县政府承办了"中国先秦史学会第四届年会"在淮阳的研讨、考察活动，在"中国文化史起源"的学术话题上，淮阳伏羲八卦研究会会员宣读论文20余篇。他们认为，自新石器时代起，淮阳就是东夷部族先民活动的重要区域，传说中的太昊之墟，经济文化相当发达。除了太昊陵建筑群和平粮台古城遗址外，淮阳境内还发掘出了龙山文化时期的遗址10多处，如双冢遗址、朱丘寺遗址等，所有这些都表明，淮阳是太昊部族活动的中心区域，也是夷夏两个文化圈之间碰撞、渗透、交融的地区。[①]1993年，淮阳伏羲八卦研究会主持召开了首届中国伏羲研讨会，历史、考古、美术、民俗专家和当地研究者共130余人参加了大会，提交论文187篇。主要涉及三方面的内容：一是对伏羲各种功绩的描述和考证；二是探讨伏羲创立八卦在风水学、阴阳学等领域产生的效应；三是对淮阳当地围绕太昊陵的各种民俗事象的介绍和挖掘展示。1995年，淮阳伏羲八卦研究会易名为"淮阳伏羲文化研究会"，创办了内部交流的刊物——《伏羲文化报》，进一步推进了伏羲文化研究的深入。

正是在地方学者们的努力下，淮阳伏羲女娲研究的深度和广度得到一定的延伸和拓展，淮阳伏羲女娲的人文地理、祭祀信仰、神话传说、绘画雕刻、工艺美术等诸多文化内涵都得到了一定程度上的探讨。一些普及型的知识读物和研究专著也相继问世：樊奇峰编著的《太昊伏羲陵墓》[②]，戚井涌编著的《伏羲八卦拳》[③]，霍进善与王纪友合著的《龙都淮

---

① 李玉洁：《中国先秦史学会第四届年会综述》，《史学月刊》1990年第2期。
② 樊奇峰：《太昊伏羲陵墓》，河南人民出版社1985年版。
③ 戚井涌：《伏羲八卦拳》，河南科学技术出版社1988年版。

阳》①，史新民、唐经武、骆崇礼、彭兴孝合编的《三皇之首太昊伏羲》②，杨复峻编著的《易经传说》③《中华民族始祖太昊伏羲》④《史话太昊伏羲陵》⑤和《中华始祖太昊伏羲——中国远古文明探源》⑥，李乃庆编著的《太昊陵》⑦，董素芝的《伟哉羲皇》⑧等。

从整体上看，针对淮阳伏羲女娲的相关研究依然比较薄弱，有些论文和著作的内容略显空泛，但也并非完全阙如。这里仅选取一些与本论文密切相关，且具有代表性的著作做一个简要的概述。

杨复竣是从事淮阳伏羲女娲研究的民间学者，其代表作《中华始祖太昊伏羲——中国远古文明探源》可以看作他几十年研究伏羲女娲的总结性成果，但却很难发现其学术性亮点。该书分为三卷，涉及伏羲女娲文化的方方面面。但他对伏羲女娲神话的理解终究难以摆脱祖先崇拜式的狂热感情和不着边际的想象。撇开理论建树不谈，其收集的资料将有利于伏羲女娲神话研究的推进，这是毋庸置疑的。

李乃庆曾担任过多年的淮阳县文化馆馆长，对当地的伏羲女娲文化和太昊陵做出了很多努力。他所编著的《太昊陵》深入挖掘和研究了伏羲文化和太昊陵庙历史文化，对太昊陵的祭文、碑文进行了考证与解释，可以看作抢救和保护太昊陵文化的一个重要举措。该书的一大特点是保存了第一手珍贵的资料，收入宋代至清代的诏书、御祭文41篇，收入明朝到当代的整修碑文21篇。因为许多诏书、御祭文、整修碑文都刻在碑碣上，而碑碣的残损和销蚀都可能导致原文的破损。因此，李乃庆的著

---

① 王纪友、霍进善：《龙都淮阳》，中州出版社1991年版。
② 史新民、唐经武、骆崇礼、彭兴孝：《三皇之首太昊伏羲》，河南美术出版社1990年版。
③ 杨复竣：《易经传说》，中州古籍出版社1991年版。
④ 杨复竣：《中华民族始祖太昊伏羲》，中州古籍出版社1994年版。
⑤ 杨复竣：《史话太昊伏羲陵》，中州古籍出版社1995年版。
⑥ 杨复竣：《中华始祖太昊伏羲——中国远古文明探源》，上海大学出版社2010年版。
⑦ 李乃庆：《太昊陵》，中州古籍出版社2005年版。
⑧ 董素芝：《伟哉羲皇》，中华书局2004年版。

作收集的这些诏书、御祭文、整修碑文是太昊历史文化的见证，为以后这一领域的研究提供了不可多得的资料。

董素芝的《伟哉羲皇》依据史料文献和当代研究成果，对淮阳历史文化进行了全面的挖掘、系统的整理和介绍，阐述了淮阳这一羲皇故都的深厚文化底蕴。该著作与其他地方学者的著作相比，更具知识性、可读性，有些地方评论也精当，但在学术观点上很难发现创新之处。

此外，张振犁和高有鹏两位学者在研究著述中对淮阳的伏羲女娲文化也多有涉及。张振犁主要从中原神话流变的角度，指出盘古神话、伏羲女娲神话和黄帝神话是中原的三大神话群，淮阳是伏羲女娲文化的中心区之一。高有鹏则从庙会的角度入手，通过对淮阳太昊陵古庙会的详细调查和描述，阐明了庙会作为一种全民的信仰活动和祭祀行为，对伏羲女娲文化从原生到衍生这一发展趋势的促进作用。

随着近年来人们对淮阳伏羲女娲文化的关注，一些立足于田野调查基础上的专题研究文章应运而生。如王悦勤的《淮阳"陵狗"——守望人祖的背影》[1]、许东方的《河南淮阳泥泥狗的历史渊源和分类考析》[2]、李彦锋的《论民间信仰与民间美术造型——以河南淮阳泥泥狗为例》[3]、张群成的《淮阳"泥泥狗"的民族特色与内涵研究》[4]、张鹏的《"泥泥狗"作为文化符号和审美元素的解读》[5]等文章都是以泥泥狗这个当地特有的民俗事象为研究对象，围绕着泥泥狗的起源、造型、设色、纹饰及象征意义等进行研究；赵权力的《淮阳人祖爷信仰的神性源泉初探》[6]、庞倩华

---

[1] 王悦勤：《淮阳"陵狗"——守望人祖的背影》，《中国文化遗产》2006年第4期。
[2] 许东方：《河南淮阳泥泥狗的历史渊源和分类考析》，《周口师范学院学报》2008年第1期。
[3] 李彦锋：《论民间信仰与民间美术造型——以河南淮阳泥泥狗为例》，河南大学硕士学位论文，2007年。
[4] 张群成：《淮阳"泥泥狗"的民族特色与内涵研究》，《艺术教育》2005年第6期。
[5] 张鹏：《"泥泥狗"作为文化符号和审美元素的解读》，《洛阳大学学报》2007年第1期。
[6] 赵权力：《淮阳人祖爷信仰的神性源泉初探》，《焦作大学学报》2008年第4期。

的《女性与女娲：女娲信仰对女性主体地位的凸显》[①]则是从民间信仰的角度入手，重点研究民间对二位大神的信奉，分析当地浓厚伏羲女娲信仰背后的深层次体现；杜谆、陈克秀的《太昊陵庙会求子习俗解析》[②]，杜谆、刘振玲的《担经挑生殖崇拜研究》[③]，程玉艳的《生殖崇拜文化——淮阳太昊陵庙会文化的底色》[④]等文章则是以生殖崇拜为切入点，围绕淮阳当地的担经挑、子孙窑、布老虎等诸多民俗事象，揭示它们所蕴含的生殖崇拜文化，以及太昊陵庙会浓郁的生殖崇拜底色。这些文章对于我们全方位、多角度地了解、研究淮阳当地的伏羲女娲信仰以及信仰自身对区域社会的滋养和影响有着积极意义。

通过对淮阳伏羲女娲相关研究成果的梳理，笔者认为学者们对这一特定区域内伏羲、女娲信仰的研究尚缺乏系统性，更多学者只是将淮阳作为研究伏羲女娲神话的一个必不可少的地区，但是又难以言尽其详；本地学者虽然能够给予淮阳伏羲女娲神话及信仰以充分的关注，并且掌握了大量民间的材料，但又囿于民俗学方法的短缺和眼界的限制，难以立足于一个更高的层面深入系统地研究。并且，现有的相关著作往往只专注与对本土性的、地方性的小传统做细致入微的研究论述，但缺少理论关怀和宏观视角，至多只能提供现实世界中生活表象的一种或几种。如果能在伏羲女娲信仰研究中超越传统的界限，引入权力关系和政治视角，积极关注地方民间信仰与政治生活及国家权力的活动关系，就显得难能可贵，而这也将是本书的研究重点所在。

---

① 庞倩华：《女性与女娲：女娲信仰对女性主体地位的凸显》，河南大学硕士学位论文，2008年。
② 杜谆、陈克秀：《太昊陵庙会求子习俗解析》，《寻根》2007年第4期。
③ 杜谆、刘振玲：《担经挑生殖崇拜研究》，《神州民俗》2007年第7期。
④ 程玉艳：《生殖崇拜文化——淮阳太昊陵庙会文化的底色》，《周口师范学院学报》2008年第1期。

第三节
本书的缘起和意义

伏羲、女娲是中华民族的人文始祖，以伏羲女娲时代为标志，中华民族从蒙昧跨入了文明的门槛。在神话研究领域，伏羲、女娲研究一直是一个重要的话题，但是对伏羲、女娲在特定区域内的信仰研究却比较薄弱，而这一方面的研究又是中国伏羲女娲研究和民间信仰研究的一个重要环节。

中原地区不但是中华民族的文化发祥地之一，而且是重要的文化汇聚地，伏羲、女娲神话在这里有着密集的分布，这在以淮阳为中心的豫东地区体现得更为充分。这和中原地区开发较早有着密切关系。大量的史籍文献、考古成果以及当地广为流传的伏羲、女娲的神话、传说和信仰习俗等无可争辩地证实淮阳为伏羲女娲文化的中心区域之一，众多有关伏羲女娲的神话传说仍在广为流传，还有相关的民俗生活构成文化行为，使伏羲女娲的神话时代比较完整地保存在人们的记忆中。当地人们把伏羲称作"人祖爷"，把女娲称为"人祖奶奶"或"人祖姑娘"，并把农历二月十五日作为伏羲的神诞日，举行大规模的祭祀活动。这里最典型的当数每年农历二月二到三月三的河南淮阳太昊陵庙会，它与其他地方庙会的不同之处在于保存了许多活化石般的"古文化"，有传说源自"龙配"即伏羲、女娲相交的花篮舞——担经挑；有年代久远并带有浓郁生殖崇拜、性崇拜和祖先崇拜色彩的各类泥泥狗；有古埙等泥玩具，以及进香的民间斋公手持的龙旗等。此外，淮阳当地民间神话传说中的伏羲、女娲相结合并加进了洪水神话的背景，保持了独立而完整的神话系统。在家祭中，人们把伏羲和玉皇一样敬祀，作为生育万物的"人祖"供奉。在中国西北、西南、东南的广大地区，尤其是大西南地区的少数民族中，伏羲、女娲也受到广泛的崇祀，其神话传说与中原地区大致相同。

以特定区域为观照，探讨区域内民间信仰的缘起、发展流变及其特点差异，是目前民间信仰研究中日益受到关注的学术取向。而本书除此之外，还想从区域民间信仰层面探讨其在几千年的流传过程中，对于中原地区在社会治理、文化积淀、风俗习惯等方面的深层次的影响，从而在生生不息、厚重深沉的中原文化中清晰看见伏羲女娲信仰的踪迹和影响。伏羲女娲信仰，不仅作为淮阳最古老、最原始信仰的遗存，更是淮阳民间信仰中最独具特色的重要组成部分。在当地除了大量的伏羲、女娲庙宇等遗迹外，民间还流传着大量的关于伏羲女娲信仰的民俗事象。笔者一直对淮阳的伏羲女娲信仰研究十分感兴趣，并认为淮阳伏羲女娲信仰及相应的仪式作为象征性的行为和活动，不仅是表达性的，而且是建构性的，它们不仅可以展示当地群众观念的、心智的内在联系，也可以是展现和建构权威的必要手段。而政治权力在民间信仰方面也不仅仅表现为简单的强制，而是力图呈现为一种合法合理的运用。就伏羲女娲信仰仪式来说，在民间社会层面，它通常是当地民众生产、生活中最基本的生存手段；而在国家层面，它则与权力产生关联，抑或说其本身就是一种权力或权力实践的过程。

绪 论

除历史典籍记载外,对伏羲女娲信仰来说,民间传承起了很大的作用。伏羲女娲信仰以活的形态存在于民间,它们通过庙会的祭祀、民间叙事、日常生活中的信仰表现出来。挖掘伏羲女娲信仰在民间的活形态,是笔者选择该课题的主要缘由之一。伏羲生于成纪(今天水)、徙陈仓(今宝鸡)、都陈(今淮阳)在学术界已有共识。而淮阳同时又是女娲的活动范围,两大始祖神都在淮阳密集活动,而把他们放在一起进行考察的倒不多,更多的是把女娲作为研究伏羲时不得不提的神话人物来论及。在淮阳当地,人们对伏羲、女娲有着深厚的信仰。所以把二神结合起来,从民间视角进行考究,显得意义十足。

伏羲、女娲神话在古代文献上有着不少记载,只不过过于零散。因而要复原伏羲、女娲的历史真实面目是比较困难的。而以人类学、民俗学视野构拟出来的神话也有着难以避免的缺陷。因此笔者认为,进行伏羲女娲信仰的研究很有必要借鉴多学科的理论与方法,特别是人类学的一些概念及田野调查方法,这往往能使我们在研究中得到一些意想不到的成果。但与此同时也应清楚这些理论与方法并不能替代研究本身。本文试图把文献资料与田野调查结合起来,充分运用多种学科手段组成的综合研究方法,首先论证、分析伏羲女娲信仰在淮阳区域内的生成、表达及内涵,揭示其在国家力量、地方精英和普通民众多重力量的作用下,在儒、道、释等宗教因素的影响下的历史脉络;其次是勾勒、对比伏羲女娲信仰赖以依存的文化空间,并从陵寝和庙宇以及两个信仰圈的复杂情况来解读国家力量对伏羲女娲信仰的渗透,以及国家力量与民间社会的互动和妥协;再次是梳理、审视历史上官方和民间祭祀二神的相关仪式活动,集中考察和描述当地伏羲女娲的祭祀现状,并试图结合当地泥泥狗等特有的民俗事象阐释伏羲女娲信仰生殖崇拜的核心特征。最后是探求、剖析伏羲女娲信仰的口头传承——民间叙事系统上的表达,民间叙事是淮阳伏羲女娲信仰传承与传播的媒介,也是淮阳伏羲女娲研究较少得到关注的一个方面。本文以文本研究为重点,试图厘清当地流传下来的伏羲女娲神话、传说及民间说唱经文等种类和它们在不同场合的功用，并对当下如何保护伏羲女娲信仰及相关民俗事象提出了一孔之见。

总体上来说，本书的关注点集中在伏羲女娲信仰中一些现实的、功能性的问题，意图通过对"活形态"的伏羲女娲信仰和仪式活动的研究，重点解决以下几个问题。

一、淮阳伏羲女娲信仰作为基层社会民众心理意识的积淀尤其是草根社会的重要组成部分，围绕它所进行研究，考量伏羲女娲信仰对区域内民众生产生活带来的深层次影响，从而阐释在淮阳乃至中原这一特定区域里伏羲女娲信仰生生不息的内在动力。

二、研究揭示国家力量在淮阳伏羲女娲信仰发展、流变中的独特作用，审视民间社会与国家之间的互动、对立以及在互动、对立中发展的矛盾过程，阐明伏羲女娲信仰作为国家力量在区域社会进行统治时所发挥的"辅助系统"的作用和优势。

三、从复杂交织的文化空间、诸多独特的民俗事象、多种力量的作用、多个宗教因素的影响入手，运用民俗学、地理学、历史学、符号学等多种学科方法，揭示伏羲女娲信仰在淮阳区域内的核心特征，论证其在淮阳区域乃至中原地区文化传统形成中的重要作用，以及对中国主流文化的强有力影响。

第四节
相关术语的界说

本书在具体论述中，将涉及一些关键术语，一些术语目前尚存在较大争议，为保证文章论述的准确性，在此予以界定。

一、民间信仰与伏羲女娲信仰

本书主要研究对象是区域内的伏羲女娲信仰。而在淮阳及其周边地区的民间社会中，伏羲女娲信仰是当地民众的主要信仰形式。应该说淮阳的伏羲女娲信仰是伏羲、女娲神话在特定区域内长期流传并融入民众生活后的必然结果，从本质上属于民间信仰的范畴。

一般来说，民间信仰是指中国乡土社会中植根于传统文化，经过历史历练并延续至今的有关"神明、鬼魂、祖先、圣贤及天象"的信仰和崇拜。但关于民间信仰的定义，目前尚存有很大争论，即民间信仰是否为"民间宗教"。钟敬文、乌丙安、赵世瑜、吕大吉、叶涛、张铭远及德国的马克斯·韦伯等都认为民间信仰不能构成一种宗教，与制度化宗教有明显区别。与之相对应的是，越来越多的人支持中国民间信仰也是一种宗教体系，在看似分散的表面现象之后隐藏着自己的秩序和规则。陈荣捷、郑志明、李亦园、余欣、牟钟鉴、石奕龙、刘道超以及美国的杨庆堃、荷兰的德格如特、英国的弗里德曼、日本的渡边欣雄都持这样的观点。其中一些学者还对民间信仰是什么样的宗教进行了定义，如杨庆堃的"扩散型的宗教"[1]、李亦园的"普化宗教"（diffused religion）[2]、牟钟鉴的"宗法性传统宗教"[3]、刘正平的"天祖教"[4]、刘道超的"社祖教"[5]等。

笔者认为，中国民间信仰是在中国特殊的文化传统中孕育而成的，是原始宗教的沿袭、继承和进化，它本身既是一种信仰，又是一种文化现象和生活方式，在某种程度上还是一种生存手段。民间信仰作为中国最悠久的信仰资源，为宗教信仰的形成和发展提供了充分空间和深厚的土壤，并且它在发展过程中淡化了自身与宗教间的界限，往往把传统信仰的神灵和各种宗教的神灵进行反复筛选、组合，并根据不同地域实际情况最终形成了一个杂乱的神灵信仰体系，具备多教合一、多神崇拜的典型特征。

淮阳伏羲女娲信仰作为当地民间信仰的一个重要构成和表现形式，受到当地浓郁伏羲女娲神话传播氛围的影响，使其在吸引民众上具备了先天优势。当地民众对二神的信仰中核心因子是生殖崇拜，并在此基础上逐渐衍生到对于伏羲、女娲两位大神及其所具备的非凡神力、伟大功绩的尊崇、信奉。它不仅包括对于两神传说事迹及神圣能力的信仰，还

---

[1] 杨庆堃：《中国社会中的宗教》，范丽珠等译，上海人民出版社2007年版，第165页。
[2] 李亦园：《人类的视野》，上海文艺出版社1996年版，第274页。
[3] 牟钟鉴：《关于中国宗教史的若干问题》，载《中国宗教与文化》，台湾唐山出版社1995年版，第139页。
[4] 刘正平：《作为国家宗教的宗法性传统宗教——关于"儒教"争鸣问题的可能解决之道》，《原道》2006年第10期。
[5] 刘道超：《筑梦民生——中国民间信仰新思维》，人民出版社2011年版，第49页。

包括由此而产生的各种祭祀、巫术等活动。在淮阳当地，民间信仰实际上也具备多神崇拜的特点，并且形成了以伏羲、女娲二神为敬祀主神，同时兼奉玉皇大帝、王母娘娘、财神及观音菩萨等神祇的信仰特点。

二、关于伏羲、伏羲氏与太昊的关系

在先秦可靠的典籍中，太昊与伏羲并无任何瓜葛。伏羲与太昊首次联系起来的记载最早见诸西汉刘歆的《世经》[①]。西汉末年，根据当时的政治需要，刘歆突破了以黄帝为历代帝王之首的传统体系，将太昊与伏羲并称并推为古代帝王世系之首，建立了一套新的上古帝王世系。他采用的具体办法是根据当时人们的古史观念，将古帝代序从黄帝向上推，同时比附《左传》与《周易》的爻辞，按照其五行相生的五德终始理论，帝王应从木德始，推出最古的帝王应是伏羲。班固和荀悦对刘歆创立五行相生的新五德终始说的过程均有记述，荀悦在《汉纪·高祖本纪》卷一云："及至刘向父子，乃推五行之运，以子承母，始自伏羲；以迄于汉，宜为火德，其序之也，以为《易》称'帝出乎震'，故太昊始乎震，为木德，号曰伏羲氏。"此后，太昊伏羲便在文献中频频出现、流传下来。

目前学界有两种观点，一是认为伏羲、伏羲氏与太昊实际就是同一个人，另一个则持反对意见。范文澜、郭沫若等赞同二者为同一个人说法，认为，太昊，号伏羲氏，应当是淮河流域的氏族部落的祖先。淮阳当地学者董素芝还指出，太昊、伏羲氏合二为一的较晚出现，有其历史必然性。太昊这一名称，多与帝字联用，似为帝号，非系人名，当为后代人给他追封的一个"尊号"。在先秦古籍所传众多带"帝号"的人物中，都有具体的氏号，如黄帝轩辕氏、炎帝神农氏、少昊帝金天氏、颛顼帝高阳氏等，可见帝号与氏号是分不开的。且从伏羲氏加冠的帝号分

[①] 存录于《汉书·律历志下》中。

析，他在古代的传说人物中具有崇高的地位。徐旭生等人对此则持反对意见，徐旭生先生认为"太昊在后来与伏羲成了一个人，是齐鲁学者综合整理的结果"。这部分学者认为，伏羲、女娲，黄帝、炎帝，太昊、少昊等人分别为中国古代三大部族集团（南蛮、华夏、东夷集团）的首领人物。太昊是东夷集团最早的氏族，其活动范围大致在鲁、豫东、豫南及皖中。而伏羲是南蛮集团的代表人物，女娲同属于这个集团。

笔者认为伏羲作为上古时代氏族和部落的首领，他的名号既是个体，也代表着氏族群体，同时还应该代表着被其文化泽及的其他氏族群体。他是中华先民的代表性人物，是那个时代的形象。而伏羲和太昊并非一个时代的人，伏羲生在天水，是伏羲氏部落集团的创始人，是第一位首领，其所处的时代应在1万年以前；而太昊则是伏羲部落集团经过漫长的迁徙过程定居在淮阳地区后遇到的东夷部落集团的首领，伏羲部落集团的人为了纪念他们部落史上开创性的英雄人物，以后他们的首领都以伏羲氏为称号。随着两个部族在漫长的过程中发生融合、交汇并完全形成一个新的更强大的部族，两个部族原来的封号也被叠加为"太昊伏羲氏"。

三、几个地名的界说

1. 中原。是一个地域概念，不只是指河南行政区划，主要指黄河流域中下游地区，即河南省及其周边地区。它指的是以河南为中心，并包括周边河北、山西南部、山东西南、陕西南部和湖北北部等部分地区在内的所谓"大中原"的概念。

2. 淮阳。本书对伏羲女娲的信仰被限定在淮阳这个特定的区域内，并非等同于现在淮阳县的行政区划范围，而是过去陈州的范围，即淮阳县及其周边的商水、西华、项城、沈丘、太康、扶沟等共7县。其中以淮阳县和西华县为中心区域。

3. 宛丘。根据文献记载，宛丘是太昊伏羲建都的地方，之后又被炎帝神农继都于太昊之旧墟，但宛丘不能等同于今天的淮阳县。其具体指向应为县城东南的平粮台古城。《晋书·地道记》载："陈城南道东有宛丘，渐欲平。"《太平寰宇记》云："宛丘在县东南五里，高二丈。"然而《陈州府志》与《淮阳县志》中均未见宛丘的记述，却有平粮台一说："平粮台在城东南五里，俗呼平粮冢，高二丈，大一顷，有四门，林木蔚然，未详何代所筑。"笔者从地域和有四门等特征判断，平粮台可能就是太昊伏羲之都古宛丘。

第一章

生成与发展

伏羲女娲信仰的产生与伏羲女娲神话有着极为密切的关系，很难说清两者产生时间的孰先孰后，但可以肯定的是伏羲女娲信仰的生成年代，应该起始于原始社会蒙昧时期，其前身是原始信仰中的祖先崇拜，分别表现为伏羲信仰和女娲信仰，它们的形成受到特定的区域特点的影响，并在漫长的发展过程中受到伏羲神话和女娲神话融合的影响，逐渐在中国大部分区域内融汇为伏羲女娲信仰。而与此同时，伏羲信仰和女娲信仰单独存在、传承的情形也很常见，这其实反映出了民间信仰所特有的很强的兼容性和地域性特点。

本章试图从伏羲女娲信仰的发展脉络、淮阳伏羲女娲信仰概况、信仰传承中各阶层发挥的作用，以及儒、释、道对当地伏羲女娲信仰的影响几个方面入手，研究淮阳伏羲女娲信仰在漫长岁月的历程中，在中原地区方方面面因素的影响和作用下呈现出的区域性特点，揭示其在民间形成深厚的信仰土壤的原因和生生不息的内在动力，以及反过来对于中原地区带来的持续而深入的影响。

第一节
信仰的历史发展脉络——以形象流变为主线[①]

一般认为,神话及依附于神话而产生的信仰是人类童年期产物,其产生和流行的根本原因是当时生产力低下所致。正如马克思所指出的:"任何神话都是用想象或借助想象以征服自然力,支配自然力,把自然力加以形象化。"[②] 进入中古社会,生产力的水平虽较上古时期有所发展,但依旧很低下,故仍在一定程度上存在着神话、信仰产生的社会土壤。要想完全重现伏羲女娲信仰的历史发展脉络,生动、细致描述中国历史上各地区对二神的信仰情况基本不太可能,其原因在于我们进行研究的依据——一是传世的各种文献资料,即精英文化(或书面文化);二是历史遗留下来的各种相关实物(包括各种考古发掘成果),可以视为残留下

---

① 本节内容曾由笔者以《伏羲女娲形象流变考》为题发表在《故宫博物院院刊》(双月刊)2011年第2期,内容稍有完善和改动。
② [德]马克思:《〈政治经济学批判〉序言、导言》,中共中央马克思恩格斯列宁斯大林著作编译局译,人民出版社1971年版,第17页。

来的民间传统——不够可靠。因为传统社会里的精英文化很难客观地记载民间信仰，要么进行历史化和合理化处理，要么不屑一顾、一笔抹杀；遗留下来的各种实物则又受到多种因素的限制很难系统和完整。比如，吕微就曾提出："人类学、考古学材料在多大程度上能够补正历史学材料的缺失？也就是说，'礼失求诸野'的方法在还原古典神话原生形态时的效度和信度如何？其限度又如何确定？"[1]因此，如何在研究中将文献资料、考古资料及田野调查成果结合起来加以充分和准确的运用，以求最大程度地廓清伏羲女娲信仰的历史发展脉络，成为笔者在本节研究中的主要任务。

美国学者皮尔士（Charles Sanders Peirce）在《传播》一文中曾指出："直接传播某种观念的唯一手段是像（icon）"。[2]一般说来，神灵的形象往往是由最初信奉该神灵的民众（或族群）根据所观察的自然现象得来，在信仰传播中发挥着无法替代的作用，并会随着信仰的不断发展而相应变化。神灵的形象对于信仰该神灵的信众来说有着非常重要的意义，在家中悬挂神像或在神案上摆供神塑是中国民间信仰延续至今的一个传统。因此，笔者拟以二神的形象流变为主线，充分利用各种文献资料和近年来的考古发掘成果，从先秦时期伏羲的人首蛇身、女娲的蛙形（在二氏形成对偶神之前，各自的形象在学界一直说法不一），到秦汉以降的统一成人首蛇身的交尾像，再到后世根据帝王的政治需要演化成慈眉善目的世人形象，来研究伏羲女娲信仰嬗变的历程；而在不同时代、不同地域，伏羲、女娲形象呈现出的一些差别，更能阐释伏羲女娲信仰在岁月的长河里，在不同区域内所呈现出的鲜活特点。

---

[1] 吕微：《神话何为：神圣叙事的传承与阐释》，社会科学文献出版社2001年版，第321页。
[2] ［美］皮尔士：《传播》，转引自唐小蓉：《图像中的信仰与信仰中的图像——藏传佛教六道轮回图释意》，《宗教学研究》2007年第3期。

一、信仰的初始形态

（一）女娲探源

女娲这位创世大神，不仅补天、立地、息洪水、化育万物，而且抟土造人、再造世界，开创了人类文明，其功绩和光辉决定了她在我国神话中的始祖母地位。女娲之名较早见诸《楚辞·天问》和《山海经》。《楚辞·天问》中来了一句"女娲有体，孰制匠之"这样没头没脑的话；《山海经·大荒西经》对其的描述也是语焉不详。通过检索古代文献，可以看到女娲神话的角色多重转换及其中的衍生等现象，有助于我们廓清女娲初始阶段在神界的崇高地位：

> 有神十人，名曰女娲之肠，化为神，处栗广之野。横道而处。[①]

> 传言女娲人头蛇身，一日七十化，其体如此，谁所制匠而图之乎？[②]

> 黄帝生阴阳，上骈生耳目，桑林生臂手，此女娲所以七十化也。[③]

> 俗说天地开辟，未有人民，女娲抟黄土做人，剧务，力不暇供，乃引绳于泥中，举以为人。[④]

[①] 袁珂校注：《山海经校注》，巴蜀书社1993年版，第455页。
[②] （汉）王逸注：《楚辞·天问》，见（宋）洪兴祖撰《楚辞补注》，白化文等点校，中华书局1983年版，第104页。
[③] （汉）刘安：《淮南子·说林》，见刘文典撰《淮南鸿烈集解》，冯逸、乔华点校，中华书局1989年版，第561页。
[④] （宋）李昉等撰：《太平御览》卷七八引《风俗通义》，中华书局1960年版，第365页。

女娲祷祠神，祈而为女媒，因置婚姻，行媒始行明矣。①

往古之时，四极废，九州裂；天不兼覆，地不周载；火滥焱而不灭，水浩洋而不息；猛兽食颛民，鸷鸟攫老弱。于是女娲炼五色石以补苍天，断鳌足以立四极，杀黑龙以济冀州，积芦灰以止淫水。

苍天补，四极正；淫水涸，冀州平；狡虫死，颛民生；背方州，抱圆天。……当此之时，禽兽虫蛇，无不匿其爪牙，藏其螫毒，无有攫噬之心。

考其功烈，上际九天，下契黄垆；名声被后世，光辉熏万物。乘雷车，服应龙，骖青虬，援绝瑞，席罗图，络黄云，前白螭，后奔蛇，浮游逍遥，道鬼神，登九天，朝帝于灵门，宓穆休于太祖之下。然而不彰其功，不扬其声，隐真人之道，以从天地之固然。②

天地亦物也，故物有不足。故昔者女娲氏炼五色石以补其阙，断鳌之足以立四极。其后共工氏与颛顼争为帝，怒而触不周之山，折天柱，绝地维，故天倾西北，日月星辰就焉；地不满东南，故百川水潦归焉。③

女娲做笙簧。④

在以上文献中，女娲的神绩随着年代的发展逐渐增多，描述也越来越细致，从其神格上来说，主要体现为创世大神、文明大神和生育大神

---

① （汉）应劭撰：《风俗通义校注》，王利器校注，中华书局1981年版，第599页。
② （汉）刘安：《淮南子·览冥训》，见刘文典撰《淮南鸿烈集解》，冯逸、乔华点校，中华书局1989年版，第206–207页。
③ （晋）张湛注：《列子注》（诸子集成本），中华书局1954年版，第52页。
④ （清）张澍：《世本八种》，秭集补注本，上海商务印书馆1957年版，第289页。

三个方面。而近年来的考古资料却集中显示：在初始阶段先民对女娲的信仰的立足点是其生育大神的神格。

在女娲作为独立大神阶段，文献资料中并无关于其形象的肯定记录。所以历来学界对女娲形象的争

图1-1 青海柳湾出土的马厂类型的人像彩陶（由尹虎彬拍摄并提供）

议都持续不断。清人赵翼认为："女娲，古帝王之圣者，古无文字，但以音呼。"① 按照《说文》的诠释，娲从女，呙声。段注娲之古音在十七部，案上古音第十七部歌部有呙声，而蛙字从属支部圭声，两者可以相互通转，所以娲即蛙，女娲氏的动物象征也应当是蛙。这在系列考古资料中也得到了进一步印证：西北地区的马家窑文化是仰韶文化晚期的一个地方分支，在其中出土了很多蛙形纹陶器。在青海柳湾也采集到了一件属于马厂类型的人像彩陶壶，其腹部浑圆硕大，壶身有蛙形纹并有裸体人像。陶壶的背后也有非常醒目的蛙形纹（见图1-1）。② 在甘肃天水师赵村发现的马家窑类型的彩陶内的蛙形纹则具备很强的写实性："蛙首与身躯皆以圆形构图，前两肢向前划，后两肢向后蹬，蛙眼圆睁开，遨游于水（以点纹表示）中，颇富动感。"③（见图1-2）类似的还有陕西临潼姜寨遗址出土的仰韶文化的彩陶盘，内壁两条鱼一上一下以腹相对，旁边绘有

---

① （清）赵翼：《陔余丛考》卷十九《女娲或以为妇人》，河北人民出版社1990年版。
② 青海文物考古研究所：《青海柳湾》，文物出版社1984年版，第116页。
③ 吴诗池：《原始艺术》，紫禁城出版社1996年版，第53页。

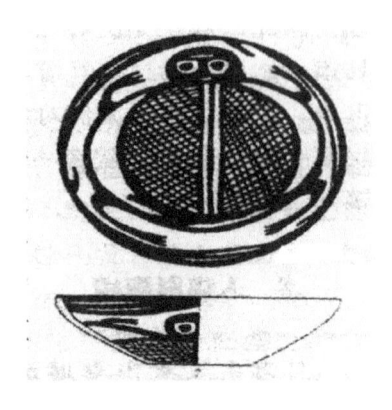

图1-2 甘肃天水师赵村发现的马家窑类型彩陶内的蛙形纹　　图1-3 陕西临潼姜寨遗址出土的仰韶文化的彩陶盆

一硕大浑圆之蛙，四肢微扬，背部斑点杂陈（见图1-3）。[①]诸如此类的蛙纹皆表现了远古时期女娲部族的动物崇拜形象。在陕西骊山附近的农村，一个人从出生满月到结婚大礼乃至去世入殓都必不可少一件衣物，它正面绘制着以蛙为中心的图案，当地人称之为"裹肚儿"。[②]据考证，黄河中游和部分上游流域是女娲部活动的一个中心区域，而上述事例基本上都分布于这一地区或邻近地域。

中国民间的很多地方都流传着"雨不霁，祭女娲"的民谣，把女娲看作与水旱有关，能赐雨与民的神灵，这似乎也表明了女娲与蛙之间的神秘联系。另外，专门研究中国古代女神问题的美国汉学家E.舍弗尔也从分析"蜗"字本身是由限定词"女"和语音部分"呙"组成出发，解释女娲其名的语源。E.舍弗尔认为"呙"的独立的意义是"变弯曲"，"歪斜的脸"，很明显，语音在这里没有加进补充的意义，但他又把复合词"女娲"中"娲"与同音字其中包括"蜗"作对比，"蜗"的偏旁为"虫"。这位美国汉学家援引了一系列同音或者近音字"洼""蛙"等等，

[①] 《中国大百科全书·考古学》彩图插页，中国大百科全书出版社1986年版。
[②] 张自修：《骊山女娲风俗及其渊源》，载中国民间文艺研究会陕西分会编：《陕西民俗学研究资料》，1982年。

提出女娲最初可能是水洼之神，居住在潮湿地带的湿淋淋的、全身光滑的生物，即女娲最可能是蛙女神。① 值得一提的是，在河南省西华县历史悠久的女娲城庙会上，流传着一种古老的蛙舞，由一人装扮成青蛙的模样，在鼓点声中蹦跳来敬祀女娲。综合以上，笔者认为，女娲应该是远古时期母系氏族中一个以蛙为崇拜物的部落的女首领，其在先民意识中最初所具备的应该是蛙的形象。

除了蛙的说法以外，还有把女娲的形象看作人首蛇身、葫芦或巨大的女阴等，而以上种种说法中，蛙、葫芦本身就具有非凡的生殖力，女阴则是生殖崇拜的一种直接形式，蛇在先民眼里则具备了神秘的再生能力，这也恰恰契合了女娲作为生育大神的特性，在一定程度上反映出古代先民在初始阶段信仰女娲的情况。

（二）伏羲探源

伏羲在中国神话中是一个神秘而重要的神灵，《汉书·古今人表》中称伏羲为"上上圣人"，足见他在当时的神界里地位之崇高。伏羲的异名在上古的"三皇五帝"之中是最多的，有伏羲、伏牺、疱牺、炮牺、伏戏、虙戏、虙羲、伏犠等等，如果再把太昊及别称算进去，相信无神能出其右。按照郑志明等学者的说法，这些称呼都是同音异字的记录，象征着刚刚升起的太阳，预示光明即将重现，是宇宙万物生长的起点和凭借，孕育着无尽的生命活力。② 文献资料中最早记载伏羲的是出于战国中晚期的《庄子》，《庄子》一书最好谈伏羲，所言伏羲，亦虚亦实，亦神亦人。其中关于伏羲的记载有 5 处：《人间世》《大宗师》《胠箧》《缮性》《田子方》。一书之中，伏羲名号有三种写法："伏羲""伏犠""伏戏"，前后不统一，身份混乱，或人或神，在古帝王中序列不定，或在禹、舜、

---

① ［俄］李福清：《中国神话故事论集》，中国民间文艺出版社1988年版，第26–27页。
② 郑志明：《想象：图像·文字·数字·故事——中国神话与仪式》，贵州人民出版社2010年版，第168页。

黄帝之后，或在其前，这说明在庄子时期，伏羲尚在传说、创造过程中，是一个不确定的、尚未定型的人物。①

在传世文献典籍中，关于伏羲的记载是在战国中晚期以后，春秋以前典籍未见伏羲。战国以至秦汉，时代越往后，关于伏羲的记载越详细，功业越卓勋，在古帝王世系中的地位也就越高。他的有关事迹在诸多文献中都有体现：

> 古者疱牺氏之王天下也，仰则观象于天，俯则观法于地，观鸟兽之文与地之宜，近取诸身，远取诸物，于是始作八卦，以通神明之德，以类万物之情。做结绳而网罟，以佃以渔，盖取诸离。②

> 伏羲德洽上下，天应以鸟兽文章，地应以龟书，伏羲乃则象而作易卦。③

> 虑戏作，造六法以迎阴阳，作九九之数以合天道，而天下化之。④

> 古之时，未有三纲六纪，民人但知其母，不知其父，……（伏羲）因夫妇，正五行，始定人道。⑤

> 伏羲、神农教而不诛，黄帝、尧、舜诛而不怒。⑥

---

① 过文英：《论汉墓绘画中的伏羲女娲神话》，浙江大学博士学位论文，2007年，第21页。
② （清）阮元校刻：《十三经注疏》，中华书局1980年版，第86页。
③ 《纬书集成》（全两册），上海古籍出版社1994年版，第249页。
④ 颜昌峣：《管子校释》，岳麓出版社1996年版，第630页。
⑤ （东汉）班固著，（清）陈立撰，吴则虞点校：《白虎通疏证》，中华书局1994年版，第50–51页。
⑥ 蒋礼鸿撰：《商君书锥指》，中华书局1986年版，第4页。

文武之道如伏戏。①

古者封泰山、禅梁父者七十二家……昔无怀氏封泰山，禅云云；虙羲封泰山，禅云云；神农封泰山，禅云云……②

伏牺制以俪皮嫁娶之礼。
伏羲作瑟。伏羲造琴。
伏羲臣芒氏作罗。
芒作网。③

在上述文献记载中，都是围绕着伏羲的神绩而展开，伏羲在古代人眼里被视为创世大神和文明大神。

关于伏羲初始阶段的形象，虽然也存在争议，但却远没有女娲那么复杂。《列子·黄帝篇》曰："庖牺氏蛇身、人面、牛首、虎鼻。"《路史·后纪》曰："伏羲龙身。"《帝王世纪》曰："蛇身人首。"从这些记载中我们知道伏羲是"人头蛇身"。这个形象与伏羲乃雷神之子的传说是一致的。《山海经·海内东经》曰："雷泽中有雷神，龙身而人头。"《淮南子·坠形篇》曰："雷泽有神，龙身人首鼓其腹而熙。"所以笔者分析，伏羲应该是居住在雷泽附近的先民信仰的大神，以蛇（龙）为图腾的部族，其形象是人首蛇（龙）身。

从目前面世的考古成果来看，并无能佐证伏羲作为独立大神时期形象的实物。和女娲神话相比，伏羲神话一般被认为出现时间稍晚；与女娲相比，伏羲在古代受崇奉的程度也不高，并一度被降到了"春神"的

---

① （清）王先谦：《荀子集解》（诸子集成本），中华书局1954年版，第306页。
② 颜昌峣：《管子校释》，岳麓出版社1996年版，第499页。
③ （清）张澍：《世本八种》之《世本·作篇》，粹集补注本，商务印书馆1957年版，第355页。

063

位置。但应该指出的是，伏羲被历史化的程度更为严重，更为统治者所青睐。在伏羲女娲神话流传的中心区之一的淮阳，伏羲一直被称为"龙"，信奉伏羲的香会被称为"龙花会"，这是因为伏羲被认为和龙的来历有密不可分的关系，这在下列文献资料中也能得到佐证：

一是《左传·昭公十七年》所载："昔者黄帝氏以云纪，故以云师而云名。炎帝氏以火纪，故以火师而火名。共工氏以水纪，故以水师而水名。大皞氏以龙纪，故以龙师而龙名。我少祖少皞挚之立也，凤鸟适至，故纪于鸟，为鸟师而鸟名。"《通鉴外纪》解释为："太昊号曰龙师。命朱襄氏为飞龙氏，造书契；昊英为潜龙氏，造甲历；太庭为居龙氏，造屋庐；浑沌为降龙氏，驱民害；阴康为土龙氏，治田畴；栗陆为水龙氏，繁滋草本，疏导泉源。又命五官，春官为青龙氏；夏官为赤龙氏；秋官为白龙氏；冬官为黑龙氏；中官为黄龙氏。"二是《淮南子·天文训》所载："东方木也，其帝太皞，其佐句芒，执规而治春；其神为岁星，其兽苍龙，其音角，其日甲乙。"

伏羲还被古人称为"高禖"[①]。在远古时代，中国广大地区曾经存在着春天到来之际，男女在郊野狂欢的盛大节日。传说伏羲以"二月会"的形式组织部落男女相会成媒为婚，相会地点即是今日淮阳太昊陵。伏羲在此基础上"制嫁娶"，从此结束了人类群婚的愚昧状态，伏羲也被当作高禖之神祭拜。

由于伏羲神话及传说的严重历史化，伏羲往往被民众看作真实存在的历史人物，是一位带领初民开创文明社会的英雄人物。如在淮阳当地，民众至今仍习惯称伏羲为"人祖""人祖爷"。而无论是对人祖的信仰还是对高禖的祭祀，其实民众对伏羲信仰的核心是一种祖先崇拜。而祖先崇拜"并不是崇拜祖先已死的本身，而在祖先的生殖之功，也就是说，

---

① 高禖的说法不一，笔者认为最初的高禖所指为伏羲。

是在纪念祖先赋予我们的生命"①。从这个角度上说，祖先崇拜也属于生殖崇拜的范畴，或者说是生殖崇拜的另一种形式。

（三）楚帛书的释读

楚帛书是1942年9月在长沙东郊子弹库地区的楚墓中被盗掘出土，后来此书流入美国，一度寄存在纽约大都会博物馆，旋经古董商出售，现存放在华盛顿赛克勒美术馆，是该馆的"镇库之宝"。楚帛书是一幅略近长方形（47厘米×38.7厘米）的丝织物，东、南、西、北四边环绕绘有春、夏、秋、冬四季十二月的彩色神像，并附有"题记"，在四边所画神像的中心，写有两篇配合的文章，一篇是13行，另一篇是8行，行款的排列相互颠倒（见图1-4）。楚帛书中间是8行一段，讲的是创世神话：

> 曰故（古）熊雹戏，出自□雨走（震），居于睢□。厥□亻鱼亻鱼，□□□女。梦梦墨墨，亡章弼弼。□每（晦）水□，风雨是于。乃取（娶）□□子之子，曰女填出，是生子四。□是襄而土戈，是各（格）参化法□（度）。为禹为契，以司域襄，咎而步廷。乃上下朕（腾）传（转），山陵丕疏。乃命山川四海，□（熏、阳）气百（魄、阴）气，以为其疏，以涉山陵、泷、汩、益、厉。未有日月，四神相戈（代），乃步以为岁，是惟四时：长曰青干，二曰朱四单，三曰白大木然，四曰□墨干。②

大意是说，在天地尚未形成，世界处于混沌状态下之时，先有熊雹戏、女填二神，结为夫妇，生了四子。这四子后来成为代表四时的四神。四神开辟大地，这是他们懂得阴阳参化法则的缘故。由禹与契来管理大

---

① 周予同：《"孝"与"生殖崇拜"》，《周予同经学史论著选集》，上海人民出版社1983年版，第77页。

② 李零：《长沙子弹库战国楚帛书研究》，中华书局1985年版，第37页。

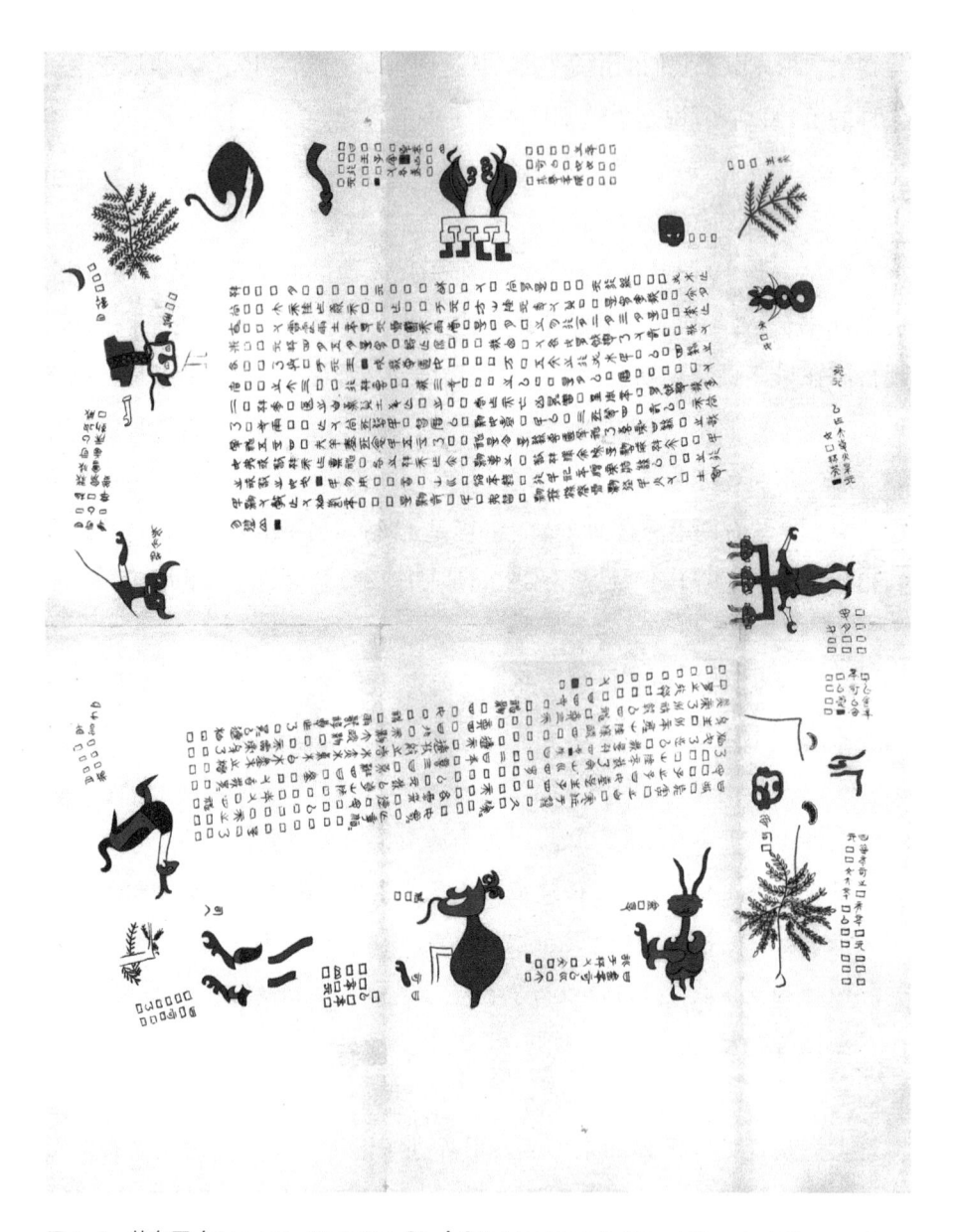

图 1-4 楚帛图（Barnard, Noel.The Chu' Silk Manuscript: Translation and Commentary, Department of Far Eastern History, Research School of Pacific Studies, Institute of Advanced Studies, Canberra 1973.）

地，制定历法，使星辰升落有序，山陵畅通，并使山陵与江海之间阴阳通气。当时未有日月，由四神轮流代表四时。四神的老大叫青干，老二叫朱四单，老三叫白大木然，老四叫□墨干。

目前学界比较通行的观点将首句释读为"熊雹戏"，认为"雹戏"即伏羲，因楚人以熊为氏，故称"熊"。问题的关键在于"女填"的释读仍存在很大争议。严一萍、饶宗颐等学者认为女填即是女娲，而李学勤、杨宽等学者则持审慎态度，以为女填为女娲，并无确证，雹戏所娶是另一人，不是女娲。在帛画中表现的"十二月神像"，其中的题纪"余"相当于巳位的神像，是上身呈怪兽、下身呈两条缠绕的蛇（龙）躯体的形象。[1] 蛇身形象的出现，是最早的这一类图像，可以看作先秦伏羲及其配偶形象的蓝本。[2] 楚帛书中的八行文字被诸多学者看作是先秦时代中国完整创世神话的一个活标本，是楚地较早流传伏羲及其配偶神话的证据之一，被视作楚人的传说系统和信仰表达。

二、形成对偶神后的信仰形态

研究伏羲女娲信仰时，有一个问题需要面对，那就是伏羲、女娲两种信仰的融合问题，或者说从单一的伏羲信仰（女娲信仰）发展到伏羲女娲信仰问题，这就涉及了伏羲、女娲两位大神形成对偶神的相关研究。检索各种传世文献资料，我们可以发现，伏羲和女娲最初大都是独自出现，其神绩也是迥然分开的。女娲之名较早见诸《楚辞·天问》和《山海经·大荒西经》。最早记载伏羲的则是出于战国中晚期的《庄子》。《庄

---

[1] Noel Barnard, The Chu' Silk Manuscript: Translation and Commentary, Department of Far Eastern History, Research School of Pacific Studies Institute of Advanced Studies, Canberra 1973.

[2] 刘文锁：《伏羲女娲图考》，载中山大学编：《艺术史研究·第8辑》，中山大学出版社2006年版，第120页。

子》一书的伏羲身份混乱，在古帝王中序列不定，在传世文献典籍中，关于伏羲的记载是在战国中晚期以后，春秋以前典籍未见伏羲。

在传世先秦古书中，似乎没有伏羲、女娲关系的明确记载，甚至最早出现伏羲的《易·系辞》不及女娲，最早出现女娲的《天问》不及伏羲，以至于让人怀疑二神初不相干。就目前掌握的材料来看，汉代之前，伏羲、女娲的联系还很微弱，大多数情况下他们各自有独立的神绩；自汉代始，他们成为对偶神，有了夫妇的联系。在汉代文献中，首次将女娲与伏羲并列者，出自《淮南子·览冥训》："伏戏、女娲不设法度而以至德遗于后世，何则？至虚无纯一，而不喋苛事也。"[1]《列子》卷二《黄帝篇》曰："疱牺氏、女娲氏、神农氏、夏后氏，蛇身人面，牛首虎鼻，此有非人之状，而有大圣之德。"[2]《列子》一书著述年代不详，但普遍认为不晚于西汉末年，可见至迟在西汉，伏羲、女娲并列为创世神的观念已得到相当程度的认同。至唐代，伏羲女娲兄妹结婚繁衍人类的故事已在民间得以广泛流传。唐李冗《独异志》卷三云："昔宇宙初开之时，只有女娲兄妹二个人，在昆仑山，而天下未有人民。议以为夫妻，又自羞耻。兄即与妹上昆仑山，咒曰：'天若遣我兄妹二人为夫妻，而烟悉合，若不，使烟散。'于烟即合，其妹即来就兄。"[3]唐代诗人卢仝《与马异结交诗》里也有"女娲本是伏羲妇"的诗句。至于伏羲、女娲兄妹身份的问题，清梁玉绳《汉书人表考》卷二引《春秋世谱》说："华胥（人神名）生男子为伏羲，女子为女娲。"另外，随着山东嘉祥武梁祠、河南南阳、四川郫县等地汉代石画像中大量人首蛇身（或龙身）交尾状伏羲女娲像的发现与考订，我们相信，伏羲女娲的配偶关系来源颇古，但从传世资料来看，其上限毕竟不出有汉。

笔者认为，伏羲、女娲两个独立的大神，在汉以前的神话中，女娲

---

[1] 刘文典撰，冯逸、乔华点校，《淮南鸿烈集解》，中华书局1989年版，第369页。
[2]（晋）张湛：《列子注》，中华书局《诸子集成本》1954年版，第176页。
[3]（唐）李冗：《独异志》，中华书局1983年版，第87页。

作为创世大神，其地位似乎更高。西汉后期以来，受当时社会流行的阴阳观念、日月神之崇奉以及神仙观念的影响，因为二神相似的神格和在当时神话系统中的重要地位，被汉代人附会为对偶神并和兄妹始祖型神话粘连起来，女娲也随之被按照对应和一致的原则被改造为人首蛇身的形象。关于伏羲女娲的神话也日渐丰富起来。

神话与信仰有着密切联系，对神灵存在的虔诚和信仰，使神话具有神圣的性质。伏羲女娲神话的发展变化，直接促成了伏羲女娲信仰的演变，并使得古代对伏羲女娲的信仰，在两汉时期达到了一个新高度。

（一）两汉墓葬中的伏羲、女娲

秦代以降，墓葬中开始盛行画像（壁画、石刻、模印砖等）的风习，除墓葬外，在纪念性建筑上，也采用雕刻画像的形制。汉墓的"画像爆炸"非惟墓壁的部分，棺椁之上的图画也在其中。[1]在汉代造像中，女娲和伏羲的形象不仅出现的频率极高，而且其形象造型别具一格，呈现出明显的程式化和对称性的特点。两者在整体画面中的位置通常是对称的，一男一女，或交尾，或联袂，或接吻，或面面相对，常常是一左一右地处于对称的位置；其形象特征、肢体动作和身体姿态通常也是对称的，两者皆作人首蛇（龙）身之形，通常除了面部形象和发式能够分辨出男女性别之外，几乎一模一样；两者手中所持之物，也往往恰成对照，伏羲手捧太阳，则女娲必手捧月亮，伏羲执规，则女娲必执矩。非常之高的出现频率反映出两汉时期伏羲女娲信仰的盛况。对于墓葬中伏羲女娲形象出现的意义和功用，学界一直存在着不同看法，但不论是体现了民众的祖先崇拜、生殖崇拜，还是作为天象图的作用有助于死者升天，抑或相当于汉代的旌幡，用来引魂升天等等说法。它们都反映出了当时民

---

[1] 刘文锁：《伏羲女娲图考》，载中山大学编：《艺术史研究·第8辑》，中山大学出版社2006年版，第130页。

众对于伏羲女娲的信仰，以及接受死亡的现实却又企图借助伏羲、女娲的神力超越死亡的内心思想。

西汉关于伏羲女娲的图像，有一批重要的墓葬资料，其首要者属长沙马王堆一、三号墓出土的"T"字形帛画、洛阳的卜千秋墓等。

"T"字形帛画是1972年湖南长沙马王堆一号汉墓出土，是我国已知画面最大、保存最完整、艺术性最强的彩绘帛画。画面呈"T"字形，上部宽92厘米，下部宽47.7厘米，长205厘米。属旌幡一类的用品，出殡时放在行列前面，落葬后覆盖在棺上。它被称作"非衣"，有引魂升天之意。帛画可分上、中、下三部：上部为天上景象。右上方画太阳，中立金乌一只。太阳下的扶桑树上，又有8个小太阳。左上方画新月，中有蟾蜍、玉兔。一女子乘龙奔向弯月。中间绘人首蛇身像。下面两只飞鸟相对，悬着铃铎。再往下，两扇天门内，二守门人拱手对坐。中部为人间景象。一老妇人挂杖而立，前有两人捧盘跪迎，后有三女随身伺候。中部下端有玉璧垂磬，磬下摆列鼎壶，描绘了墓主人生前宴饮的场面。下部为地下景观。一巨人站立两龙之上，横跨一条大蛇，双手托举着可能象征大地的白色扁平物。整个画面布局对称，线条流畅，描绘精细，色彩绚丽，显示了西汉高超的艺术造诣。（见图1-5、1-6）

图1-5 湖南长沙马王堆一号汉墓出土的"T"字形帛画

钟敬文、荣真、刘文锁等学者都认为帛画中的神人为三皇之首的伏羲。刘文锁还根据考古资料进一步指出，伏羲女娲在"三皇"中的地位，西汉初期尚处于不稳定状态，二神合体的形式尚未定型，因此画面中月下、龙翼上的人像是女娲。①

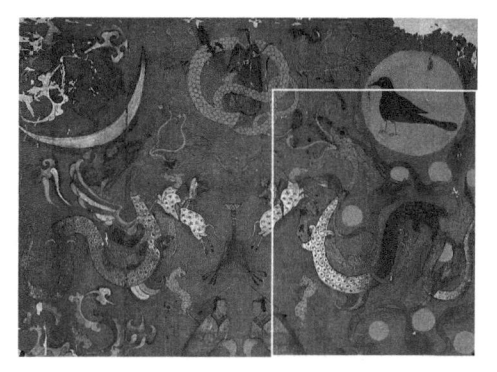

图1-6 "T"字形帛画局部

洛阳卜千秋墓墓址在河南洛阳市烧沟村附近，1976年发掘，是迄今发现的年代最早的汉壁画墓。年代推测约在西汉中期稍晚，属于郡级官吏的墓葬。其建造年代约在西汉昭帝、宣帝时期（前86—前49年）。壁画绘于墓室顶部，以长卷式

图1-7 洛阳卜千秋墓室顶部反映伏羲、女娲的壁画

方法展开，描绘了墓主人夫妇在仙翁、仙女的迎送和神异怪兽的陪同下升入天界的情景。画面上女墓主乘三头鸟，男主人乘舟形蛇，驭彩云前往"仙山琼阁"。在天国世界有两个人首蛇身像、日、月及青龙、白虎、朱雀等神异动物，表现的是死人升天的幻想世界（见图1-7）。值得注意的是，人首蛇身像以日、月相配，应是伏羲女娲二神，而且布局在画面的首、尾位置，表明伏羲女娲是主宰的神。这一造型格局还直接反映出了当时民众的宇宙观模式。滥觞于战国时代的阴阳五行学说至汉而大盛，

---

① 刘文锁：《伏羲女娲图考》，载中山大学编：《艺术史研究·第8辑》，中山大学出版社2006年版，第133页。

在这种宇宙观中，阴阳二气被视为贯穿世间万物中的生生不息的元气，每一事物与阴、阳二气的不同关系就决定了它属阳还是属阴，因此，就被相应地归为阳或者阴。在阴、阳观念的统领下，汉代的民众在诸如元气、方位、性别、日月、器具等系列范畴间建立了极为繁复的对应关系。

与西汉相比，东汉考古发掘出来的画像石更多，内容也更丰富。本书仅以武梁祠画像和四川简阳的画像石棺为例。位于山东省嘉祥武翟山北麓武家林的武氏墓群石刻俗称"武梁祠"，由于画像内容丰富、雕刻精美，很早便蜚声中外。宋代著名金石学家赵明诚《金石录》和文学家欧阳修《集古录》中即有武梁祠石刻的记录。在武梁祠的第一石第二层，雕刻的是一组面相对的男女人首，下身刻画成蛇形，作一道"X"形结，二人中间夹一幅小人像，其下体是怪异的鱼尾形状，男像右手持曲尺。在画面的左上方有榜题"伏戏"，并有题记："伏戏仓精初造王业画卦结绳以理海内。"此外，武梁祠左后两座石室各有一幅类似的画像，其一石室，男女二像表现为背相对的姿势，手中持曲尺，下体也是交尾下曳，下方有云气。其二石室不同的是男女相对，肩上生翼[①]（见图1-8）。后世学者大多认为和伏羲交尾的女像即是女娲。根据武梁祠伏羲、女娲

图1-8 山东省嘉祥武梁祠左石室石刻

[①]（清）瞿中溶：《汉武梁祠画像考》，北京图书馆出版社2004年版。

石刻题材和表现形式来看，我们可以看出：伏羲、女娲在形象上已是标准的人首蛇身、交尾，已经是完成了的模式化图像，在当时的信仰中，伏羲、女娲是在墓上祠堂里崇祀的偶像，而且被排在首位。

图1-9 四川简阳市董家埂乡深洞村鬼头山出土的3号画像

伏羲、女娲画像大量出现于石棺中主要集中于东汉中期以后，画像的基本内容和布局都具有模式化的倾向。例如简阳三号画像石棺，出土于四川简阳市董家埂乡深洞村鬼头山，为东汉晚期的画像石棺。棺长2.12米，宽0.63米，高0.64米。头档上刻画一朱雀，足档上是伏羲、女娲画像，画像右侧一人，人首蛇身，头戴高冠，其右上方榜题"伏希"；左侧一人，人首蛇身，背上生羽，右上方榜题为"女娃"。伏羲、女娲相对，两尾外翘呈"八"字形，手高举。伏羲、女娲两尾之间有一龟，榜题"兹武"（玄武），图像造型稚拙、内涵丰富（见图1-9、1-10）。

值得注意的是，在汉代墓葬中，伏羲、女娲画像在细节上也在不断

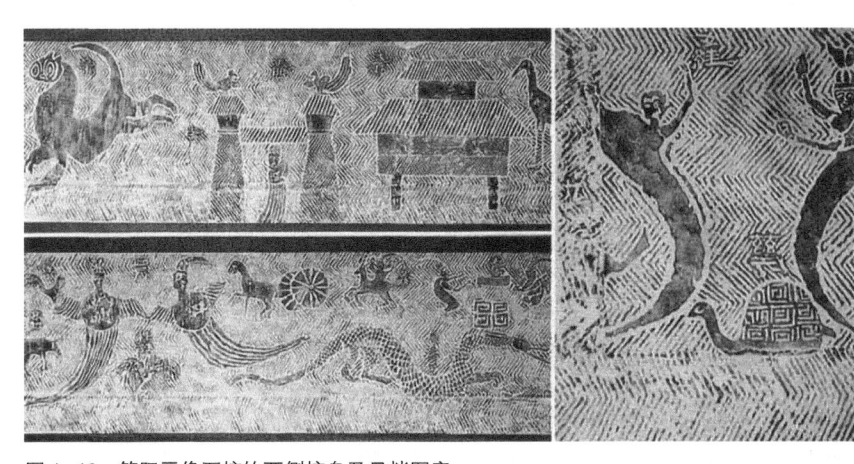

图1-10 简阳画像石棺的两侧棺身及足档图案

变化之中，阴阳五行思想和神仙思想为汉画像中的伏羲、女娲形象注入了日月、嘉禾、灵芝、羽化等新元素。另外，东汉中期以后，伏羲、女娲的神性在西王母仙界形成后，有逐渐削弱之势，成了仙界西王母、东王公的陪侍，而后两位神祇的后来居上，使得伏羲女娲信仰受到了一定的影响和滑落。当然这在不同地区又会呈现出不同的情形。

（二）魏晋南北朝至隋唐时期伏羲、女娲的形象和信仰

两汉时期尤其是东汉，是伏羲女娲信仰大扩展、大传播的时期，与之相应的是，伏羲、女娲人首蛇（龙）身的形象也达到了登峰造极的地步，对后世产生了深远影响，一些边远地区到了隋唐时期的伏羲、女娲形象还保留着深深的汉代烙印。另外，由于佛教的传入和兴起，加快了伏羲、女娲世俗化的进程，二神开始向着人格化的方向渐变。

魏晋南北朝至隋唐时期，是中国历史上信仰的多元化极为繁盛的时期。这对当时的伏羲女娲信仰带来了深刻影响，一方面，一部分信众由于佛教、道教的流行而分流；另一方面，因为伏羲、女娲在民间社会的巨大影响而使得佛、道两教不得不将二神改头换面后拉入各自教派的神灵体系，以利于民众接受和信奉，这使得民间对伏羲、女娲的信仰呈现出更为复杂的状态。如伏羲、女娲在当时就频繁出现在诸如《须弥四域经》《十二游经》《造天地经》等佛经里，并摇身一变成为如来麾下的菩萨。

在魏晋至唐代二神图像中，在莫高窟285号窟（西魏壁画）、新疆吐鲁番阿斯塔那及高句丽等边远地区，二神还保留着传统的人首蛇（龙）身形象；而顾恺之《洛神赋图》中女娲像及稍后的张僧繇《伏羲·神农》中，女娲和伏羲已基本趋于常人形象。这就形成了同一时期伏羲、女娲在内地和边远地区两种不同形象"共生"的现象。莫高窟285号窟建造于西魏时期，为莫高窟早期洞窟中唯一有纪年题记者，窟顶披壁摩尼珠两侧为伏羲、女娲，皆人面龙身，头饰三髻，穿大袖襦，其形象和以前相比有不小的变化：二氏面相对，头部似乎具有人形，一手各持规、矩，

图 1-11 莫高窟 285 号窟（图片来源：《中国敦煌壁画全集 2·西魏》，天津人民美术出版社 2002 年版）

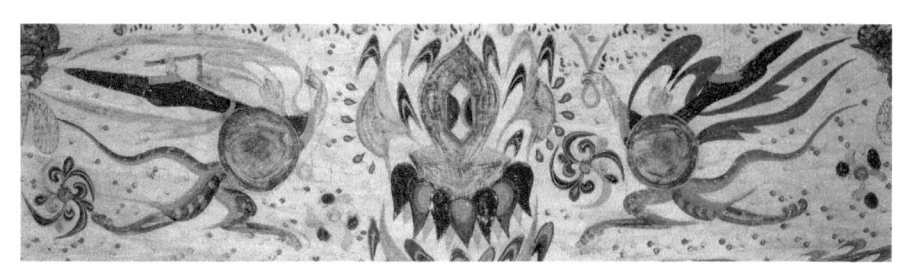

图 1-12 莫高窟 285 号窟伏羲女娲（来源同上）

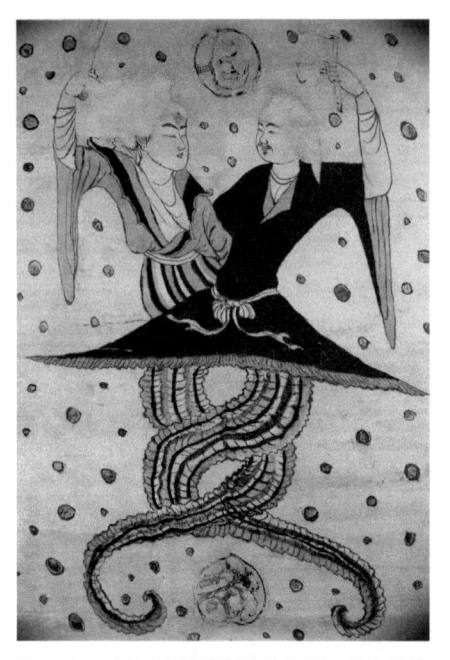

图1-13 新疆吐鲁番阿斯塔那北区出土的伏羲、女娲绢画，国家博物馆藏

腹部各绘有日月圆轮，下身为带细长尾巴的兽形，较汉代形制似乎更缺少人的因素（图1-11、1-12）。

至隋唐时期，在偏远的新疆吐鲁番地区还呈现出对伏羲、女娲信仰的盛况。20世纪60年代前后，在阿斯塔那北区出土的伏羲、女娲绢画就有二三十幅，以哈拉和卓墓地出土数量最多，从年代上看，大致属于高昌至唐西州时期，从出土的关于伏羲女娲的图像资料来看，大都是绢本彩绘，用木钉钉在墓室天顶上，二神图像都属于合体形式，面相对，交尾，手中各持规、矩，并配置日月星象。此外，二神在衣饰上具有明显的时代感，若干件画像上的伏羲女娲已是深目高鼻、卷发络腮，胡服对襟、眉飞色舞的"胡人"形象，这些情况说明，它们都是本地绘制并模式化了（图1-13）。对于这种现象，李福清认为，这是汉代汉族带到新疆去的用伏羲、女娲肖像装饰陵墓的习惯，保存在遥远的新疆，并于七八世纪汉人又来到新疆的时候产生了独特的复苏现象。[1]这其实可以看作伏羲女娲信仰在当时丧葬习俗中的具体表现，并因所在地域不同，而发生了相应的变化。

汉魏之际，由于中原战乱频仍，大批内地汉人迁移至辽东地区，盛行于中原的伏羲女娲信仰随之流传过去，并在墓葬文化上得到体现。之

---

[1] ［俄］李福清：《中国神话故事论集》，马昌仪编，中国民间文艺出版社1988年版，第50页。

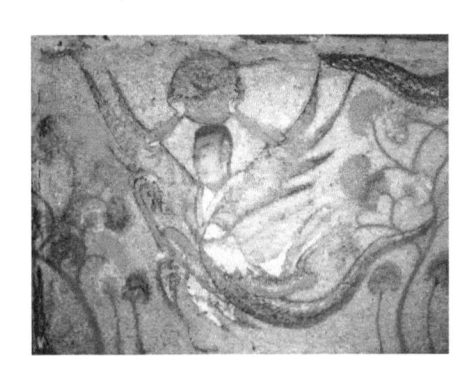

图 1-14 吉林通化市的高句丽壁画墓中伏羲的形象（图片来源：http://www.jl.cnr.cn/bss/200703/t20070321_504425106.html，访问日期：2023 年 12 月 14 日）

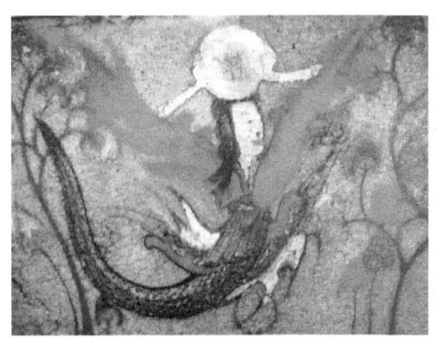

图 1-15 吉林通化市的高句丽壁画墓中女娲的形象（图片来源：http://www.jl.cnr.cn/bss/200703/t20070321_504425106.html，访问日期：2023 年 12 月 14 日）

后这股风气又继续向东传播到吉林及朝鲜半岛西部，推动了高句丽伏羲女娲信仰和墓葬文化的发展。高句丽壁画墓位于吉林通化市的集安市，其中的"五盔坟"是五座巨大的封土墓，属于高句丽晚期的贵族墓葬，其四号墓中的壁画绚丽多彩，飘逸流畅，富丽堂皇，墓室的东南西北四壁上依次绘有青龙、白虎、朱雀、玄武四方神，第一重顶石绘有人首龙身的伏羲、女娲、飞天、冶轮人等。伏羲、女娲位于北角的抹角石上，均披发。伏羲居左，双手捧日轮于头上，日中有三足乌；女娲居右，双手举月轮于头上，月中有蟾蜍。伏羲女娲中间及身后均绘有菩提树（见图 1-14、1-15）。[1] 可以看得出，画中的伏羲女娲极具中原文化特征。

另外，这个时期的伏羲女娲信仰在当时的画作中也有反映。顾恺之传世作品《洛神赋图》[2]中，女娲和画卷中的诸多仙人一样"气若幽兰，华容婀娜"，宛然是一位神性十足的女性形象。《魏晋胜流画赞》一向被

---

[1] 吉林省博物馆：《吉林集安五盔坟四号墓和五号墓清理略记》，《考古》1964 年第 2 期。
[2] 顾恺之现存的作品都是临摹版本，他的绘画的传世摹本有《女史箴图》卷、《洛神赋图》卷、《列女仁智图》卷等几种，以《洛神赋图》数量最多。

图 1-16　梁张僧繇《伏羲·神农》

后世看作顾恺之评画的文章，其中，他对魏晋时期包括《伏羲》在内的两幅作品进行了评价："《伏羲》《神农》虽不似今世人，有奇特而兼美好，神属冥芒，居然有得一之想。"意思是说，伏羲、神农的形象虽不像现在人的样子，但他们的眼神中闪射出远大的光芒，是一件成功的作品。① 张僧繇是梁朝时期的著名画家，从他流传下来的作品《伏羲·神农》中，可以看出二神虽面貌奇特，但身形已和世人无异，也正合了后世对其画作"奇形异貌，殊方夷夏，实参其妙"的评价（见图1-16）。从中可以反映出，伏羲女娲信仰的世俗化进程。

（三）不同年代、地域的伏羲女娲信仰表现在形象上的差异

伏羲女娲信仰在发展历程中，不同阶段会呈现出不同的特点，而在同一阶段的不同地域，伏羲女娲信仰也会受到来自地域内方方面面的影响，从而呈现出细小的差异。

1. 年代性差异

汉代人汲取了阴阳五行学说和神仙思想，并附会上明显的时代烙印，大大丰富了伏羲、女娲的形象。一是将伏羲、女娲形象上"汉化"，在保留"蛇躯""蛇尾"等神性标志的基础上，在二氏的冠式、发饰及服饰上，都有着鲜明的汉代特点。二是利用规矩、日月、三足乌、蟾蜍、玉兔或芝草等对伏羲、女娲神话进行加工改造，这些都是汉代现实社会存在之物或是代表某种特殊意义的符号，它们在汉代社会意识中，都是具有反映特定内容或意义的典型事物。人们用这些特殊的符号传达了对伏羲、女娲神话的理解。在诸多改造中，阴阳观念对汉代伏羲、女娲神话的影响无疑是最大的，大大丰富了汉代伏羲、女娲神话的内涵。

年代性差异还体现在一些细小环节上，比如到了东汉中期以后，在

---

① 由于无法看到画作本身，我们无法对之做过多评价，但根据顾的评价，我们可以推断出画中的伏羲已经接近于世人。

一些墓葬中出现了身生羽翅的伏羲女娲像。如河南南阳卧龙区麒麟岗汉墓、四川简阳董家埂乡深洞村鬼头山出土三号石棺以及陕西绥德墓门楣画像，所展现的伏羲女娲在人首蛇身的同时，都是背上长满羽毛或羽翅。对于这种差异，学者认识并不统一，李福清解释为伏羲是崇奉鸟图腾的东夷族的始祖神，伏羲形象的变化是神话人物的鸟类本性的残留现象，而女娲的翅膀则是因为她和伏羲是对偶神，适用于艺术的对称性，即把夫妻一方的特点转移给另一方。[1]杨利慧等学者则认为伏羲女娲体生羽毛的现象并不是孤立的，羽化的现象同时也发生在西王母、东王公身上，这和汉代流行的神仙思想有关。[2]表明汉代的伏羲女娲信仰受儒家神学和道家神仙思想的影响，信众渴求灵魂飞升、羽化登仙的观念。

2. 地域性差异

伏羲女娲信仰在不同区域表现并不相同，这在二神的形象细节上也有所体现。一是在伏羲、女娲的形象上，人首蛇（龙）身是汉画中伏羲、女娲的基本特征，而各地文化中对"蛇（龙）身"的理解却又呈现出一定的差异性。如山东地区的伏羲、女娲蛇尾大多是无足且蛇尾粗大；南阳地区蛇尾则大多有足；四川地区蛇尾之形状更接近于蜥蜴。实际上反映了各地对"蛇（龙）"形象的不同理解。此外，地域性的特征更明显地体现在二神的发式上。以女娲为例，山东地区的女娲所戴为华冠，表现为贵妇人模样；南阳地区女娲多梳高髻，与汉画中的奴婢在发式上并无二致。两地的伏羲在冠饰上则基本一致，多为进贤冠、通天冠。值得注意的是，四川地区伏羲又多带山字形冠，而这种冠在汉画中多为东王公所有。二是在画像所在位置及细节刻画上，如在河南画像石中，伏羲、女娲多被刻画于墓门中柱、侧柱，由于墓门的作用在于阻挡疫鬼的侵

---

[1] ［俄］李福清：《中国神话故事论集》，马昌仪编，中国民间文艺出版社1988年版，第41页。
[2] 杨利慧：《女娲溯源——女娲信仰起源地的再推测》，北京师范大学出版社1999年版，第70页。

扰，伏羲、女娲担当了守护者的角色，手持芝草则又表明了与仙界的联系。西南地区汉画像中的伏羲、女娲接吻交尾图，直接体现了该地域生殖崇拜的文化特色。在时代较晚的陕北地区画像石中，由于画面所要表现的内容过于丰富，更由于神仙思想在此地画像石中占据主导地位，伏羲、女娲大多位于墓门的次要位置，并且大大缩小了画面的尺寸，形象上除了蛇尾，缺乏其他明显特征。山东地区的伏羲、女娲大多手持规矩，表明了二神创始人类、规范世界的神绩。武氏祠中对于伏羲"初造王业，画卦结绳，以理海内"的赞颂表明其作为始祖神的神格。

各地伏羲、女娲画像既有共同点，也有相异之处，表明各地对于伏羲女娲神话的理解并不是单一的，其中或许是因为在当时流传有多个伏羲、女娲神话的版本，或许是因为各地对伏羲、女娲神话进行了地域化的改造。[①] 相应地，各地的伏羲女娲信仰也会有不同程度的差异。

三、完全世俗化后的信仰形态

宋代以来，随着伏羲女娲神话的在民间的深入传承，统治者对两位大神的改造和利用，以及伏羲、女娲在日趋成熟的佛教和道教中的频频出现，使得伏羲女娲信仰进一步深入人心并完成了世俗化，其形象也完全人格化。当然，在伏羲女娲神话发展的历程中，也同时存在两种神话、两种信仰单独流传、各自发展的情况。

（一）伏羲、女娲在统治者的支持下完成人格化

由于神话、传说在我国民间有着深厚的基础，这很早就引起了统治者的重视，并利用神话、传说实施教化，巩固自己的统治。早在西汉初

---

① 过文英：《论汉墓绘画中的伏羲女娲神话》，浙江大学 2007 年博士学位毕业论文，第 146–149 页。

图1-17 宋马麟《伏羲图》

年，汉高祖刘邦就把自己渲染成是龙所生，并编造了一个出生的神话。① 从传世资料来看，对伏羲、女娲的信仰在汉以后的一段很长时间趋于减弱，其实际的地位或者说其受崇奉程度不高，黄帝的地位相比之下要更崇高些，因此更受到统治者的青睐。从唐朝开始，伏羲、女娲开始引起史家的关注，到了宋朝，通过官方倡导，伏羲、女娲的地位开始缓慢回升，至明太祖朱元璋达到高峰期，官方祭祀日隆。北宋对包括伏羲、女娲在内的三皇的祭祀已很重视，宋太祖赵匡胤于建隆元年（960年），诏三年一祭，牲用太牢，制作专用的祭器，祭祀时间沿袭唐制。元朝时，每年三月三和九月九用太牢祭祀三皇，礼乐仿孔庙。明初，沿袭元制。洪武元年（1368年），朱元璋更是专门到河南淮阳的太昊伏羲陵祭拜伏羲。在统治者对伏羲、女娲重视的前提下，加上佛教、道教等二神的改造和吸收，伏羲女娲信仰进入了一个新的阶段，并完成了世俗化，其形象也完全人化了。在宋代马麟所绘《伏羲图》中，伏羲表现为中年人的模样，面庞清秀，长着胡须，长发散开，身着翻毛兽皮长袍，脚上盖着虎皮，虎皮下露出光脚板，

---

① 《史记·高祖本纪》说："其先，刘媪尝息大泽之陂，梦于神遇。是时雷电晦冥，太公往视，则见蛟龙于其上。已而有身，遂产高祖。"此外，还有资料记载刘邦在做亭长时，在押解犯人到骊山服劳役时，又借斩了路中的一条白蛇，便与人串通编造了赤帝子杀白帝子的神话。

脚指甲长似兽爪。（见图1-17）在明代王圻编撰的《历代神仙通鉴》中，伏羲身着树叶做的衣服，与普通人的模样无异。而女娲被画成美女的样子，以佛教菩萨的姿态而坐。宋代以后，统治者迎合了敬神畏神及想和神亲近等朴素的民间信仰思想，赋予二神以全然人化的形象，以此来加强自己的统治，伏羲女娲开始以人化的形象出现并相对固定了下来，宋以前频频出现的人首蛇身形象却鲜为民间信众所知了。[①]

（二）伏羲、女娲对偶神形象缺乏深层次的民间基础

伏羲、女娲这两个上古神话中具有旗帜意义的大神，在漫长的历史岁月中先是经历了各自独立，之后又在神话粘连等复杂的作用下，形成对偶神并稳定了下来。但是应该看到的，二神虽然在精英文化中已经被确定为对偶的形象，而在民间，伏羲神话和女娲神话单独流传的情况也很常见，对二神的信仰也有不少是单独存在的情况。伏羲、女娲对偶神的形象没有扎实的民间基础做支撑，这一点从以下三个方面得到体现：各地的伏羲女娲祭祀场所（庙、阁、供、洞、山、陵寝等）相对独立、各自的神绩独成系统，二神分别享用各自祭祀香火。在女娲信仰中，比较集中的地区有以下几个：甘肃天水市、陕西临潼骊山地区、山西洪洞县赵城镇侯村、河北涉县、河南淮阳县和西华县等。在伏羲信仰中，比较集中的地区则是：甘肃天水市、河南淮阳县、新密市浮戏山、济宁微山县等。两者虽然存在交集，但独立的地方反而更多，如在河北涉县，当地人很多都没听说过伏羲，更不要说去祭祀崇奉，同样的情况往往也发生在伏羲信仰盛行的地域（见图1-18、1-19）。正如杨利慧所说："二者由于种种原因，较早发生了粘合，结成了对偶或夫妻关系。但这一关系并未在以后的所有地区完全固定下来，所以尽管我们常看到二人（神）

---

① 这种情况并非绝对。即使是现在，在一些艺术创作中，伏羲、女娲有时仍会以人首蛇身的形象出现，这在某种程度上成了区分二氏与其他大神的区别，并且显示其独特神性的标志。

图1-18 河北涉县娲皇宫女娲像（尹虎彬摄）

图1-19 淮阳太昊陵统天殿内供奉的伏羲像（笔者2006年3月4日拍摄于太昊陵统天殿内）

连在一起的文字记载或墓刻石像、帛画画像，但二者完全无关、单独传承的情形也不少见。"[①] 近年来，随着一些地方政府为了开发旅游资源对当地伏羲或女娲的遗迹等进行的深度挖掘，以及专家学者"言女娲必言伏羲、言伏羲必言女娲"的声音越来越受到媒体的宣传，关于伏羲女娲对偶神的这套话语又开始影响民间。另外，由于民间信仰一直具备多样化的特征，在不同时代、不同地域，也呈现出不同的情形。

从历时性的角度来看，伏羲女娲的神话不是一个一成不变的凝固体，从形成之后，它就在不断变化。与之相应的是，对二神的信仰也有一个不断变化的过程。笔者依据各种文献资料，以楚帛书、汉代石刻画像、壁画、高句丽画像、唐代新疆帛画以及宋代画像等为考察对象，探讨了伏羲女娲信仰和形象的变迁历史以及各种表现形式所产生的文化原因及其内在含义，阐释了伏羲女娲信仰曲折委婉的历史脉络和发展历程。应该看到的是，伏羲女娲不仅仅存在于文献里，他们至今还广泛地活在人们的口头、行为上和情感、观念里，他们是活在现实中的传统，并对人们的现实生活产生着多方面的影响。

[①] 杨利慧：《女娲溯源——女娲信仰起源地的再推测》，北京师范大学出版社1999年版，第128—129页。

第二节
淮阳伏羲女娲信仰概说

伏羲女娲信仰作为民间信仰具备了浓厚的地域色彩，在不同的地理环境和人文氛围下，信仰的具体内容和仪式活动也会有明显区别。赵世瑜将民间信仰形成这种特性的原因归结为中国的地理区隔和地方文化传统两个因素。[1]淮阳一直被看作伏羲女娲神话流传的中心地之一，同时又是中原文化和楚文化碰撞、交汇的地方，对伏羲、女娲二神的信仰既有着悠久的历史，又呈现出强烈的区域特色。

通过对淮阳这个特定区域内伏羲女娲信仰的考察，多方面、多层次地展现信仰对区域内民众生产、生活的影响及其社会表现，能够更清晰地了解伏羲、女娲这两位大神在淮阳地域空间内所呈现出来的社会面相和人文精神。而这种社会面相和人文精神也在深深影响着所在区域，尤

---

[1] 赵世瑜：《狂欢与日常——明清以来的庙会与民间社会》，生活·读书·新知三联书店2002年版，第31页。

其是对整个中原地区的生产生活潜移默化的介入、对中原文化的默默滋养和丰富，这种介入、浸润在几千年的岁月长河中一直存在，未有停息。

一、淮阳基本概况

淮阳县位于河南省东部，居周口地区之腹。东与鹿邑、郸城、沈丘三县毗邻，西与周口市、西华县接壤，南隔沙河与项城、商水二县市相望，北与太康县交界。县城距省会郑州市214公里。淮阳是闻名全国的农业大县，土地肥沃，物产丰富，盛产小麦、大豆、花生、棉花、玉米。

淮阳古称陈、陈州，历史源远流长，《左传·昭公十七年》载："陈，太皞之虚也。"《陈州府志》云："陈为伏羲氏建都地，神农氏因其旧而都之，故名之曰陈。"朱熹在《诗经集传》释"陈"时说：

> 陈，国名。太皞伏羲氏之墟，在禹贡豫州之东。其地平广，无名山大川。西望北方，东不及孟诸。周武王时，帝舜之胄有虞阏父，为周陶正，武王赖其利器用，与其神明之后，以元女大姬妻其子满。而封之于陈，都于宛丘之侧。与黄帝、帝尧之后，共为三恪，是为胡公。大姬夫人尊贵，好乐巫觋歌舞之事，其民化之。今之陈州，即其地也。[1]

朱熹的解释比较清晰地给出了陈的来龙去脉。当地传说太昊伏羲氏6500多年前在这里建都，并肇始了华夏文明。之后炎帝神农继都于太昊之旧墟，易名为陈。夏，陈属豫州。商，为虞遂封地。西周，周武王封舜帝后裔妫满于陈，并把女儿大姬嫁给他，妫满建陈国，筑陈城；以国为姓，陈胡公妫满便是陈姓的得姓始祖，所谓"陈姓遍天下，淮阳是老

---

[1]（明）朱熹：《诗经集传》诗经卷七，吉林人民出版社1999年版，第478页。

家"，同时也是胡、田、姚、孙、袁等大姓的共同先祖。被誉为道教鼻祖的老子就生于陈国苦县（今鹿邑县）。因为战国时期楚顷襄王曾迁都陈城38年，故淮阳又称"陈楚故城"。秦时此地初设陈县，随后改为陈郡，公元前196年，因为陈在淮水之北，改名淮阳。在其后的发展历程中，淮阳虽然先后在建制上经过反复更迭，但却始终是河南东部的一个政治、经济、文化中心。

淮阳因得益于深厚的历史积淀而拥有数量众多的名胜古迹，有明确历史记载的达300多处，其中太昊陵和平粮台古城遗址为国家级重点文物保护单位。太昊陵庙一向被视为中国十八大名陵之首，拥有宏大的规模和保存完整的古陵庙建筑群，历代帝王有据可考的御祭达到53次，民间祭祀活动更是绵延几千年历久不衰。每年长达1个月的对伏羲的祭祀活动也被列为国家非物资文化遗产。平粮台古城遗址被看作目前出土的唯一的一座原始社会时期太昊伏羲和炎帝神农的都城遗址。

二、信仰的演化

淮阳及其周边地区在远古时代是各个原始部族活动比较频繁的地方，除了淮阳被看作伏羲和神农氏的都邑外，临近的女娲城则被看作女娲氏之都城，因此淮阳又被称之为"三皇之都"。也因此使诸多厚重的原始文化得以遗留并延续了下来，而其中在区域内最重要、最具影响力的应该是伏羲和女娲信仰。

传说中的人祖伏羲在远古时代带领自己的部族自甘肃天水出发，历经周折后来到了当时地肥水美的淮阳地区，并在此定居后逐渐壮大起来，最终发展为一个最大的部族联盟。特别重要的是伏羲的都城和陵墓都在淮阳，当地至今还保存着关于伏羲的大量遗迹，这无异使伏羲信仰和当地风物有了广泛而深入的结合。女娲相传是发源于中原一带的处于母系氏族社会的部族首领，在"只知其母，不知其父"的社会里，女娲率领部族初民与大自然搏斗，克服种种艰难，开创了植根于华夏黄土地的农耕文化。并且在女娲为首领的时期，中原一带遭遇了"四极废、九州裂"，导致"水浩洋而不息"的洪水灾害，严重地破坏和阻碍了华夏的农耕文化的发展。于是，出现了以"女娲补天"为反映的大规模的治水活动。而女娲"抟黄土造人"也被一些学者看作巧妙运用黄土造人的神话，寓示了以女娲为女始祖的华夏先民是在黄土地上产生和形成的，孕育了伟大的农业文明。女娲部族的一支在西华县思都岗活动，女娲城、女娲陵等都被当地人看作遗留至今的女娲遗迹。由以上不难看出伏羲神话和女娲神话被严重历史化的痕迹，他们都被看作历史上真正存在的人物，被后人当作英雄一样膜拜。而这种历史化带来的"可信性"增强和二神的各种非凡神迹有机地结合在一起，促成了淮阳区域内伏羲信仰和女娲信仰的繁盛。

随着伏羲、女娲对偶神的形成，伏羲女娲神话的发展变化，伏羲（女娲）信仰也在精英文化和民间传统的共同作用下，在漫长的演变过程形成了伏羲女娲信仰。在关于伏羲女娲的研究中，围绕两神形成对偶神的相关研究是一个重要课题。依据目前的研究成果，学界对形成对偶神的时间基本达成共识，即在战国中后期到西汉这个阶段。但关于形成对偶神的发生地却很少有研究者涉及。笔者在进行田野调查时，不止一次强烈感受到淮阳（古陈州）极有可能就是两神形成粘连、对偶的肇始地。理由有三。

一是关于历史记载的两神活动范围大致重叠。《太昊纪下·女皇氏》曰："女娲出生于'承匡'。"注"（承匡）山名，在任城东南七十里"。《寰宇纪》说："女娲生处，今山下有庙。"任城原为郡，汉置，北齐始改为任城县，即今山东济宁县治。所以说女娲生地在山东济宁或曲阜[①]。从

---

① 关于女娲的出生地，学界有很多种不同意见，目前很多学者都认为女娲的出生地和伏羲的一样，都应该在今天的甘肃天水一带。笔者持女娲生于中原的观点。

伏羲、女娲的出生地看，伏羲生于雷泽，但主要活动范围在中原一带，女娲生于任城，在山东的西部，过去属于中原的范畴。他们的活动范围遍布整个中原地区。应该是远古时代活跃在中原的两部族分别敬奉的两位至尊神。

二是两神的陵墓所在地相距甚近。在中国的民间信仰中，有影响的大神均有身后的埋葬之所，这也算是一大特色。关于伏羲的陵墓最为可靠的记载就是今天的淮阳太昊陵，而关于女娲的陵墓中，却存在较大争议，最起码有五六处之多，其中影响最大，较常为文献资料中出现的是山西永济市风陵渡的女娲陵。而史料中西华县的女娲墓却很少提及。女娲城位于西华县聂堆镇思都岗村，20世纪80年代被发掘出土，并被认定为是春秋时期的古城遗址，现为省级重点文物保护单位。在国内女娲文化研究中，女娲墓址的"五墓说"和"三墓说"均不包括此地的女娲墓。然而，地下考古资料①、历代志书记载及近年的田野调查表明：当地围绕祭祀女娲为核心内容的庙会源远流长，每年庙会期间，附近几百里以内的民众都自发云集于此，祭祀、礼奉女娲，女娲城也成为与太昊陵相呼应的伏羲女娲神话和信仰的传播中心。当地群众习惯称太昊陵为"东陵"，女娲陵为"西陵"。两者相距仅30多公里。

三是淮阳地区在汉代具备了两神形成对偶神的一切条件。西汉时期阴阳思想和五行学说影响到了社会的方方面面，为两神形成对偶神提供了思想上的萌动；两神活动范围的相邻和重叠则为之提供了信众容易接受的基础；两神同时具备的创世大神和文化大神的神格则为其中任何一个大神在合适的环境里需要对偶神时提供了最佳选择。因此，大的时代背景、相近的信仰和流传区域以及相似的神格，最终促成了伏羲、女娲在西汉形成对偶神。

---

① 1981年，周口地区文物考古队对女娲故城试掘，发现女娲故城遗址系春秋时期的古城，出土了明代"娲"字城门额砖。

笔者在淮阳当地进行田野调查时，在"泥泥狗村"——许楼村的老艺人房国富家中，发现了泥泥狗中罕见的造型"八卦金蟾"：在八卦造型的底座上，一只硕大的青蛙蹲坐其上，形态逼真（见图1-20）。据老人介绍，这种造型是从祖上流传下来的，主要是表现伏羲和女娲，因为比较复杂，所以捏制得比较少。八卦一向被看作伏羲的伟大创举，而蛙则被许多学者和当地人看作女娲最初的意象，而二者在泥泥狗艺术造型中的结合，是否可以看作伏羲、女娲形成对偶神的一个生动见证？

图1-20 淮阳泥泥狗中的罕见造型——八卦金蟾（笔者2011年3月7日拍摄于泥泥狗艺人房国富家中）

伏羲女娲信仰从产生到现在经历了双重变迁过程。一方面是信仰内容的扩大化。伏羲、女娲的功绩在流传过程中日渐丰富，从最初的创世和生育大神发展到今天淮阳区域内的全能大神，其信仰内容也随之扩大。另一方面是神祇名称的多样化。伏羲历史上有很多种叫法，又称宓羲、庖牺、包牺、牺皇、皇羲、人祖爷等，女娲又称女娲氏、女希氏、娲皇、地母、人祖奶奶、人祖姑娘、老母娘等。每一个称谓背后都反映出历史上的人们对伏羲女娲的信仰内容。但应当指出的是，民间信仰具有较强的顽固性，和神话传说的变化相比，民间信仰体现出相对滞后的特点。从伏羲（女娲）信仰到伏羲女娲信仰，经历了一个漫长、曲折的过程。淮阳被认为是人祖伏羲建都和主要活动的地方，遗留下来的和伏羲相关的遗迹也很多，在两神形成对偶神之前，淮阳的民间信仰中占据绝对比重的是伏羲信仰，虽然女娲随着对偶神的形成悄然融入进来，但伏羲信仰仍占主导地位。与此类似的是淮阳邻近的西华县，作为女娲部族活动地区的中心地之一，女娲信仰在当地无论是对偶神形成前后都占据着主要地位。

淮阳的伏羲女娲信仰自生成以来，经历了一个漫长的演变过程，伏羲、女娲的恩泽几千年来持续滋润着淮阳当地人们的心灵，占据着他们的精神世界，并随着人们的各种要求而得以不断丰富和更新。伏羲女娲信仰，更主要地以一种活的形态存在于民间，它一旦生成，就作为一种隐形机制作用于区域内的民众，在潜移默化中影响着他们的言行举止、生产生活，制约着民众观察、理解和实践物质世界的方式并强化着他们的共同记忆。

三、信仰的区域特点

伏羲、女娲作为代表性的神话人物，自产生以来，围绕着二神的民间信仰就已经持续不断，并且受不同地域、不同时期的影响，伏羲女娲信仰的特点也会不同，能够很好地镜像出不同地域、不同时代的区域文化传统及民间信仰自身的发展、流变特点。淮阳是伏羲女娲文化的中心区之一，区域内伏羲女娲神话、传说和各种相关民俗事象，很好地诠释和见证了当地浓厚的伏羲女娲信仰以及其所具备的显著的区域特点和地方特色。

（一）地方保护神和全能大神的角色

在长期民间信仰的传承中，伏羲女娲二神的功能呈现逐渐扩大的趋势，为了适应人们不断丰富的、发展的需求，二神由原来的文化和始祖神逐渐成为当地人们信仰生活中全知全能的神，其神迹也随之扩大化，覆盖到了区域内民众生产、生活的方方面面。

伏羲在淮阳当地被看作中华始祖和文化英雄，代表了华夏文明的肇始时代。《白虎通义》卷一曰："古之时，未有三纲六纪，民人但知其母，

图 1-21　太昊伏羲圣迹图（笔者2011年2月7日拍摄于太昊陵统天殿内）

不知其父，能覆前而不能覆后。卧之詓詓，起之吁吁。饥即求食，饱即弃余。茹毛饮血，而衣皮苇。于是伏牺仰观象于天，俯察法于地，因夫妇，正五行，始定人道。画八卦以治下，治下伏而化之，故谓之伏羲也。"[1] 这一段文字集中概括了伏羲的功绩。在淮阳当地，伏羲的功绩更被充实为10个方面，并在淮阳太昊陵的主殿——统天殿内的墙壁上刻画了出来（见图 1-21）：

1. 结网罟，养牺牲，发展渔猎畜牧。
2. 定姓氏，制嫁娶，革群婚之弊。
3. 始画八卦，奠定人类文化之根。
4. 作书契，中国古文字的肇端。
5. 作甲历，定四时，肇始古代历法。
6. 发明琴瑟，创作礼乐，始创中国乐舞。

---

[1]（汉）班固著,（清）陈立撰，吴则虞点校：《白虎通疏证》，中华书局1994年版，第369页。

7. 尝百草，制九针，巫医之祖。

8. 以龙纪官，立九部，分理海内。

9. 建屋庐，始定居。

10. 造干戈，饰武功。

不可否认，上述伏羲的事迹有明显夸大的部分，并且也有一些附会的地方，但却在一定程度上反映出伏羲在当地民间信仰和人们心目中的位置。在太昊陵庙会上，如果发生民间纠纷，双方就各自买上香表，到陵前发誓，证明自己没有亏良心，若是亏了良心，就让伏羲——人祖爷做证，并降下神威来惩罚谁，供奉伏羲的太昊陵无疑具备了官衙的职能并且发挥了官衙所无法发挥的功效。当地还有传说某妇女不孝顺公婆，伏羲显灵，把这个妇女变成了一头驴子，任人鞭打辱骂。还有一些伏羲显灵传说与当地的风物传说杂糅在一起。其中最典型的是人祖爷夜巡的传说，人祖爷遇到抢劫、盗窃、不孝等恶徒、歹人，都要严加惩治。这些传说起到了强化人们道德观念的作用。"显灵的传说，在许多庙会上都有，这种现象除了表现当地人民对庙宇中的神灵以保护神的神格敬奉之外，更多地表现在以监护人的神格敬奉，体现出当地人民的道德观念、价值观念和淳朴的理想愿望。"[①] 另外，诸如关于八卦台、画卦台、白龟池、转香楼、腰疼树等处的传说中，伏羲既是先知先觉的圣人，又是正义、善良和智慧的象征，这些作为民众朴素愿望表达的传说凸显出伏羲在当地的保护神地位。在当地，人们既把伏羲作为全人类的神来祭拜、信仰，又把他作为地方保护神来礼奉。伏羲的传说故事与当地很多的民俗事象有了充分的融合，使伏羲神话传说故事表现出浓郁的世俗化和地方化。

在淮阳当地，女娲除了其传统的抟土造人、补天、制嫁娶等功绩之

---

① 高有鹏：《庙会与中国文化》，人民出版社2008年版，第67页。

外，在民间信仰中还流传着求子、医病等扩大化的功能，这一点在离淮阳临近的西华县女娲城体现得更为充分。在淮阳当地，女娲虽然和伏羲一样，被看作当地的全能神和保护神，但因为伏羲压倒性的优势，使得女娲在民众心目中的影响力要远小于伏羲。而无论伏羲还是女娲，都在各自的区域社会里发挥着不可替代的调节作用，这其实也是伏羲女娲信仰影响和调控地方传统社会的具体表现。

（二）二神独尊下的多神崇拜

从文化地域位置看，淮阳恰是华夏文化、东夷文化和荆楚文化的交汇点，所以说它不但是伏羲女娲文化的发祥地之一，还使伏羲女娲文化与儒家文化、道教文化及佛教文化等得到很好的融会，孕育了淮阳地方丰富的文化内涵。受此影响，淮阳当地的信仰情况也呈现出多元化的特点：伏羲女娲信仰、道教、佛教和巫觋信仰等信仰形式同时并存。当地流传的说唱经文往往将儒、释、道、巫中的代表人物任意罗列在一起，体现了当地民间信仰中多神崇拜，在突出伏羲、女娲为主神的前提下，多神并立的现状。如：

拜寿十所楼

东发亮，天门开，
天兵天将两边派。
俺给爷爷拜寿来，给人祖拜寿一锭金。
抬头看见上八仙，上八仙架云头，
观观天下十所楼。
宛丘城上一座楼，人祖爷爷坐里头。
朱襄昊英来上寿，善家门里磕寿头。
东海东里二所楼，龙王老爷坐里头。
龙母娘娘去上寿，龙子龙孙磕寿头。

南海南里三所楼，观音菩萨坐里头。
善财龙女去上寿，金童玉女磕寿头。
雷音寺里四所楼，西天佛祖宗坐里头。
四大天王去上寿，十八罗汉磕寿头。
钟灵山上五所楼，无生老母坐里头。
西天佛祖去上寿，十二老母磕寿头。
北京北里六所楼，一朝天子坐里头。
正宫娘娘去上寿，文武大臣磕寿头。
武当山上七所楼，祖师爷爷坐里头。
朱官白官去上寿，五个大王磕寿头。
城南南边八所楼，城隍爷爷坐里头。
三曹官去上寿，牛头马面磕寿头。
荒芜大地九所楼，地母娘娘坐里头。
文昌帝君去上寿，十大阎罗磕寿头。
天宫院里十所楼，玉皇大帝坐里头。
王母娘娘去上寿，天兵天将磕寿头。
谁要学会十所楼，走到天边也不愁，
南么佛，佛连声，这是一本拜寿经。[①]

这种把多种神灵整合起来并形成一定崇拜体系的情况，实际上也是集体意识的另一种表现。[②] 在集体意识的作用下，淮阳当地的崇拜体系杂糅着好几个不同系统的崇拜文化，相应存在着较为复杂多样的风格，并最终形成了以信奉伏羲、女娲为至尊神，多神并尊的信仰景观。

[①] 王二合演述，张念文记录整理。见张念文、李长城主编：《中华民间经文汇编》（内部资料）。
[②] 郑志明：《想象：图像·文字·数字·故事——中国神话与仪式》，贵州人民出版社2010年版，第58页。

淮阳当地的民间信仰不仅是多元的，并且以多元形态存在的民间信仰能够和谐地共生、共存，主要表现在：

1. 一个陵庙或神案同时供奉各路神灵

这种现象在太昊陵建筑布局中也得到了很好体现。除中轴线上的主体建筑外，太昊陵还有庞大的附属建筑，在统天殿和显仁殿之间的外侧，东侧原有三观：岳飞观、老君观、元都观，另有火神台；西侧原有四观：女娲观、玉皇观、天仙观、三清观。根据明代商辂《太昊陵庙重建记》记载，明代宗景泰七年（1456年），知州万宣等增建三清观，命道士奚福仁主持，负责香火。之后，玉皇观、女娲观、天仙观、岳飞观、老君观、元都观相继兴建，庙事便由道士主持。太昊陵俨然成了融道教与自然宗教于一身的综合性庙堂。直到1953年，淮阳专署接管了太昊陵，将陵内20余名道士遣返回家耕田，太昊陵内的道教活动才得以终止。

多神共奉的信仰状况在淮阳当地民众家中的神案上体现得更为充分和直接，在笔者2010年5月及2011年3月的两次田野调查中，发现当地民众家中的神案上供奉的除了人祖伏羲外，还有观音菩萨，也有一些信众家里同时供奉着人祖爷、财神爷和观音菩萨。这个情况在淮阳太昊陵古庙会上也有很好的体现。在庙会的集市上，供应神像的摊主告诉我说，被"请"[①]走最多的神像反而不是人祖，而是财神爷和观音菩萨。这也间接反映了现代社会背景下人们普遍的心理诉求。

2. 一个信众可以同时具有多种信仰

在当地，一个信奉伏羲、女娲的老太太，可能在家里同时还供奉着财神和观音菩萨，这在当地显得非常普通和常见。其实对于大多数民间信仰的信众来说，根本不管所信奉神灵属于何派何教，所以如果对他们的信仰细分就可以发现信仰的多重性。"在中国，90%的人没有信仰，然而，就是这90%的人，又随时会见神就拜、见菩萨就烧香。他们

---

① 出于对所敬奉神灵的恭敬，在购买神像或香时，不能说"买"，要以"请"字代替。

不是没有信仰，而是一群具有特殊信仰的人，即非官方宗教的民间信仰者。"[1] 在他们看来，无论哪一种宗教信仰的神灵，本质上都是令人敬畏的"神"，神的区别只体现在具体的职能上，需要求财便去拜财神，需要求子便去拜人祖，需要求学便去拜文曲星……

（三）受权力话语影响而跌宕起伏的发展历程

"以神道设教"是中国传统文化的特色，因此国家往往试图改造、利用民间信仰，使两者之间呈现温和的互动。伏羲女娲信仰，这种深深植根于淮阳当地并与普通民众生活息息相关的文化，更是历代统治者所利用的重要文化统治资源。一方面，国家在不同的社会背景下可以成为民间信仰兴衰存亡的决定性力量，它既可运用暴力或自己的象征符号摧毁或替代民间信仰，也可能征用民间信仰服务于经济目的或政治治理，从而留出社会空间给民间信仰的复兴、演变提供机会。另一方面，民间社会在国家在场的情况下，亦可与之互动、融合，或将国家作为发展的资源，例如将地方信仰转化为民族-国家象征符号，从而使之获得合法性并产生积极的后果。文化仪式的相互承认、互融乃至共谋正是国家与地方民族传统、政府与民众之间新型关系的体现。

太昊陵古庙会可以看作淮阳当地伏羲女娲信仰的集中反映，也是直接体现、反映当地伏羲女娲信仰高峰期和低谷期的晴雨表。通过检索史料发现，在宋代之前，太昊伏羲陵没有很大的影响。宋建隆元年（960年），始置守陵户，专门看护陵庙，并颁诏每三年对祖陵大祭一次，祭祀规格为最高的"太牢"。元朝，统治者对民族文化不重视，祀事不修，庙宇渐毁。至元朝末，庙宇几乎荡然无存。

从明洪武年间到清宣统末年，不断有朝廷大员来太昊陵致祭，由于

---

[1] [美] 唐纳德·S.洛佩兹（Donald S.Lopez, Jr）编：《实践中的中国宗教》，普林斯顿大学出版社1996年版，转引自蒋守丰：《论佛教文化与中国民间信仰的相互渗透与影响》，《正法眼》2009年第2期。

官方的参与，其规模不断扩大，才发展成全国颇有影响的大型古庙会。而太昊陵发展的一个重要转折点就是在明朝最高统治者的支持下，实现了华丽转身，一跃成为天下十八大名陵之首。事实上，这也是统治者利用人民群众对人祖伏羲的崇拜，并巧妙地将自身与神灵联系在一起，通过这一系列大造声势的舆论来抬高自己，巩固自己的统治地位。如果联系起刘邦斩蛇、李世民认老子为祖等封建统治者为自己造舆论的史实，就不难理解这种现象。

20世纪30年代，国家力量对淮阳太昊陵庙会与当地的伏羲女娲信仰强制干预较少，基本没有受到太多政治力量的抑制和阻碍，从而使伏羲女娲信仰在较大程度上能够自在地传承。1949年中华人民共和国成立以后，伏羲女娲信仰在当地政府的干预下，经历了一个跌宕起伏的过程。如王铭铭所言："被称为'迷信活动'的实践行为代表了一类特殊的，也正是新中国尽力想去改造的中国民间文化积淀。虽然各种反对'迷信'的政治运动所达到的效果有所不同，但在（20世纪）70年代末以前的数十年中，为政权建设服务的地方政治积极分子都一直接受了敌视庙宇的态度。对他们来说，庙宇并不象征一套文化遗产。"[1] 1966年，在"破四旧、立四新"的口号声中，"红卫兵"把一包炸药放在了伏羲陵墓顶引爆，但只炸了一个小坑。统天殿内伏羲塑像和人脊上的二十八宿被毁，岳飞观院内秦桧、王氏、王俊、张俊、万俟卨五铁像也被作为"四旧"化汁毁掉。1968年5月，淮阳县革命委员会在太昊陵庙内主办了"毛泽东同志伟大革命实践活动展览馆"，日接待群众万余人次。该馆直到1977年才停办。在这样的环境下，太昊陵成了当地消灭"落后面貌"运动的靶子，太昊陵庙会和当地的伏羲女娲神话传播等民俗事象渐渐从民众的公共场合退

---

[1] 王铭铭：《灵验的遗产》，郭于华主编：《仪式与社会变迁》，社会科学文献出版社2000年版，第25页。

隐,转变为"以民间特有的方式柔韧地延续着"[①],原来定期、集体的祭祀活动开始从显性、公开转向隐性、私密。相应地,伏羲女娲信仰的生存场域发生了极大的改变,受到了政治语境强烈的冲击和压制,淮阳的伏羲女娲信仰陷入了低潮。

改革开放以后,一方面,国家力量为了重新确立中华民族的认同意识,转变了文化策略,在意识形态领域对民间控制相对松懈,比较注重运用传统文化来取代之前的强制性政治认同;另一方面,"经济化运动不仅导致生产的提高,同时导致了乡村文化的复归"[②]。随着当地经济水平的提高,伏羲女娲信仰开始复兴,对于当地群众来说,这些事情似乎理所当然。政府把民间传统复兴归因于改革开放后政府对以前过激文化政策的修正。事实上,当地伏羲女娲信仰及其仪式的复兴,是改革开放以后新的社会经济秩序的内在必然结果。尤其是近年来,当地政府充分认识到了太昊陵及古庙会独特的文化资源和优势,借助国家对非物质文化遗产的重视,大力发展旅游业,使当地伏羲女娲信仰迎来了一个黄金时代。

(四)以各年龄阶段女性为主,全民都有参与的信众构成

女性参与程度高,在信众中所占比重较大,这也是中国民间信仰的一个普遍特征。在淮阳当地,这一点表现得更为充分,特点也更突出。但和其他地区敬祀神灵的女性中以中老年妇女为主要力量的情况不同,这里更体现出全民参与,年龄跨度很大的特点。庙会上,目光所及之处,从衣着时尚的年轻女子到满头白发、皱纹里都写满恭敬的老年妇女,甚至还有随父母一起前来的孩子,尤其是这些孩子,他们生活在当地浓厚的信仰氛围和几千年传承下来的民俗习惯里,只知敬神,却不知为何而

[①] 杨利慧等:《现代口承神话的民族志研究——以四个汉族社区为个案》,陕西师范大学出版总社有限公司2011年版,第250页。

[②] 王铭铭:《灵验的遗产》,郭于华主编:《仪式与社会变迁》,社会科学文献出版社2000年版,第27页。

敬神。对于这些孩子而言，他们对待神灵和祭祀所持有的是好奇的心理。她们在好奇中体验并在不知不觉中接受，随着年龄一起成长的还会有潜移默化悄悄融入她们心灵的伏羲女娲信仰，以及与家乡情结相伴同生的伏羲女娲情结。

走进太昊陵庙会，目光所及之处都能看见女性的身影，在这里她们是当仁不让的主角：跪在伏羲坟前喃喃自语的是女人，伏在松耳柏上低声祈祷的是女人，蜂拥在子孙窑前等候扣摸子孙窑求子的是女人；在统天殿前三五结伴、翩翩起舞的是女人，在渡善桥上来来往往、传经布道的也是女人（见图1-22、1-23、1-24）……相比之下，在传统农村社会一向以主角出现的男人们这时候也会心甘情愿地让出这个在神圣空间里的舞台，甘当配角，让妇女们尽情放松自己、施展沟通神灵的才能。

图1-22　庙会上精心准备供品的女香客们（笔者2011年3月6日拍摄于太昊陵内，图1-23、1-24同）

图1-23　扶香等待的年轻女香客

图1-24　通过耳柏向人祖倾诉、祈祷的女香客们

香会是在北方民间盛行的信仰组织，一般由村民自发组织。女性占据主要比重在当地的香会组织中也有直接反映。在笔者2010—2011年对淮阳信奉伏羲女娲信仰的40个香会组织所进行的调查中，由女性担任会首的有31个，只有9名是男会首。香会会员85%是妇女，参加香会的妇女中，30～60岁的约占55%，60岁以上的占35%，18～30岁的占10%。香会规模有大小之分，大的有近200人，小的只有20多人。会首功力的大小也因其在经歌演述的顺畅与否、神灵附体的灵验程度以及财物集资的多寡等方面的差异而有所不同。会首的产生并无选举仪式，一切凭借信众对其功力和个人魅力的认可。

担经挑也是一种能体现女性对庙会参与度很强的民俗事象，又名"担花篮"或"履迹舞"，它是在太昊陵和女娲城两个古庙会上出现的一种民间舞蹈，是一种颂扬人祖伏羲、女娲的原始巫舞。与其他在人祖庙会上出现的民俗事象一样，它同时又是庙会原始主题的一种表征现象。在庙会上，人们祭祀人祖伏羲、女娲，祈求子孙繁盛，生殖崇拜是庙会的原始主题。担经挑的舞者比较独特，每个经挑班由4个人组成，都在50岁以上，且只有女性，没有男性（见图1-25、1-26）。

伏羲女娲信仰是伏羲女娲神话、传说在经过广泛流传后深入人心的具体表现，是伏羲女娲神话、传说在特定区域内盛行的必然走向，同样，它也具备了鲜明的地域特色。在伏羲女娲信仰以上的四个特色中，"重伏羲、轻女娲"和年龄跨度大的女性占据了信众较大比重无疑是最值得进行深入研究的两个方面。由神话流传而产生的信仰，其信仰的内容和走向无疑在很大程度上受到神话本身的影响。正如张光直所指出的："任何的神话都有极大的'时间深度'；在其付诸记载之前，总先经历很久时间的口传。每一个神话，都多少保存一些其所经历的每一个时间单位及每一个文化社会环境的痕迹。"[①] 而淮阳伏羲女娲信仰所具备的突出特点则可以

[①] 张光直：《中国青铜时代》，生活·读书·新知三联书店1983年版，第256页。

第一章 生成与发展

图 1-25 担经挑 1(由淮阳县文化馆馆长雷泉君拍摄并提供，图 1-26 同)

图 1-26 担经挑 2

看作区域内广泛流传的伏羲女娲神话、传说在流传中充分黏合了当地自然环境和社会文化环境,以及环境中特定的人、事、观念、风物等的结果。

四、信仰的地理范围

在淮阳太昊陵庙会及女娲城庙会上,伏羲女娲的神话传说广泛流传。可以说,两个陵庙及庙会为关于伏羲女娲的神话、传说的流传提供了甚为重要和无可替代的传承场合;而陵庙本身的象征意义和庙会散发出来的神圣性也为之营造了非常有利的传播氛围,所以两个庙会成为伏羲女娲神话、传说传承和发散的重要中心点也是顺理成章。日本学者柳田国男在论述神话及传说的传播时强调:

> 传说有其中心点。……传说的核心,必有纪念物。无论是楼台庙宇、寺社庵观,也无论是陵丘墓冢,宅门户院,总有个灵光的圣址、信仰的靶的,也可谓之传说的花坛发源的故地,成为一个中心。距离传说的中心地点愈远,人们也就对它愈加冷淡。[1]

信仰往往是区域内神话及传说的孪生兄弟,它常常和神话及传说相伴而生,相辅相成。太昊陵和女娲城是整个淮阳地区的两个伏羲女娲神圣信仰中心,具有强大的空间标识性和认同向心力,不但在历史上,而且至今当地人的信仰活动都是以太昊陵或女娲城为中心。

笔者根据几次田野调查,并结合柳田国男的上述理论,拟将当地伏羲女娲信仰分成信仰的核心区、波及区和外延区三个层次。

核心区:淮阳县和西华县的全部行政区域及太康与之相邻的老冢镇、五里口镇,鹿邑的辛集镇,郸城县的汲冢镇,川汇区的搬口镇。在核心

---

[1] [日]柳田国男:《传说论》,连湘译,中国民间文艺出版社1987年版,第48页。

区内，围绕着太昊陵和女娲城两个信仰中心地，关于伏羲女娲的神话、传说分布比较密集，对二神的信仰比较普遍，核心区内民众很多都有定期祭祀伏羲、女娲的习惯，并且关于伏羲、女娲"显灵"的种种传说在民众间的传播也较为常见。

波及区：是指紧邻核心区的相对外围区域，包括古陈州除核心区以外的其他区域。根据《晚清中国行政区划纲目》所记载：陈州下辖淮宁（淮阳县）、商水、西华、项城、沈丘、太康、扶沟共7县。辖区东界光州、直隶州及安徽省颍州府，西连南阳府，南临湖北省德安、汉阳、黄州。波及区内伏羲女娲的神话、传说也呈现出流畅、直观的态势，民众大都对二神及他们的神绩有着清楚的掌握，有一部分民众会定期祭祀伏羲、女娲，以二神为自己信奉的主神。

外延区：是指离太昊陵或女娲城很远，所受影响相对较小，信众占群众比例不多的古陈州外的其他区域。包括河南除陈州辖区外的其他地区以及河北、山东、安徽、湖北、江苏、山西等省份。外延区内伏羲女娲的影响力较弱，所存在的信众许多是在核心区、波及区内生活过一段时间或与两区域存在着较大心理关联。他们一般选择每年的庙会期间组成"香火会"结伴进香朝祖，到太昊陵和女娲城祭祀二神。

通过对淮阳伏羲女娲信仰的追溯以及对其区域特点的描摹分析，我们能够看出淮阳有着厚重的文化积淀和在伏羲女娲信仰上得天独厚的资源优势，相距甚近的太昊陵和女娲城分别被作两个大神的象征，无论是陵庙本身还是围绕陵庙而生的历史悠久的庙会无疑都是促成当地存在深厚伏羲女娲信仰的主要原因，而淮阳的伏羲女娲信仰实际上也已经完成了和当地民众生产生活的深度融合，已经有意无意地占据了淮阳区域内大多数民众的精神世界。

第三节
信仰传承中社会各阶层的作用

伏羲女娲信仰的传承实际上包括两个层次：一是神灵崇拜在空间上的拓展；二是神灵传说、仪式等信仰相关内容的传承流变。这一概念的另外一层含义是关注作为伏羲女娲信仰主体的人在信仰存在与发展过程中的作用。德国的韦伯在其著作《宗教与世界》中，便充分突出了作为宗教"担纲者"的人的作用："直接支配人类行为的是（物质上及精神上）利益，而不是理念。但是由理念所创造出的世界图像，常如铁道上的转辙器，决定了轨道的方向，在这轨道上，利益的动力推动着人类的行为。"①

在淮阳伏羲女娲信仰的传承中，涉及四类人或者说四个群体：一类是历代的地方官员，他们是国家最高统治者在地方的代言人；一类是当地的精英，他们属于民间权威，在当地人中有着很高的威望和号召力；

---

① ［德］韦伯：《宗教与世界》，康乐、简惠美译，广西师范大学出版社2004年版，第477页。

一类是巫师,他们以特殊的仪式,以神灵附体等形式,将人与神,世俗社会与神圣空间连接起来;最后一类是广大基层民众,他们处于整个社会的最底层,同时又是伏羲女娲信仰最主要的信众。本节将就这四类人群在伏羲女娲信仰流变、传承中的作用进行分析,以阐释他们所发挥的积极作用。

一、历代地方官员

地方官员是统治者在地方的代言人,由于伏羲女娲信仰在中国民间有着深厚的基础,这很早就引起了统治者的重视,并利用其实施教化,巩固自己的统治。而受国家政策法令的影响和主流文化的干预,民间伏羲女娲的信仰也经历了一个曲折委蜿的过程。如在汉以后的一段很长时间,对伏羲女娲的信仰趋于减弱,其实际的地位或者说其受崇奉程度不高,黄帝的地位相比之下要更崇高些,因此更受到统治者的青睐。从唐朝开始,伏羲女娲开始引起史家的关注。到了宋朝,通过官方的倡导,伏羲女娲的地位开始缓慢回升,至明太祖朱元璋达到高峰期,官方祭祀日隆。结合当地的县志、陵内的碑刻及田野调查所掌握的材料,笔者认为,地方官员在伏羲女娲信仰的存续、发展中所发挥的作用主要体现在祭祀和修缮陵庙两个方面。

(一)祭祀

关于祭祀的重要性,《礼记·祭统》中有明确的说法:"凡治人之道,莫急于礼。礼有五经,莫重于祭。"实际上,"以神道设教"的基本观念通过各种民间信仰,早已成为传统政治制度中一个固定的组成部分。荀子对此也有着准确的表达:"圣人明知之(指祭祀),士君子安行之;官人以为守,以为人道也;其在百姓,以为鬼事也……"[①] 每年在祭祀的时

---
① 《荀子》第13卷,光绪二年浙江书局精刻本,第24–26页。

节（经常是在春季或秋季），祭祀官方认可的神明，这是地方官行政职能的一部分。因此掌握祭祀的礼仪是传统官员修养的重要内容。① 根据19世纪中国的法律，主持祭仪是县、乡主要行政官员的职责，如果疏于对神的祭拜，或在执行中拖沓的官员将要受到杖责一百的惩罚。② 与统治者非常重视自己认可的神明相对应的是，历代统治者都严厉打击所谓的"淫祀"，对祭祀对象的正当性、祭祀者与祭祀对象之间在身份上的对等性，以及祭祀行为的适当性都有严格的要求。认为"非其所祭而祭之，名曰淫祀，淫祀无福"③。伏羲在三皇五帝中的排序和地位，决定了他所享受官祀的必然性。官方历来注重对伏羲氏的祭祀。《历代陵寝备考》说："太昊伏羲氏……以木德王，都陈，在位115年崩，陵在河南陈州城北三里淮宁县界，国朝载入会典恭遇，国家大庆，遣官致祭。"④ 笔者目前所掌握的文献资料中，官方关于太昊陵祭祀的最早文献记录是北宋赵匡胤的《修陵奉祀诏》："历代帝王，或功济生民，或道光史载，垂于祀典，厥惟旧章。……其太昊葬宛丘，在陈州；高宗葬陈州西华县北，各给守灵五户，蠲免地役。长吏春秋奉祀。"⑤ 从文中的"垂于祀典，厥惟旧章"，我们可以推断出，对太昊陵的祭祀应该是由来已久，最起码在北宋恢复对伏羲等历代帝王祭祀之前的相当长时间内，当时的统治者对于此类祭祀已有了相对完备的制度规范。

在太昊陵的发展和祭祀史上，朱元璋绝对是一个值得浓墨重彩去渲染的人。也就是在朱明一代，在统治者的大力倡导下，太昊陵初步奠定了今天的规模，民间对伏羲女娲信仰也达到了一个新的高度。当地至今

---

① [美] 杨庆堃：《中国社会中的宗教》，范丽珠等译，上海人民出版社2007年版，第144页。
② （清）吴煦增订：《大清律例增修统纂集成》卷16，武林清来堂吴氏原本增修，第5页。
③ 《礼记·曲礼下》。
④ 朱孔阳：《历代陵寝备考》（上），吴平、张智编：《中国祠墓志丛刊》（第四册），扬州广陵书社，2004年。
⑤ （宋）赵匡胤：《修陵奉祀诏》，李乃庆编著：《太昊陵》，中州古籍出版社2005年版，第2页。

流传着许多关于朱元璋的传说,如下面这例就道出了朱元璋持有太昊陵情结的原因:

> 17岁那年,朱元璋孤身一人,四处讨饭,到陈州要饭时就栖身在太昊陵的破庙里。25岁时,投身红巾军当了兵,后来他率领的一支红巾军队伍在陈州附近与元军遭遇,经过激战后损失惨重,一个人在元兵追击下只身逃命,在情急之下,无路可逃时,他躲进了原来要饭时栖身的太昊陵里,并向人祖祈祷若能保佑他逃过此劫,转危为安,他日一旦得天下,一定依照他的宫殿,为人祖重修庙宇,再塑金身。据传朱元璋话音刚落,几只蜘蛛飞快地在庙门口织起了一个大的蜘蛛网。元兵追到庙前见蛛网封门,便追向别处。[1]

洪武元年(1368年)正月,明太祖朱元璋登基称帝,三月即派大将徐达攻取陈州。五月,便到太昊陵"制文致奠",拜谒人祖,并诏令地方官每年祭祀,每三年必遣使以太牢祭祀(太昊陵附近建有朱元璋驻跸亭,明英宗正统年间河水倾圮,1933年遗址尚存)。

明洪武二年(1369年),朱元璋又到太昊陵祭拜:"洪武平天下之明年(1369年),车驾幸陈,亲洒宸翰,为文以奠。仍命有司(地方官)岁为常祭,列圣相承,遣使代祀,不绝其所以示天下尊崇之意……"[2]

明洪武三年(1370年),"朱元璋遣使访历代帝王陵寝,命各行省具图以进,凡七十有九。礼官考其功德昭著者,凡三十有六。……在河南者十,陈(陈州)祀伏羲……"[3]。同年,朱元璋颁诏修建以上功德昭著者陵庙,太昊陵首列第一。

明洪武四年(1371年)正月二十二日,朱元璋亲制祝文,并遣会同

---

[1] 杨复竣:《史话太昊伏羲陵》,中州古籍出版社1995年版,第53页。
[2] 见太昊陵内明嘉靖二十四年《太昊陵重修记》碑文。
[3] (清)龙文彬:《明会要》,中华书局1998年版,第114页。

馆副使路景贤到太昊陵致祭。

太昊陵自朱元璋修改陵制并亲临祭祀伏羲后，明代的继任者无不相承，不断增建和整修陵庙，并遣使代祀，清代历任皇帝也代代相传。据考证，自朱元璋开始至清末，历代帝王共遣官致祭53次：明洪武2次、永乐1次、弘治2次、嘉靖2次、万历1次、隆庆1次；清顺治1次、康熙10次、雍正3次、乾隆10次、嘉庆5次、道光5次、咸丰2次、同治1次、光绪6次、宣统1次。在此情况下，在淮阳主政的地方官员更是将每年主持对人祖的祭祀活动看作头等大事而分外重视。

（二）修缮陵庙

今天的太昊陵庙之所以能保存如此完整，离不开历代地方官员在统治者的授意下进行的精心保护与定期修缮。在历次修缮中，基本上都是采取地方官员牵头，"爰捐俸倡始，且走疏以募四方"，地方士绅积极响应，不遗余力地促成，以及广大百姓踊跃参与的形式。历代统治者对伏羲都奉行礼遇有加的态度，太昊陵作为伏羲最显著的象征标志，也就格外受到世人呵护。正如清代官员张自德在《重修太昊陵记》中所说："皇上敦崇祀典甚恭，大圣人陵寝所在，曾不得与化人老子诸寺观金碧沉檀，庄严土木音同称壮丽，其奚以白自解？且也苍史六书，素王五经，为性命文章渊薮，无不权舆于一画，而乃聊且从事，又何以称圣天子专遣大臣之巨典耶？"[1]这些任职于淮阳的地方官员，一则感于伏羲"彰彰著者，万世之下，仰而师之，其功德大而难名，故其泽绵绵而不斩"[2]的皇皇圣绩、教化之功，一则为宣扬当朝者所谓的"聪明睿智，重道崇儒，绍古帝之心源，启文明之景运，故为继天立极之圣，尤为拳拳"[3]的开明贤达，为了充分发挥陵庙本身的教化功能，在具体修缮中均是前赴后继、不遗余力。自

---

[1]（清）张自德：《重修太昊陵碑》，太昊陵显仁殿前左侧所立碑刻。
[2]（清）吴国伦：《重修太昊羲皇陵庙记》，太昊陵墓右侧所立碑刻。
[3]（清）鹿祐：《重建太昊伏羲氏陵庙大殿碑》，太昊陵显仁殿前右侧所立碑刻。

宋以来的修缮记录已有据可考，陵庙的规模亦不断加大，至明万历三年（1575年），格局已然大定。①

根据太昊陵所保留下来的碑刻和地方志的材料，自明洪武四年（1371年），朱元璋亲制祝文，诏治陵寝开始，至万历三年重修钟鼓楼、应门（正门，即午朝门）止，明朝由官方主持的对太昊陵有记载的修缮就达14次，足以反映太昊陵在自上而下的社会各阶层中的神圣地位。以明世宗嘉靖二十四年（1545年）的修缮为例：监察御史吴疏山，参政金清，佥事翟镐、李维藩命通判范如敬负责大修陵庙，改御碑亭由陵墓前至陵前数丈远，"筑以高台券门，建碑亭于上"（即现在的太始门），并增高陵墓，"冢圆而高，象天也，周砌以砖台，方而厚，象地也"②。在此次修缮中，督工官就有8位之多，分别是陈州知州王大绍，杞县知县蔡时雍，鹿邑县知县夏宝，陈州卫指挥徐季彦，太康县知县贺沂，西华县知县史衢，千户崔云龙、刘衍裔等。从中不难反映出地方官员对修陵的重视程度和举全州之力修陵的实际做法。

明成化乙酉年（1465年），在明代首辅商辂应邀为太昊陵庙重修所做的铭文中，就记录了陈州知州戴昕号召当地官员"各捐俸为倡"，以修复陵庙的事情。而值得一提的是，戴昕在任陈州知州前，在临漳担任县令期间"尝毁仓龙神庙"，拆掉了一批庙宇，并严令禁止当地百姓自行祭祀。对于戴昕在祀神活动中的前抑后扬，商辂在文中给出了这样的解释："何也？盖彼淫祀也，弗毁无以正人心，（太昊陵）此正祀也，弗崇无以合人心。"③一"修"一"拆"，其意立现，从中我们看出地方官员捐俸禄修陵庙和严厉捣毁淫祠其实是抱着一个共同的目的，就是确保国家力量对

---

① 赵权力：《淮阳人祖爷信仰的神性源泉初探》，《焦作大学学报》2008年第4期。
② （明）李维藩：《太昊陵重修记》，李乃庆编著：《太昊陵》，中州古籍出版社2005年版，第133页。
③ （明）商辂：《太昊陵庙重建记》，李乃庆编著：《太昊陵》，中州古籍出版社2005年版，第142页。

祭祀活动的绝对控制，使之更好地发挥教化百姓、引领地方风气的作用。

对于地方政府来说，管理并从事某些信仰活动是他们政治生活中的一部分，真实目的就是通过管理并参与当地的民间信仰活动来帮助他们更好地治理地方。当地的历代官员同样有这样的企图。从他们到治所任职的那一天开始，就开始了与神灵打交道的过程，从事与神灵有关的一系列信仰活动是他们政治生活的一部分，而其最直接的表现形式，一是在规定时间内对神灵进行祭祀，二是对伏羲女娲信仰的圣地和标志——太昊陵保护有加，以向人们表明一种姿态，并企图借助神的力量实现加强统治的目的。

二、地方精英

民间信仰具有很强的区域性特点，它的发展往往和当地的精英密不可分，这无疑是因为地方精英在当地社会结构中重要的地位和一直以来发挥的作用。在淮阳伏羲女娲信仰的发展、流变中，地方精英的影子同样清晰可见。

地方精英是社会中一个特殊的阶层，一般都是家境殷实，在当地有着很高的声望，在民间具有很大的权威性。他们中的一部分人曾经是国家权力的地方代理人，在淡出政治领域之后，转而携带着多年积累的政治资源，以很大的热忱投入地方文化传统的重建工作中。一方面，他们和地方官员通常保持着融洽的关系；另一方面，又直接面对基层的广大百姓，在民间有很强的号召力。在伏羲女娲信仰的传承中，地方精英比普通民众发挥着更大的作用。在淮阳流传着这样的传说：

> 在民国年间的周家口（今周口），一富商患莫名之症，百医罔效，奄奄待毙，有老翁自荐能治，投一药饵，旋药到病除。此医者自称居淮阳北关，待富商痊愈后遍寻淮阳北关无此医者，及至太昊陵内，见

塑像正与所寻医者一模一样,便断定是人祖显灵。富商感激涕零,遂请来戏班在陵前唱戏三天,并出资对陵庙进行了修整。①

诸如此类的流传从来就没有间断过,它在潜移默化中悄悄影响着当地伏羲女娲信仰发展的走向。由于地方精英的特殊地位,因此地方官员都会默许甚至是倚仗其管理一些地方事务。在淮阳伏羲女娲信仰的传播、传承中,地方精英主要在以下三个方面发挥作用。

(一)修缮陵庙

修缮陵庙虽然多由地方官员发起,但在资金筹措和人员调动上还需要充分借助地方精英的力量,所以基本上每次太昊陵庙的修缮都离不开他们的大力支持响应。如清康熙三十二年(1693年),张喆任陈州知州,拜祖陵,见"旧城悉皆土垣,倾圮已久,不知此为陵庙",遂"营度捐倡"。绅士苏应元、举人高维岳协力相助,出资数百金,于康熙三十四年,拆掉旧城土垣,筑以砖垣,高九尺,袤六百余丈,并在午朝门前东西两侧重建"继天立极""开物成务"两座石牌坊。②

历史上还有一些修缮陵庙的是士绅自行发起,报地方官员备案后自行组织的。如清道光二十六年(1846年),邑人赵凌云发起,陈郡香社38人捐资,在岳飞观增铸王氏、万俟卨、王俊、张俊四奸佞铁像。③中华民国六年(1917年),前察哈尔财政厅厅长严汝诚④筹资重修东西华门、东西天门、三才门、五行门及外城墙等。⑤

---

① 郑合成编:《陈州太昊陵庙会概况》,河南省立杞县教育试验区印,1934年,第263页。
② (清)熊一潇:《增修陵庙围墙碑》,太昊陵庙内碑文。
③ (清)贾增:《岳武穆王祠重铸铁桧碑记》,太昊陵庙内碑文。
④ 严汝诚,淮阳城关人,清光绪己卯举人,1914年,曾在袁世凯政府担任厅长职务,后辞职回淮阳。
⑤ (清)严汝诚:《重修太昊陵垣墙及各门记碑》,太昊陵庙内碑文。

太昊陵修缮的常设机构就是在地方精英的倡议和竭力组织下建立起来的，并发挥了很大作用。清光绪三十二年（1906年）邑绅刘虞廷、严琴堂等在报地方政府备案后组织陵工局。所需费用"按进香会人数各捐资少许，继长增高，集成巨数，会毕即以此数酌修之"。[①] 陵工局在太昊陵庙的日常维修中发挥了很大作用，"如是数年，缺者补、倾者立，殿阁楼台，焕然一新"。[②] 至民国二十年（1931年），因"大兵过境，驻防千军万马，长年累月，致使栋折榱崩，坦颓门毁，荒烟蔓草，又成一片苍凉矣"[③]，当时的省政府成立了"保存羲陵古迹委员会"，公推乡绅雷秉哲、赵澄波、杨惠卿为正、副委员长，仍照陵工局岁修法按会抽捐，组织捐款重修太昊陵。正因为士绅等地方精英长久以来在修缮陵庙中发挥的积极作用，才有了今天太昊陵相对完整的保存现状。而他们在修缮陵庙上的热情态度，其实反映了他们渴望更多地参与地方传统秩序建设，竭力向国家权威靠拢的真实想法。诚如美国的韦思谛（Stephen C. Averill）所言，地方官和地方精英都急于在信仰标准化的过程中与国家权威合作。他们借以显示政绩或者借此使他自己和他家乡的社区变得"儒雅"，建庙或者修庙都表明他们愿意被纳入中国文化的主流，而不愿探究民众的宗教信仰和思想观念过深。[④]

（二）组织朝祖会、进香会

在当地信奉伏羲女娲的民众一般都组成"朝祖会"或"进香会"，会内由会友推举会首一人或几人，为全会的负责人，会首一般都是威望较高的人，其中一部分由士绅担任，他们在每年庙会期间都会投入很大的热情去组织会众们上香，并在经济上予以支持。一般来说会内经济来源

[①] 陈奎聚：《重修太昊陵碑记》，太昊陵庙内碑文。
[②] 同上。
[③] 同上。
[④] ［美］韦思谛编：《中国大众宗教》，陈仲丹译，江苏人民出版2006年版，第58页。

采取平均摊派的方式,即每年在麦收的时候,每人摊小麦一斗,把收得的麦子全数卖了,把所得的钱放贷出去,到次年庙会时,本利收回,作为赶会盘缠,每年如此循环不已。但遇到农作物歉收或其他特殊情况,难以成行时,往往是地方精英出钱、出粮资助。过去因为交通的原因,很多人是住会的,一般得个三五天。在太昊陵西的苏马庄,清朝末年有一个叫苏秉德的士绅,为了解决庙会期间上会香客的住宿,就自己出钱盖了很多简易房屋,里面铺上干草,免费让人居住,并把人祖、人祖奶奶的神位请到大家居住的地方,以方便遇到恶劣天气时香客们的叩拜。①

(三)组建戏班

戏曲活动源于娱神,一般情况下,有庙即有娱神戏楼或戏台。淮阳地处中原腹地,戏曲种类繁多,有豫剧、道情、越调、坠子、二夹弦等。在当地,戏曲演出的祭神、娱神的功能性更强,各个庙会是戏班演出的主要场合。一些地方士绅为了表达对神灵的虔诚,显示自己的财力,竞相组建戏班,在庙会上演出。发展到最后,经常出现两家戏班在士绅们的支持下,在同一个庙会上搭建两个戏台互相比拼的场面。清道光年间,西华县今聂堆乡刘干城村富户刘老太主办的"刘家班",是邑内最早的戏班,成立后就一直活跃在女娲城和太昊陵两处庙会上。光绪二十四年(1898年)西华县红花集(今红花乡)富户马继荣组建"马家班"。乡野庙会期间,高台对戏,成为不可或缺的风俗。所谓"二月二,搭戏台;梆子戏(豫剧俗称),唱起来"的童谣,就反映出了村民们庙会观戏的兴高采烈。这其中比较有代表性的是西华县马继荣承办的马家戏班(豫剧)。因马家资财雄厚,有良田三千余亩,该班服饰道具十分考究,请名师授戏,名角众多。太昊陵庙会和女娲城庙会期间,香客们在进香完毕之后,再去看马家班的演出成为当年很多人的习惯。随着马家班的名声

---

① 2011年3月10日上午,笔者访谈淮阳县民间文艺总会副会长杨念雪所得。

日隆，戏班开始接受其他州县庙会的邀请，在数十年间，所到州县，与强手对台赛戏千余场，皆赢戏而未输一场，因此在豫东有"盖九州"之称。①

三、巫觋

巫能够通天达地，沟通鬼神与人之间的联系，是沟通人神交流的桥梁，是神的意志的唯一权威阐释者，也是人间意愿向神灵转达的唯一媒介。在淮阳当地，巫师往往借助神灵附体的方式，宣扬伏羲女娲功绩，而遗留下来的原始巫舞——担经挑在民间的代代流传，也在客观上促进了伏羲女娲信仰的发展。

巫师其实与伏羲、女娲尤其是伏羲有着不解之缘。伏羲一向被视为是八卦的发明者，"古者包牺氏之王天下也，……始作八卦，以通神明之德，以类万物之情"②。作为远古的"三皇"之首，伏羲其实就是一位酋长而兼巫教教主的大巫师。谯周在《古史考》云："庖牺氏作八卦，始有筮。"《易经》一般认为是伏羲所作，是一部卜筮之书，其中关于节令风候、国家大政、人事运程的预测，通通源于巫文化中的占筮术。传说当年伏羲运用白龟和蓍草进行占卜，并创立八卦。现在太昊陵后仍有蓍草园，陵外有白龟池。至今仍有人用蓍草量手骨节测算寿命和祛凶纳福。具有强烈巫术色彩的淮阳民俗事象——担经挑在伏羲女娲信仰的发展流变中发挥了积极作用，被认为是"原始社会以舞祭媒保留下来的一种遗俗"，集祭祖、娱神、求子为一体，是淮阳独有的祭祀伏羲、女娲的巫舞。几千年来，担经挑一直在淮阳流行，除了满足祭祀和娱神需要外，还和当地邻近楚界，受到楚地兴盛的巫文化的影响与渗透有关系。早在西周时，宛丘巫舞就极度盛行。《地理志》："妇人大姬尊贵，好祭祀，用

---

① 《西华县戏曲志》，西华县文化局内部资料，1988年印制。
② 《易经·系辞下》。

史巫。"《汉书·匡衡传》:"陈夫人好巫而民淫祀。胡公夫人武王之女。大姬无子,好祭神鬼,鼓舞而祀,坎其击鼓为证。"说明在春秋战国或更早以前,陈地祭祀歌舞已极为隆盛。仅收录在《诗经》中的民歌就达十首,散佚的更多,成为陈人好歌舞的佐证。陈人在太昊之墟宛丘祭祖娱神求子,甚至出现了以巫舞为职业的舞女,她们在鼓与缶的击节声中,且歌且舞在古宛丘上下以及道路上,宛丘已宛如古代巫舞场。①

巫师往往通过神灵附体的方式来充当人神之间的媒介,并通过这种方式为人驱鬼、占卜、看病。在当地,一些常年虔诚敬奉伏羲女娲的人也会出现神灵附体现象,她们在附体后会大段大段演述经文宣扬伏羲、女娲的功绩,劝人向善弃恶,带有强烈的巫的性质。在当地的太昊陵庙会或女娲城庙会上,神灵附体被称为"带体功"。带体功是庙会上最重要的功,作为伏羲的代言之体,作用即同巫师。有的只带伏羲之体,有的一功多体,如可带女娲体、王母体、观音体、关公体,还有二郎、哪吒、包公等,应有尽有,但多以女娲体为正体。庞倩华在相关文章中也提到,她曾在庙会上听到一个足不出户、只会说当地话的农村老大娘在女娲娘娘附体时流畅、准确地说普通话(旁人可证明50多岁的她最远只到过县城,不识字)。这位老大娘说,多年前她的腿有病,久治不愈,后来经人指点,在女娲庙会上求香,经女娲治愈,因其信仰虔诚女娲娘娘就点化她跑宣传功,女娲附体时她就能讲流利的普通话来宣扬女娲的功德。②

此外,伏羲女娲信仰中还有其他一些带有巫性质的事象,如上香的香客将鸡蛋、烧饼等食品放在香火中进行烧烤,经过这道程序后,这些食品便具备了"药"的功能,人吃了可以祛病驱灾。

---

① 董素芝:《伟哉羲皇》,中华书局2004年版,第112页。
② 庞倩华:《女性与女娲:女娲信仰对女性主体地位的凸显》,郑州:河南大学硕士学位论文,2008年,第12–13页。

四、普通民众

普通民众是伏羲女娲信仰的基础和主体部分，也正是他们对伏羲女娲的尊崇和信奉，使得信仰一代代传承、积累、发展。一方面，对伏羲女娲的信仰丰富了他们的精神世界，缓解了他们面对苦难时的苦闷和压力；另一方面，他们对伏羲女娲信仰所付出的虔诚以及在具体行动上的热忱也影响了更多的人加入信奉者，推动了伏羲女娲信仰群体的不断扩大，使伏羲女娲文化得到不断地丰富和充实，使伏羲女娲信仰发展到今天仍然生机勃勃。

如位于西华县聂堆镇思都岗村的女娲城的发展，就体现了普通民众信仰的力量。《读史方舆纪要》卷四十七记载："娲城在西华县西，女娲之所都也。"20世纪80年代，河南省考古队在此发现了"女娲城遗址"。女娲城最初只有一个女娲庙，上供三尺多高的女娲泥胎，下供伏羲，配享有朱襄、昊英，庙后有女娲坟。1938年，蒋介石炸开花园口后黄河泛滥将女娲庙冲塌、女娲坟淹没。据传，洪水后方圆数百里的群众纷纷赶来运土造坟，并栽下近200亩的桃树、松柏。[1]20世纪90年代笔者去参观时，女娲城内的主要建筑仅有女娲阁，上、下两层，是当地集资修建的，此外还有两间土屋，为信徒们捐资修建。2011年3月笔者第二次去女娲城调查时，这里模样发生了很大改变，中路除了女娲阁外，又新建了补天殿、娲皇殿、人祖殿、九九老祖殿、文昌阁、三清宝观、十二老母殿等建筑，东侧也建起了几个院落，除了供奉女娲、伏羲外，还供奉了玉帝、王母娘娘、财神、红君老祖[2]、盘古老祖、灵宝天尊、观音菩萨等神灵。规模比之前大了很多倍。很难相信这些全是在政府没有出资的情况下，信徒们靠募捐和集资建设起来的，不由让人为民间伏羲女娲信仰的

---

[1] 杨利慧：《女娲的神话与信仰》，北京师范大学出版社1997年版，第152–153页。
[2] 庙宇内神像前的供奉神位所写，应该是"鸿钧老祖"的笔误。

图1-27 西华县的女娲城（由刘仕宏拍摄并提供）

图1-28 女娲城内的大殿——补天殿（笔者2011年3月9日拍摄于西华县女娲城内）

力量而叹服（见图1-27、1-28）。

女娲城虽然是省级文物保护单位，它的日常管理却是由当地信徒负责的。信徒们有着明确的分工，有负责香火的，有负责募捐的，有负责做饭的，有管理账目的，俨然是一个分工清楚、管理严格的组织。信徒们采取轮流值日的做法，一般每次值日5~7天，值日期间吃住都在女娲城这个神圣空间里，认真履行交给自己的任务，等值日完毕再回到自己村子，回到世俗生活中去做安分守己的老百姓。

女娲城每个大殿的后墙和两侧都立着很多石碑，上面篆刻的是密密麻麻的人名和捐款金额。为了鼓励大家为修庙踊跃捐款，管理女娲城的信徒们承诺，只要你捐款10元以上就可以"刻碑留名"。笔者在字迹歪歪扭扭的石碑[①]上看到很多人的捐款金额是20元。笔者在现场就看到了一块大的宣传板，标题是"女娲娘娘传言"，上面印了大段的通俗唱词，大意是信徒们要为女娲娘娘修"八宝金殿九龙廷"，号召大家积极行动起来捐款。

---

① 为了节约开支，刻碑的工作由信徒中稍有文化功底的人担任，因为没有篆刻基础，所以字迹很难整齐。

2011年3月9日，笔者采访在补天殿里值守的信徒赵凤英，在她为我现场演述经歌时，我发现她的眼睛有迎风流泪的毛病，就问她的眼睛需不需要治疗，她的回答却让我出乎意料。她指着女娲塑像眼睛部位一块不显眼的抓痕说，这是女娲娘娘在惩罚她，因为她值日看守补天殿时，女娲塑像的眼睛被野猫给抓破了，所以女娲娘娘就让她的眼睛出了毛病。说这话时，老人一脸做错事后的愧疚。

在这些民间力量的持续努力下，女娲城在当地的知名度也越来越大，每逢初一、十五或者庙会时，来进香的人们川流不息，蔚为大观。

当地诸多民俗事象也是普通民众传承伏羲女娲信仰的重要途径。在太昊陵，庙会几乎就是全面展示、传播浓厚伏羲女娲信仰的大舞台，无论是功能性很强的祭祀行为，还是兼有娱神、娱人的各项活动，抑或是泥泥狗、布老虎等各种民间玩具，都体现了强烈的伏羲女娲信仰色彩。如笔者在田野调查中发掘出的"打天鼓"表演活动，就是淮阳民间伏羲女娲信仰在民间文艺上的直接投射和反映。"打天鼓"表演者一般由24人组成，全部由女性充当，12名身披树叶、头戴花环的女子手持白面皮鼓，伴随着12名手打木板同样装束的女子的伴奏，或舞，或行，演绎着6000多年前人祖伏羲带领族人战胜蛮荒、创造文明以及女娲补天和兄妹成婚、造人的故事。白面皮鼓只有薄薄的一层，称为天鼓；木板约有一米长，称为天板，象征着树枝。整个舞蹈分"补天""造人""打猎""寻偶""挎篮""笨打""巧打""泼花""八卦"等10多个段落，看上去原始韵味十足（见图1-29、1-30）。打天鼓目前只有淮阳县王店乡大徐楼村的朝祖花会才会表演，表演者的装扮和道具看上去和萨满教有相似之处，值得做进一步的研究。

在淮阳这个区域空间内，地方官员、地方精英、巫师及普通民众这几个群体构成了当地世俗社会中的主要组成。在民间伏羲女娲信仰几千年发展、变迁的复杂历程中，他们在信仰的传播中发挥着不可或缺的作用。地方官员代表着国家意愿，并代表国家机器一直对伏羲女娲信仰进

第一章　生成与发展

图1-29　淮阳县王店乡大徐楼村朝祖花会表演的"打天鼓"1（笔者2011年3月7日拍摄于淮阳县王店乡大徐楼村，下同）

图1-30　"打天鼓"2

121

行着世俗性的监管和"正祀"标准化方面的培育，他们的行为和具体做法无疑还发挥着规范和引导伏羲女娲信仰的作用。地方士绅作为地方社会精英，一方面会极其自觉地与官方在立场和行为上保持一致；另一方面，又会积极争取地方利益，表现在具体行为上，是对于国家力量的趋同性和方式上的灵活性。事实上，这四种人构成了一个伏羲女娲信仰传播的完整链条。地方官员代表国家权力，为信仰的传播提供了鲜明的导向；士绅则主要为传播提供资金支持，协助完成区域内各种资源的整合；巫为信仰传播提供了多样化的方法和途径；普通民众则是链条上的链条走轮，是整个链条的基础。以上四类人在推动当地伏羲女娲信仰的传播、演变和传承上发挥着重要的作用，做出了积极而持续的贡献。

第四节
儒、道、释的影响

淮阳位于豫东平原的腹地，中原文化的厚重和包容为儒、道、释等宗教提供了宽松的发展环境，使得淮阳当地的宗教文化具有根源性、原创性、包容性、基础性和辐射性等显著特点。而区域内的伏羲女娲文化又给予各种宗教的发展以丰富的营养，因此淮阳及其周边地区各种宗教呈现出比较活跃的态势。淮阳的伏羲女娲信仰具有很强的包容性。钟敬文先生曾在《民俗学概论》中指出，包容性是中国民间信仰的基本特征之一，即包含有巫、儒、道、佛等信仰内容。[①] 具体到伏羲女娲信仰的包容性，又会因其区域特点和发展状况呈现出不同的情形。即使是信奉伏羲、女娲最虔诚的老斋公，也不会拒绝或排斥观音菩萨和财神等神灵，而是会很自然地把他们放在一起膜拜。在这里，伏羲女娲信仰和其他宗教之间没有明显的界线，而它们之间的交融也会在漫长的岁月中自然地

---

① 钟敬文主编：《民俗学概论》，上海文艺出版社1998年版，第204页。

进行着，在伏羲女娲文化为其他宗教提供营养的同时，儒、道、释等宗教也在其后不知不觉地影响着民间对伏羲女娲的信仰。

"儒学治国，道教治身，佛教治心"，宗教属于心灵世界，是一种精神文化。近年来，一些学者侧重考察儒学、佛教、道教等与民俗信仰的互动、融合或者冲突，尤其是与民间信仰密不可分的道教研究，多强调民间信仰是道教在民间世俗化的结果。本节拟厘清儒、道、释对伏羲女娲信仰流变过程中的影响，进一步阐释淮阳伏羲女娲信仰在多重因素的作用下呈现出的鲜明特色。

一、儒学[①]

儒学的核心是"礼"字，是男权社会的产物。其自产生以来一直是统治者用来规范、改造社会秩序的不二法宝。一般认为，伦理是儒学兴起之后的产物，但其实早在周公治礼乐时便以伦理道德来规范约束人们的行为，儒学具有一整套完备而复杂的伦理体系，这是任何一种别的宗教所不具备和无法企及的；另一方面，伏羲女娲信仰作为民间信仰，其本身又缺乏独立的伦理价值，这就使得伏羲女娲信仰在流变过程中不仅

---

① 早在19世纪末20世纪初，学术界就围绕着儒学是否为宗教的问题开展了广泛的讨论，当时康有为提出儒学为宗教、国教的说法，遭到了包括梁启超、蔡元培、章太炎、陈独秀等的强烈批判。从20世纪70年代末，任继愈重提"儒学是宗教"的论说，使得关于儒学是否为宗教的激烈争论进入一个新阶段。李国权、何克让、张岱年、冯友兰、崔大华等学者先后撰文，反对任继愈的观点。从20世纪80年代末至今，支持儒教是宗教的人逐渐增多。何光沪、赖永海、李申、谢谦等分别有赞同儒学为宗教的著作问世。国外学者中，史华慈（Benjamin Schwartz）、亨德森（John B.Henderson）、杜维明、泰勒（Rodney L.Taylor）等也持支持的观点。这场持久论争有力地推动了学术界对儒学和宗教的双重理解，并逐渐引发了学界乃至国人对传统文化主体性的自觉。虽然把儒学当作宗教来研究的倾向总的来说还不普遍，但至少已不像过去那么孤独。笔者在文中认为儒学并非宗教。

借鉴了儒学伦理中最具策略性的价值精华，而且不断与之相妥协。① 中国的儒学很大程度上服务于统治阶级，与政治的关系尤为密切。后世统治者出于自己的需要，不断强化伦理道德，对于男权社会中的女性，儒家的礼教给予了规范化，反映在观念世界中，也就是女神的被道德化和伦理化，逐渐丧失自身独立大神的地位。可以说，儒学为伏羲女娲信仰提供了结构性原则和实践价值，使伏羲女娲信仰在内在运行机理上渗入了儒学伦理的因素，并在统治阶级的意愿下披上了儒家思想的道德外衣。

儒学对包括伏羲女娲信仰在内的民间信仰影响深远。儒家的思想与民间信仰是同一个源头，唐君毅即主张中国哲学与儒家天道观皆起源于中国原始宗教信仰。② 所不同的是，儒学将原始宗教信仰中的原始的宗教意识大幅度地转化为形而上的道德意识，并且民间信仰在发展进程中长期受到儒家思想的影响，吸收了儒学的一些精神概念，从而使自身的观念体系得到了有效扩充，在特征上具备了某些儒学色彩。

首先是民间信仰接受了儒学思想，扩充了对人体生命的重视，虽然没有改变其对鬼神的崇拜之情，但却注意到人身自我灵性的开发，认为自我生命的保存，也可以维持宇宙间的和谐。这样的观念转变，将以鬼神为中心的民间信仰，导向于以人灵自我开发为核心的修道观念，强调经由个人的努力修持，就可以尽人道以合天理，达到"天人合一"的境地。其次儒家思想对原始信仰最大的突破，是扩大了人与宇宙的相应关系，不只是追求与自然的和谐，同时也延伸到历史、社会与人生之中，将原始同一的观念转而成为人性内在的同一性，解消了人身与外界的各种对立情境，除了致力于自身心性的觉醒外，也努力地在日常伦理生活中做具体实践，儒家这种人性内在的同一性很自然地也就被民间信仰所

---

① ［美］杨庆堃:《中国社会中的宗教——宗教的现代社会功能与其历史因素之研究》，范丽珠等译，上海人民出版社2007年版，第256–258页。
② 唐君毅:《论中国原始宗教信仰与儒家天道观之关系兼释中国哲学的起源》，《中华人文与当今世界补编》，台湾学生书局1988年版，第150页。

吸收，但是民间信仰不只是重视有形的伦常道德，也重视与无形灵力的人事关系，故民间信仰是相当讲究各种人际伦常关系的具体操作，由人事的谨慎与实践来满足其与神圣空间的和谐关系。①

儒学的创始人孔子与淮阳和伏羲有着不解之缘，进而也影响着当地民众对伏羲女娲的信仰，体现在以下两个方面。

一是孔子对《易经》所做出的贡献。《易经》是中国最早的一部哲学著作，在中国古代思想史上占有重要地位，它不仅对先秦诸子百家产生过巨大影响，而且在整个封建社会里，几乎所有有成就的学者，无不研究过它并从中得到启示。《易经》包括两个方面的内容，即"经"和"传"，"经"是《易经》的原文，也是《易经》的基础内容，内容非常简洁，全文不到五千字，相传为伏羲首创。"传"是对"经"的阐释，据说最早为经作传的是孔子。有了"传"，"经"才文字通释，所以后人把"传"看作《易经》的一部分。传说《易经》经历了伏羲、周文王、孔子三个圣人的创制才最后成为完本，因此古人有"易历三圣"②之说。《史记·孔子世家》曰："孔子晚而喜《易》，序《彖》《系》《说卦》《文言》，读《易》，韦编三绝。"③是说孔子习《易经》时，反复研读多次，直至穿竹简的牛皮被磨断了3次。孔子晚年为《易经》所作之传被称为《十翼》。《十翼》是讲解《易经》最权威的著作，也是先秦《易经》研究大成的第一部易学著作。《十翼》是儒教创始人对《易经》的理解，从中可以看出儒家思想的光辉。而被视作体现伏羲文化精髓的《易经》，也因此带上了儒教的痕迹，对后世影响深远。

二是淮阳当地民众的"孔子情结"。相传春秋时孔子率众多学生周

---

① 郑志明：《民间信仰的和谐观与儒释道三教的关系》，《性与命》2000年第10期。
② 关于《易经》的作者，学界一直存在争议。除了本文支持的"三圣说"以外，还有"孔说"与"非孔说"等观点。
③（汉）司马迁：《史记·孔子世家》，中华书局标点本，中华书局1959年版。

游列国，以宣传自己的政治主张和抱负，并曾在陈国遭遇"陈蔡之厄"①，连续7天被陈、蔡所围，口粮都被吃尽，学生们都又累又饿，疲惫不堪。在此情况下，孔子却仍能处变不惊，继续读书、弹琴、布道不止。其间，他的学生子路为了充饥拔了龙湖中几株蒲子，剥去外皮尝后才发现根部脆甜可口，于是挖来与大家共享。自此陈州人有了吃蒲菜的习惯，淮阳蒲菜也因圣人光顾而有"天下第一菜"的美称。公元前479年孔子死，一年后陈国亡。当地人据此认为孔子与陈是同命运的，后人特在淮阳城外西南隅弩台上修"厄台祠"，祀孔子于其中。孔子已被纳入当地民众的信仰世界，并在现实世界扮演着解决当地民众子女求学问题的"文曲星"角色。

在具体到儒学对淮阳当地的伏羲女娲信仰的改造上，主要体现在以下两个方面。

一是伏羲在官方历代主持的祭祀中占据了垄断地位。从有记载的官方自宋代开始来太昊陵致祭以来，一直发展到现在当地政府每年组织的祭祀大典中，女娲的名字从未出现，对伏羲的祭拜、礼祀成了全部内容。历代统治者刻意的倡导对淮阳的伏羲女娲信仰产生了深远影响。

二是弱化女娲的神绩和作用，伏羲被官方刻意改造成了"斯文鼻祖"和全能大神，并刻意将女娲在"正祀"中边缘化。一些女娲作为独立大神的功绩在儒教的改造下成了二者共同的功绩。比较突出的是抟土造人和补天等方面。在这里，抟土造人成了人祖爷和人祖奶奶共同完成的，而泥泥狗就是为了纪念二者造人才流传下来的。而在当地流传女娲补天的一些传说中，除了以女娲城为中心的小范围地区外，淮阳其他大多数地区流传的补天故事也充斥着伏羲的痕迹：女娲补天在伏羲的授意和指点下，才如愿以偿地完成了补天的任务。另外，从庙会的泥泥狗、担经

---

① 是指孔子及其弟子从陈国到蔡国的途中被围困，断绝粮食的事。见《荀子·宥坐篇第二十八》："孔子南适楚，厄于陈蔡之间，七日不火食，藜羹不糁，弟子皆有饥色。……"

挑、摸子孙窑等诸多民俗事象来看，都带有着浓烈的生殖崇拜痕迹，与女娲这位始祖母神密切相关，有很强的女阴崇拜意向，且太昊陵庙会发展到今天，呈现出最强烈的特点即是生殖崇拜。但在儒家对伏羲的刻意"提携"下，太昊陵庙会本身所体现出的女娲痕迹已经很轻。

二、道教

道教与伏羲女娲信仰关系最为密切，可以看作伏羲女娲信仰在淮阳地域内最直接的宗教背景。道教与中国神话一向被看作同根之物，对包括伏羲女娲神话在内的中国神话影响甚大。袁珂认为，在中国"有一个独特现象，就是早在战国初年，仙话便已部分侵入了神话的范围，与神话合为一体，成为神话有机的组成部分"[1]，道教成立以后，"由于道士们的推波助澜，神仙之说才更加昌盛起来"[2]。而道教对神话的影响和渗透也会在相应的信仰中得到体现。

民间信仰与道教信仰是同源同根的两套信仰体系，并在同一个生态环境中相濡以沫，互相有过很多的交流与互通。在民间信仰里保留了相当多道教的色彩，在道教信仰里同样地也有不少民间信仰的影子。民间信仰具有很强的开放性，完全不避讳对各种现有宗教信仰理论的吸收与转化，只要有助于民间信仰的社会传播与功能实践，都会尽可能吸纳进来，并经由同化或顺应后累积下来，成为民间信仰的一部分，这样民间信仰从道教所接收过来的资源就相当丰富，如养生保命的修炼理论与功夫等。[3]道教充满了神秘主义的色彩，被法国的葛兰言称作"以神秘主义为取向的本土性的思想运动"[4]。在太昊陵伏羲女娲的祭祀活动现场，经过

---

[1] 袁珂：《再论广义神话》，《民间文学论坛》1984年第3期。
[2] 同上。
[3] 郑志明：《民间信仰的和谐观与儒释道三教的关系》，《性与命》2000年第10期。
[4] ［法］葛兰言：《中国人的宗教信仰》，程门译，贵州人民出版社2010年版，第114页。

香火烧烤过的鸡蛋、烧饼、馒头等食物甚至是香灰和陵上的土，在信众看来都具备了"药"的神奇功效，这中间无疑和几百年来道教把太昊陵当作道场后的推波助澜有关。

在道教经典中，伏羲延续了原来史籍中"三皇"之首的地位，但随着道教神仙谱系的建立与日趋完善，伏羲与三皇的时代及地位都远远不及那些道教中的天尊、道君，而沦为"下三皇"中的天皇。

在道教的神仙谱系中，从世界未形成的混沌之道，到二仪区分，直至死亡的世界，都由道教的神灵所统治着。据《云笈七签·太上老君开天经》中的叙述，在未有天地之际，宇宙间就有太上老君的存在。老君"独处虚空玄寂寥之外，玄虚之中，视之不见，听之不闻"，不见其形，然而不能说他是"无"，因为他是造物主。经过他的开天辟地，其间经过了几千几万年，才开始有了万物，有了人类。而自有人类以来：太初以下，太素以来，天生甘露，地生醴泉，人民食之，乃得长生，死不知埋葬，弃尸于远野，名曰上古。等到"太素既没，而有混沌"，自混沌到太连是为中古：混沌既没，而有九宫。九宫没后，而有元皇。元皇之后，次有太上皇。太上皇之后，而有地皇。地皇之后，而有人皇。人皇之后，而有尊卢。尊卢之后，而有勾娄。勾娄之后，而有赫胥。赫胥之后，而有太连。太连以前，混沌以来，名曰中古。又：太连之后而有伏羲。自伏羲以前，五经不载，书文不达。伏羲没后，而有女娲。而伏羲之时：老君下为师，号曰无化子，一名郁华子，教示伏羲推旧法，演阴阳，正八方，定八卦，作《元阳经》以教伏羲。伏羲以前，未有姓字，直有其名。尔时人民朴直，未有五谷。伏羲方教以张罗网，捕禽兽而食之。皆衣毛茹血，腥臊臭秽。男女无别，不相嫉妒。冬则穴处，夏则巢居。从太上老君以下，经历了盘古真人—初天皇、初人皇、五帝（有五人）—中天皇—中地皇—中人皇—五龙氏—神人氏（盘古），才到了伏羲氏。可见伏羲在道教神人中位序的低下。

女娲，按其功业、影响，理应列入"三皇"之位。然而女娲神位的升降，随着社会发展带来的人们思想的变化，其地位也在变化之中。特别是到了道教信徒手里，女娲便一步一步退于非常次要的地位。直到后来，女娲在道家"一切诸神，咸所统摄"的神谱里，便完全被废除了。①

伏羲女娲信仰作为民间信仰的一种，和道教关系最为密切。不少学者在谈及道教和民间信仰的关系时甚至认为，民间信仰是道教民间化的表现。比如马西沙、韩秉方在《中国民间宗教史》中指出："明清时代，道教越来越走向世俗化、民间化并渐趋衰落，但道教的流衍——具有浓厚道教色彩的民间教派却大倡于世，对整个社会产生了重大影响。近两千年的道教史是一部由民间走向正统，再由正统走向民间的历史。"②

除此之外，道教和淮阳伏羲女娲信仰的圣地——太昊陵有着密切关系。淮阳古称宛丘、陈、陈州，道教始祖老子出生地苦县（今鹿邑）原属陈，道教信仰者更多，其中绝大多数属于道教中的全真教派，而全真教派发展至明代时增加了一条新内容，那就是要求道士必须出家。太昊陵现存建筑大部分建于明代，小部分重建或改建于清代，陈州一带的道教信徒随着陵庙的建设争相出家到太昊陵庙来，一是能为人祖守陵，天天祭拜人祖，料理陵内事宜，二是又有了修炼的道场。道士进入太昊陵便取代了原来的守陵户。由于道教信仰的神仙众多，他们不满足只敬奉伏羲、女娲，便设法多方筹集资金，在中轴线主殿两侧建一些道观，以敬奉更多的神仙。从明代宗景泰七年（1456年）修建三清观并命道士奚福仁负责香火开始，玉皇观、天仙观、老君观、元都观、岳飞庙③等也被陆续在主殿两侧修建起来。至清末，仍有60名道士在太昊陵内修行，当时的道长除了让各个道士主持着女娲观、玉皇观、三清观等观内事务外，还管理着西华、太康、项城、沈丘等周边县城的道观。一直到中华人民

---

① 顾颉刚、杨向奎：《三皇考》，载吕思勉、童书业编著：《古史辨》第7册，中编，上海古籍出版社1992年版，第175页。
② 马西沙、韩秉方：《中国民间宗教史》，上海人民出版社1992年版，序言第5页。
③ 岳飞在道教中地位很高，被尊为护法三帅之一。

共和国成立后的1953年,当地政府将陵内20余名道士遣返回家耕田,太昊陵内道教活动终止。[①] 在近500年的时间里,太昊陵一直是当地道教的重要修炼和活动场所。

三、佛教

佛教虽属于外来宗教,但是经过传入后的不断改造、变化和发展,以及在中国社会长期的传播与流行,逐渐地沉积与定型,转而成为社会的另一种传统,其信仰系统与行为模式对伏羲女娲信仰有着较大影响。

佛教被认为对中国民间信仰影响最大、最深远。它以其整体多样的宗教观念与仪式活动,对民间风俗所保存的原始信仰有相当大的挑战与刺激,甚至迫使原始信仰不得不腾出空间接纳了佛教信仰的加入,将佛与菩萨的崇奉膜拜纳入原有鬼神信仰结构之中。同时也将佛教所宣扬的因果报应、轮回转世、佛国净土、饿鬼地狱等观念,经由通俗的流传,成为民间信仰的主要内涵,导致由这些信仰观念所派生而成的阴司、阎王、鬼判、超度、拜佛、打鬼、供献、烧香、还愿、诵经、浴佛、塑佛像、造佛塔、建佛寺、赶庙会等说法或活动,极大地开拓与扩展了社会的生活习俗。[②] 这种信仰习俗的普遍发展,更加速了佛教信仰与民间信仰的交汇与融合,对双方都有极为深刻的信仰内容的改造,佛教为了迎合与适应广大民众形成了本土化佛教的发展趋势。同样地,民间信仰因佛教习俗的加入更扩大了自身的包容性格,发展出三教合一的宗教融摄态度。

魏晋到隋唐时期,佛教借本土神话及民间传说来宣讲外来佛教思想的做法十分普遍,如当时盛行的"伪经"——中土高僧假托"佛说"并借汉文翻译形式撰写的佛教经典。这类伪经在面向下层民众传播教义时,

---

① 淮阳县地方志编纂委员会编:《淮阳县志》,河南人民出版社1991年版,第890页。
② 方立天:《中国佛教与传统文化》,台湾桂冠图书公司1990年版,第393页。

往往将中土神话、传说中的神祇拉入佛教诸神的体系，以利于民众接受。比如，由于汉代以来女娲有强大的势力，所以在伪经中女娲就变成了菩萨，被频繁引用的《须弥四域经》《十二游经》《造天地经》等均有女娲故事的传颂。在法琳所撰的《辨正论》卷第五中亦云：伏羲皇者应声大士（佛教对菩萨的通称，特指观世音菩萨，对高僧的敬称）；女娲后者吉祥菩萨。这些其实都是以中国的本土神话为核心或基础的，因此，这些伪经中的女娲神话"尽管吸收了佛经中的部分内容，但主要还是讲的本土故事，故于伏羲女娲洪水神话尽述无余"①。

另一个例子是佛教观音的中国化，即女娲借"观音"之名的复现。观音菩萨在印度佛教中有很多化身，传说其最初是印度教中转轮王太子，为男相。传入中国以后不断被改造，并在唐以后频频以女相出现。其身份也转化为妙庄王幼女，有着神异的出身。同时，在印度佛教中，观音的称号有很多，比如，千手观音、水月观音、十二面观音等，但是没有送子观音的说法。但在中国的土壤上滋生的送子观音却极受人们推崇，大有女娲娘娘的人祖奶奶形象。

佛教对伏羲、女娲的改造在敦煌莫高窟第285窟东披的绘画中也能得到充分体现：伏羲、女娲在画面中仍是人首蛇身形象，头束鬟髻，分别位于摩尼宝珠两侧。其中，伏羲一手持矩，一手持墨斗，胸前圆轮中绘有金乌，女娲两手擎规，双袖飘举，胸前圆轮中绘有蟾蜍，象征着二神在佛教里已由人类始祖日益演化为日月神。在中国古代神话中，伏羲、女娲二神形成对偶神并和洪水兄妹婚神话粘连后除了原有的各自神绩外，还共同担负着人类始祖的角色，人类是由伏羲、女娲兄妹婚而产生。而在佛教经文中，伏羲、女娲却被改造成了创造日月星辰的阿弥陀佛的从属菩萨。从人类始祖到日月之神，似乎提升了一个级别，然而日月之神之上，还有阿弥陀佛、四大天王、帝释天等，地位都在日月神之上，原

---

① 吕微：《楚地帛书、敦煌残卷与佛教伪经中的伏羲女娲故事》，《文学遗产》1996年第4期。

来在神界里至高无上的地位在佛教界里不复存在。这其实也是佛教作为外来宗教，为了提升自身的地位，把在中国本土根深蒂固的两位大神拉来抬高身价，增加民众接受度的一个常见手段。

明代以降，儒、释、道三教在原来基础上，进一步呈现合流的趋势，佛、道二教也越来越表现出民间化、世俗化的特点。在淮阳当地有着广泛群众基础的伏羲女娲信仰在长期的流传过程中不可避免地融进一些儒、释、道的学说。宗教史习惯把人类创始与再生的神圣功德归于该教首领名下，从犹太《创世记》、佛教经典、道教始祖神系等情况看，利用改造原始神话已成了规律。特别明显的是，随着东汉时期佛教的传入和发展，其与道教的斗争日益激烈。二者都企图通过篡改汉族地区的原始神话，借以达到宣传教义的目的。如在洪水神话中的遗民保护神，便不断发生"易位"的现象。如在《胡玉人和胡玉姐》里，不仅汉族的创世大神女娲和道教领袖玉皇大帝都变成了被捏的泥人中的两个，而且让如来佛成了"人间正神"（道教的最高神的化身）的同辈，高居于女娲的地位。至于《亚当和夏娃》里，把基督《圣经》中的遗民作为汉族的人祖，也是同类性质的问题。[①]

儒教、佛教以及道教拥有各自的神职人员：佛教为僧侣，道教为道士和法师，而被视为"官方宗教"的儒教中具备神职人员功能的则被认为是各个级别的官员。一般情况下，佛教和道教的神职人员和其他人一样信仰民间信仰，甚至在二者各自泾渭分明，或佛或道祭祀活动中，不断渗入其倾向民间信仰的个人化的诠释。再加上民间信仰特有的可塑性、柔软特质以及强大的包容性，它能包容所有的个体化表达方式。这些个体化表达其实是可以看作站在儒教、道教、佛教角度上的信仰表达，它们在悄悄将民间信仰与这些宗教联系起来，并在潜移默化中影响着民间

---

① 张振犁：《中原神话研究》，上海社会科学院出版社2009年版，第71页。

信仰的内容和走向。[①]儒教、佛教以及道教在我国有着深厚的基础和影响，并且三教虽然在体系上泾渭分明，但事实上人们对三教既不全信也不独尊，而是逐渐形成了一种带有三教痕迹，但又与三教不相混同的拥有独立体系的民间信仰，而伏羲女娲信仰恰恰可以看作这种民间信仰在淮阳的特定区域内的主要代表和具体表现。

总之，儒、道、佛三教对伏羲女娲信仰的影响虽然各有不同，但有一点却是共同的，即为了争夺信仰空间，更多地发挥本教派对地方社会和民众生活的作用，都不约而同地选择在各自的话语系统中传承神异，以此提升自身的影响力。具体来说，儒教代表了统治阶级的意志，对伏羲女娲信仰的影响主要是方向性的；道教则是中国土生土长的宗教，与伏羲女娲信仰有着深层次、全方位的联系，对其的影响主要是本源性的；佛教虽非起源于中国，属于"舶来教"，但由于自身极强的渗透性和对中国国情的适应性，以及非常适应中国"水土"的一整套礼仪，所以佛教对伏羲女娲信仰的影响主要是仪式性和表达性的。

[①] ［法］马伯乐（Henri Maspero）:《中国的民间宗教与儒释道三教》，胡锐译，《世界宗教文化》2010年第1期。

小　结

本章的重点是追溯伏羲女娲信仰的生成和演变，尤其是考量在淮阳这个受农耕文化浸润已久，中原文化和楚文化融合、交汇，儒、道、释等具有良好基础的特定区域内，对二神的民间信仰所呈现出来的区域特色。在当地浓郁的农耕文化背景下，二神被分别冠以"人祖爷""人祖奶奶"的称号，女娲作为生育神的神格被放大，伏羲也突破了在中国大多数地区单一文明大神形象的桎梏，与女娲一起承担起了满足民众"祈子增福"愿望的职能，并随着民众千百年来绵延不断的信仰，最终发展成兼具生育神、祖先神以及地方全能保护神等多重神格在内的两位大神。

在淮阳伏羲女娲信仰的产生和演变过程中，最为复杂的情况应该是从伏羲（女娲）信仰到伏羲女娲信仰的演变。在笔者看来，伏羲女娲信仰应该是在伏羲神话和女娲神话形成粘连并与兄妹婚神话相结合的情况下，因为和神话之间互为依附的天然关系，经过漫长岁月逐渐演变过来的，并由此反过来影响了当地的神话传说及其他民俗事象。众所周知，女娲神话在和兄妹神话融合前，与之形成对偶神的男主角除了伏羲外，还有盘古、夸父等神祇。首次将女娲与伏羲并列的确切记载出自《淮南子》，而该书的作者汉代淮南王刘安是中原地区的人。我们是否可以这样理解：兄妹婚神话在中原地区的流变中，结合了女娲神话的发轫地西华、伏羲神话的发轫地淮阳，并在特定的时代——汉代，借助地域的临近优势（淮阳和西华过去同属于陈州），使女娲神话、伏羲神话借助其外壳，成功实现了"强强联合"式的融合，最早在当地民间完成粘连并形成了对偶神，从而造就了今天的伏羲女娲神话群蔚为大观的局面。此外，又因为女娲神话、伏羲神话在西华、淮阳两个各自流传的狭小区域内的根深蒂固，以及在部族情感方面的倾向，进而在传承中呈现出了此消彼长、你强我弱的情形。

伏羲女娲信仰的生成和流变在笔者看来适用于恩格斯关于历史合力的"平行四边形"法则[①]，代表不同阶层和不同利益的地方官员、士绅、巫师和普通群众以及来自儒、道、佛三个方面的力量，对于伏羲女娲信仰的走向都有自己的意愿表达，并都付出了相应的努力，其中，地方官员和儒家思想都可以视为国家权力的代表，在合力作用中发挥着关键和支配作用。在这多种力量的历史合力作用下，伏羲女娲信仰的实际特点既没有完全达成任何一个阶层的期待，但同时又包括任何一个基层的部分希望。从深层次的体现来看，伏羲女娲信仰主要是国家权力和民间社会的博弈，前者对伏羲女娲信仰在民间的力量有了充分的认识，并意图将其作为统治、教化民众，保持区域社会稳定的"辅助系统"；后者利用国家对伏羲女娲信仰的重视为之争取更大的发展空间和社会地位，却并

---

① 恩格斯在 1890 年 9 月 21—22 日致约·布洛赫的信中，阐明了历史合力说。他指出："历史是这样创造的：最终的结果总是从许多单个的意志的相互冲突中产生出来的，而其中每一个意志，又是由于许多特殊的生活条件，才成为它所成为的那样。这样就有无数互相交错的力量，有无数个力的平行四边形，而由此就产生出一个总的结果，即历史事变，这个结果又可以看作一个作为整体的、不自觉地和不自主地起着作用的力量的产物。"见《马克思恩格斯选集》第 4 卷，人民出版社 1972 年版，第 478–479 页。

不会因为国家的扶持而完全屈从，进而使伏羲女娲信仰呈现出一种既服务于国家权力的统治，又代表民众利益的中间状态。

当地伏羲女娲信仰之所以在整个发展过程中呈现出比较自在和流畅的传袭特点，一个重要原因就是它很早就被国家权力所驾驭的精英文化进行了成功的改造，这种改造既是历史化的，又是去魅化的，它很好地解决了国家力量和民间社会在民间信仰主要方面所存在的分歧，或者说，它兼容了国家力量统治民众和民众利用伏羲女娲信仰来提升自身地位、扩大影响力的双重需要。这一点，在淮阳区域社会内体现得更为充分，伏羲女娲信仰以其广泛而深厚的群众基础，成为地方文化和知识系统的重要组成部分，在当地社会运行中发挥着积极而重要的作用，影响着区域社会中内在运行秩序的建构；而另一方面，它又往往在教化民众、巩固统治者基础等方面主动或被动地配合着国家权力，发挥着不可替代的作用。进而，我们可以看出，淮阳伏羲女娲信仰作为一种深植在中原大地的区域民间信仰，它早已深深地渗透在当地百姓的生产生活中，悄悄影响着人们的风俗习惯，以一种自觉的姿态配合着地方统治的社会治理，并在生生不息、厚重深沉的中原文化中占据了重要位置。

第二章

文化空间

"文化空间"或曰"文化场所",是联合国教科文组织在保护非物质文化遗产时使用的一个专有名词,用来指涉人类口头和非物质遗产代表作的存在空间。文化空间具备自然和文化的双重属性,就其自然属性而言,它首先必须是一个独立的场所,具有一定的物理、地理空间,这个场所可以是普通的,可以是神圣的,甚至可以是"不固定的"[1];就其文化属性而言,文化空间则具有综合性、多样性、岁时性、周期性、季节性、神圣性、族群性、娱乐性等特点。[2] 可以看出,文化空间和区域内的民间信仰具有非常密切的关系。

研究区域内的伏羲女娲信仰,对其所赖以存续的空间和场所进行民俗学和人类学视角的描述、阐释显得尤为必要。伏羲女娲信仰属于精神民俗的一种,它的存在、创造和传承往往是由一个区域内共同的族群或社区来完成和共享的,并且,伏羲女娲信仰作为地方传统文化的重要组成和表现形式,它和所存在的空间是相依为命、互为表里的。在淮阳这个特定区域里,当地的风物传说和伏羲女娲神话有着非常密切的关系,以伏羲女娲的种种神迹来解释风物的由来成为一种常见形式,这可能源于当地初民的山水崇拜和祖先崇拜的自然糅合,同时也遵循了神话以神灵解释地方风物来历的中国传统模式。当地大量活形态的与伏羲女娲相关的风物传说中充斥着由超自然力崇拜引起的原始信仰,在人类历史进

---

[1] 文化空间也可以是不固定的,但是有固定的时间和随意的场所相结合,如游牧民族的居无定所等。
[2] 向云驹:《论"文化空间"》,《中央民族大学学报》(哲学社会科学版) 2008 年第 3 期。

程中，逐渐形成为一种相对稳定的信仰情结和民俗心理，这些信仰情结和民俗心理在很大程度上源于古老神话中的信仰因子。

伏羲女娲信仰是淮阳当地民间文化的主体文化，在整个中原地区的民间文化中也占据着重要位置，它体现着深刻的当地乡土文化本质，蕴含了丰富的当地文化内涵，从心理、思想观念和精神诸多方面指导调节着当地民众的行为。当地保留了许多信仰祭祀活动的场所等遗迹形态的资源，包括庙宇建筑，伏羲的各种遗迹、纪念地、显灵地等，其中庙宇建筑是极具吸引力、集中呈现伏羲女娲文化、凸显伏羲女娲信仰的重要部分。这些遗迹可以看作伏羲女娲神话传说与当地风物几千年来广泛结合的产物，是伏羲女娲信仰在具体物质上的投射，而伏羲信仰圈和女娲信仰圈的交叉存在更是佐证了几千年来绵延不绝的伏羲女娲信仰。以上这些独具特色的文化资源与景观无疑是伏羲女娲信仰在当地存续、传承的重要文化空间，当然也是中原地域文化的重要承载空间。

第一节
寝陵与庙宇

陵寝与庙宇是最具神圣性的文化空间，也是最能体现和展示神灵信仰的核心文化空间。太昊陵庙，全称淮阳太昊伏羲陵，又名伏羲陵，俗称"人祖坟"或"人祖庙"，相传是太昊伏羲氏的长眠之地。它位于淮阳县城北1.5公里的蔡河北岸，占地875亩，集陵墓和陵庙为一体。据地方志记载，始建于春秋，汉以前有祠，宋立陵庙。现存木构建筑为明正统十三年（1448年）所建，后经明、清两代多次修葺，被看作中国帝王陵中大规模宫殿式古建筑之孤例，又是中华民族"人文始祖"之陵庙，故被称为"天下第一陵"。其规模之宏大，建筑之雄伟，在当地百姓心目中地位之崇高，使其千百年来长盛不衰，成为全国尤其是淮阳及其周边地区伏羲女娲信仰者的信仰、祭祀中心。

神庙的基本结构不会孤立存在，而是"与社会发展的具体实际密切联系在一起。各个地区的社会、政治、经济、文化、信仰的情况不同，都反映在神庙的结构中"[1]。尤其是明代以降，地方社会中大型的民间庙宇既是地域社会的标志，往往也是社区管理的中心、国家政权与民间社会的交接点。如洪武三年（1370年）朱元璋诏天下：

> 定庙制，高广视官署厅堂。造木为主，毁塑像异置水中，取其泥涂壁，绘以云山。在王国者，王来祭之，在各府州县者，守令主之。[2]

庙的规格变得高度政治化。另外，神庙的结构与所在地区的信仰活动密切联系在一起，是当地民间信仰的集中呈现。

在淮阳，太昊陵作为当地伏羲女娲信仰者的圣地和信仰仪式中心，其实是在当地群众所信服的神奇灵验的前提下，国家文化与区域文化互动的结果。郑志明曾指出，"神庙要成为民众信仰的文化中心，最少应该具有两种文化功能，即神圣功能和教化功能"[3]。太昊陵毫无疑问同时具备了以上两种功能，其之所以传承到今天还能有如此大的规模，伏羲女娲信仰之所以在当地有如此大的影响力和辐射圈，正是因为它在流变中实现了官方要求和民众信仰愿望的完美契合。这种契合的结果是太昊陵成为伏羲女娲信仰的仪式中心，伏羲女娲信仰在当地民间信仰中占据了主导地位。

一、太昊陵的由来

在当地，关于太昊陵由来流传着这样的民间传说：

---

[1] 高有鹏：《庙会与中国文化》，人民出版社2008年版，第108页。
[2] （清）张廷玉等撰：《明史·礼志三》，中华书局1974年版，第476页。
[3] 郑志明：《台湾神庙的信仰文化初论——神庙发展的危机与转机》，《寺庙与民间文化研讨会论文集》，"行政院"文化建设委员会、汉学研究会出版，1995年。

春秋时期，现在的太昊陵所在之地十分空旷，有一年黄河发大水，不少地方都遭受了水灾，死伤不计其数。当洪水漫流到陈州地界后，水势一下子变缓了，正要争相逃命的人们正觉得奇怪的时候，就看见水面上漂浮着一颗金光闪闪的人头骨，头骨漂到蔡河段时便突然没了踪影，随即而来的就是狂风大作，天昏地暗，之后水便退了下去，使当地免受了水灾之患。不久蔡景公组织疏浚蔡河时，挖出一颗金光闪闪人头，上面长着角，就是当时漂浮在水中的那颗人头。为了弄明原因，人们便求助于当时在陈国讲学的孔子。孔子仔细察看后说："头上长角，这是人祖爷的头骨呀！"孔子的话让大家如梦方醒，赶紧跪下给人祖磕头，并在蔡河北面为人祖爷修陵。随着香会越来越盛，陵墓越来越大，成为一座小山丘。①

这种传说在淮阳当地有着广泛流传，有着深厚的民间基础。而文献记载，春秋时期，孔子曾三次到达陈地，前后历时4年余。而孔子在陈地时，黄河确实决过口，淮阳也发过洪水，但这种传说和史实的关联度如何呢？传说是神话的社会历史化。钟敬文认为"传说大都跟神话和民间故事一样，是一种虚构性的作品，并不是一种真实的历史事实"，但同时他也强调了传说的历史意义，以为传说的产生都有一定的历史事实为依据。② 其实早在1931年，钟敬文就认为传说"不但是民众的历史、科学和工艺，同时也含有他们极重要的宗教信仰"③。赵世瑜在《传说·历史·历史记忆——从20世纪的新史学到后现代史》中也指出，无论传说还是历史，都是历史记忆的不同表述方式，历史记忆实际上是二者之间的

---

① 陈秀梅讲述，董素芝记录整理。见董素芝：《伟哉羲皇》，中华书局2004年版，第35页。
② 钟敬文：《传说的历史性》，《民间文艺谈薮》，湖南人民出版社1981年版，第194–196页。
③ 钟敬文：《中国的地方传说》，《钟敬文民间文学论集》（下），上海文艺出版社1985年版，第98页。

一个桥梁，或者说是二者背后的共同本质。[①]我们可以通过它们共同的特征和本质，将两者对接起来，以期深化和丰富伏羲女娲信仰的研究。传说的本质是虚构、想象，反映了民众的审美、信仰和意识形态，它的真实只表现为民众思想意识层面的真实。通过这个民间传说，我们可以看出伏羲女娲的神话及传说在淮阳区域的流传过程中，充分结合了当地的特点：陈州位于黄河中下游，经常受黄河泛滥之苦，政府定期组织疏浚蔡河等；并把伏羲的来历与历史上真实存在的蔡景公和孔子联系起来，增加了传说的可信性和分量。同时，也反映出了传说所具有的历史性和逻辑性，以及当地民众信仰伏羲女娲的普遍性。

二、明朝的着力扶植和"正祠"地位的形成

太昊陵庙的庞大规制，乃至其后的繁盛祭奠，都离不开有明一代。从建筑风格到碑文颂额，从流传故事到史料记载，都让我们强烈感受到浓厚的明代文化。朱元璋在建国后就亲自祭祀人祖，首开皇帝亲临致祭伏羲的先河。而他与太昊陵间的神秘联系以及前无古人的厚祭，使历经宋、金、元战火毁坏的太昊陵，得到了空前的发展机遇，也就有了明代几任皇帝持续的陵庙建设。现今宏大的建筑格局基本就是那时的结构，可以看作信奉伏羲女娲的信众在祭祀伏羲女娲时对帝王政治的影像和模拟。

明朝统治者之所以着力扶植太昊陵，一方面是因为明朝是继金元少数民族之后的又一汉民族政权，恢复、重塑汉族正统成为统治者的迫切愿望；另一方面是因为朱元璋能够成为一代皇帝，与太昊伏羲陵所在的陈地有着千丝万缕、密不可分的联系。朱元璋建立明朝后，一直致力于

[①] 赵世瑜：《传说·历史·历史记忆——从20世纪的新史学到后现代史》，《中国社会科学》2003年第2期。

"复先王之旧",力图扭转当时社会的士风和民风。诚如罗冬阳所说,朱自建国伊始,"就高扬以'三纲五常'为核心的华夏礼教,借以扭转'胡俗',复'中国先王之旧制',创造直追三代的面貌,借此区别于元朝,以显示明朝中华正统的地位"[1]。从朱元璋与太昊陵的联系上看,其时的陈州具有浓厚的宗教土壤,是明教一个重要的活动阵地。早在五代时期,陈州就是明教徒起义的根据地。公元920年秋,淮阳人母乙、董乙,利用明教组织群众,宣称其法为上乘,号上乘宗[2],率众攻乡夺寨,劫富济贫,屡破后梁兵,势力遍及陈、颍、蔡三州,被推为天子。至1337年,"陈州人棒胡(闰儿)又宣称弥勒佛要来治天下了,烧香会齐教友,武装起义,打下了归德府、鹿邑,烧了陈州。这年朱元璋10岁",可见当地宗教传统之盛。由是,吴晗在《朱元璋传》中接着说:"朱元璋这几年内所到的地方,息州、陈州、信阳和淮西,前三个是弥勒佛教徒起义的场所,淮西地区则是彭莹玉秘密传教的地方。"[3]

朱元璋洪武元年称帝时,大明王朝只占据了现在的湖北、湖南、河南东南部和江西、安徽、浙江等地。他在之后花费了近20年的时间才完成一统中国的夙愿。朱元璋1368年平定山东后,又派大将徐达3月收取陈州。其后,朱元璋从都城南京赶赴汴梁开封,大会诸将并研究下一步作战方略,途中他在陈州经停并到太昊陵拜谒了太昊伏羲。后人对朱元璋的这次拜谒猜测纷纷,并推断他在当时的那种情况下,会请求人祖保佑他完成统一大业,并许下了重愿。

在淮阳当地还流传着不少和朱元璋有关的传说,有他当要饭花子,

---

[1] 罗冬阳:《明太祖礼法之治研究》,高等教育出版社1998年版,第59页。
[2] 明教又称为摩尼教,为西元3世纪中叶波斯人摩尼(Mani)所创立,是一个很复杂的宗教,它杂糅了祆教、基督教、佛教,其经典有"二宗三际"之说。摩尼教后来被禁止而转入地下的秘密活动,其根本原因在于它的反叛思想,它对于现实世界的否定,这是任何统治者所不愿意看到的。明教徒诡称他们所信奉的是佛教上乘宗,他们不吃荤,供奉摩尼夷数(耶稣)画像。
[3] 吴晗:《朱元璋传》,海南出版社2001年版,第57页。

在陈州街头流浪的传说；有他出家为僧时寄居太昊陵的传说；有他起兵凤阳，举起反元大旗前曾到人祖伏羲庙前祈愿的传说；还有他起兵失利，藏匿于陈州做泥泥狗的传说以及他被元兵追杀，曾病困于太昊陵的传说。这些传说数量虽然很多，但关键词只有两个：朱元璋、太昊陵。传说的产生和流传让太昊陵——这个伏羲女娲信仰的圣地又披上了一层皇权的外衣。在太昊陵，皇权与民间信仰的结合在这里得到很好的体现，实现了完美的契合：统治者利用伏羲女娲信仰稳定了社会的基层力量，使自身的地位得到进一步巩固；伏羲女娲信仰则因得到皇权的扶持而迅速扩大力量，在当地民间信仰中占据绝对优势，两者各取所需，相得益彰。

太昊陵今天的基本格局和规模得益于明代统治者对这个伏羲"专祀地"的重视，以及由此带来的政府持续不断的陵庙建设，由此可以窥探到国家权力对伏羲女娲信仰的拉拢及支持。对于中国传统社会中的统治者来说，他们在利用神灵来宣扬"君权神授"的观念，神化自己统治的同时，还以"神道设教"，刻意把神祇人格化，以树立道德榜样影响、规范和制约民众。《礼记·祭法》中就对国家祭祀的神灵对象进行了严格的界定："夫圣王之祭祀也，法施于民则祀之，以死勤事则祀之，以劳定国则祀之，能御大灾则祀之，能捍大患则祀之。"[1]太昊陵之所以在朱明王朝受到如此重视，除了朱元璋本人与太昊陵有千丝万缕的联系外，更重要的是，太昊陵作为伏羲女娲信仰的圣地更是统治者用来实施教化、加强对民众思想控制的一个重要阵地。朱元璋曾对明朝大臣宋濂说："朕立城隍神，使人知畏。人有所畏，则不敢妄为。"[2]从中也能看出统治者利用神灵威慑、教化民众，巩固统治的方略。

与明朝历代统治者都重视对太昊陵的建设和持续的扶持相对应的是，统治者几乎也在同期开展了轰轰烈烈的"毁淫祠"活动。朱元璋在建国

---

[1]《礼记·祭法》，十三经注疏本，中华书局1980年版，第1590页。
[2]（明）杨士奇等纂：《明太祖实录》卷八十，江苏国学图书馆民国年间本，第1447页。

之初，就开始了禁止和取缔"淫祠"的做法，据《明史》记载，"（洪武）三年定诸神封号，凡后世溢美之称皆革去。天下神祠不应祀典者，即淫祠也，有司毋得致祭"[1]。洪武六年（1373年），《禁淫祠制》云："古者，天子祭天地，诸侯祭山川，大夫士庶各有所直祭。其民间合祭之神，礼部其定议颁降，违者罪之。"[2]明朝毁"淫祠"除了维护国家祭祀制度、减少影响自身统治的不安全因素外，还出于佛道两教和其他宗教信仰对民众和民风的影响，与国家和儒家思想所推行的教化措施和社会秩序有一定的矛盾和抵触。明英宗曾云："释老俱以清净为教，近年僧道中多有坏乱心术，不务祖风，混同世俗，伤败风化者。尔都察院即遵洪武旧例，再出榜各处禁约。违者依律罪之不恕。新创寺观，曾有旧额者听其居住，今后再不许私自创建。"[3]

明代国家对各种神灵信仰的管理是"立""禁"结合，以"立"促"禁"，以"禁"推"立"。一方面确立官方的祠祀体系，通过访求应祀神祇，建立祠祀的对象系统，同时依据与君主专制中央集权体制相适应的原则，确定祠祀主体的等级权利；另一方面禁止未载入官方祀典且无功于民的神明以及祠祀活动。[4]"禁"的同时仍旧为未能进入国家祀典但有显著功绩的神灵信仰留出了余地："（洪武二年正月）辛丑，命天下：凡祀典神祇，有司依时致祭。其不在祀典而尝有功德于民事迹昭著者，虽不致祭，其祠宇禁人撤毁。"[5]明洪武三年（1370年），朱元璋颁诏在全国修建36处陵庙，太昊陵首列第一。明洪武四年（1371年）正月，朱元璋亲制祝文，遣会同馆副使路景贤到太昊陵致祭，诏治陵寝。从朱元璋时代大规模修建太昊陵开始，一直到明万历三年（1575年），由政府出面组织的对

---

[1]（清）张廷玉等撰：《明史》卷六三，中华书局1974年版，第1306页。
[2]（明）杨士奇等纂：《明太祖实录》卷五三，江苏国学图书馆民国年间影印本，第891页。
[3]《明英宗实录》卷七八，江苏国学图书馆民国年间影印本。
[4] 罗冬阳：《从明代淫祠之禁看儒臣、皇权与民间社会》，《求是学刊》2006年第1期。
[5]（明）杨士奇等纂：《明太祖实录》卷三八，江苏国学图书馆民国年间影印本。

太昊陵大的修缮就近20次，这还仅仅是存世的文献和碑文的记载，日常各种常规性、即时性的修补会更多。可见，明代朱元璋之后的统治者继承、沿袭了朱元璋对太昊陵的重视，持续扶持太昊陵使其在淮阳及周边地区具有压倒性的优势，以致明代以来在当地民间虽然存在对别的神灵的信仰，但从来没有发展到一个大的规模。所以在明代各种文献对"毁淫祠"事件的记载中，鲜有涉及陈州地区。

由朱元璋授意在洪武年间发起的"毁淫祠"活动，可以看作皇权对国家祀典和礼制的整顿和厘定，其目的在于矫正、建构从神到人，从神圣世界到现实社会中的秩序，即规范与传统封建社会中"皇帝—群臣—民众"秩序相对应的"天—诸神—鬼神"秩序，凡是有悖于这个秩序的，就被视为"淫祠"或"淫祀"。考察明朝对神灵信仰的管理，以及其对太昊陵的扶植，应当放在"复先王之旧制"的国家话语背景下进行，充分关注多重力量把地方传统纳入国家话语的努力。明代统治者所着力建构的国家祀典体系，在对历史上形成并传袭下来的诸神信仰加以厘定和系统化的同时，不断地将符合统治需要的民间信仰纳入其中。这中间，其实展示了皇权对民间信仰的控制欲，蕴含着民间信仰与国家祀典体系互动互渗的过程。而太昊陵以其悠久的历史，所祀主神的重要地位以及与朱元璋的渊源，入选"正祠"，成为明朝祭祀伏羲唯一合法场所就显得顺理成章了。而入选国家祀典也使伏羲女娲信仰在民间社会中的影响力进一步扩大。

三、太昊陵的基本建构

太昊陵的布局和命名均依帝王规制和先天八卦原理，在750米长的中轴线上，由南至北依次为渡善桥、午朝门、东天门、西天门、御带桥[①]、道仪门、先天门、三才门、五行门、太极门、钟楼、鼓楼、两仪门、

---

① 一说玉带桥。

四象门、统天殿、显仁殿、太始门、八卦坛、太昊伏羲陵、蓍草园等。如果把南北大门层层打开，可从午朝门外直接望见紫禁城中太昊伏羲氏的巨大陵墓，号称"十门相照"。整个建筑群，由外城、内城、紫禁城三道皇城护卫。

实际上，太昊陵还有庞大的附属建筑。据道光六年（1826年）《淮宁县志》记载：其时"东有岳忠武祠、老君堂、元都观、火星台、更衣亭，西有女娲观、玉皇观、三清观、天仙观等"。但由于年久失修，这些建筑大多已不复存在，现西部四观业也完成修复，东部仅存岳忠武祠。

1. 渡善桥

也称蔡河桥。它是太昊陵最南的建筑，飞架于古老的蔡河之上，又俗称"面桥"，是明万历四年（1576年）创建的。渡善桥，仅看字面就会知道，桥是为向善之人所设。无论怎样的人，只要从此桥走过，一看到人祖陵庙，就会弃恶扬善、心地善良起来。蔡河其实就是龟河，古蔡字即龟的意思。《陈州府志》记载，上古伏羲氏得白龟于蔡水，作为他创画八卦的证据之一。除面对午朝门的一座主桥外，其东西两侧原各有石桥一座，分别与东天门、西天门对应。古代皇帝或钦差大臣前来朝拜时，皇帝或钦差走中间进午朝门，文东武西，各有规制。

2. 午朝门

渡善桥北数十米，便是午朝门，又称棂星门，面阔三间，进深近五米，通高十米多，单檐歇山顶，也是明万历四年创建。午朝门是太昊陵中轴线上的第一道门，完全是帝王规制，红门金钉，中间为九排九路，两侧为七排九路。午朝门前有台，台上悬有三连体五级垂带式踏跺，门上方有"太昊陵""午朝门""开天立极"匾额。午朝门两侧有硬山式"八"字墙，东二十多米处有东天门，为馒头式卷棚顶，通高五米多，上悬楷书"东天门"木匾。午朝门西二十多米处为"西天门"，样式体量与东天门相同。门前左侧有明槐一株。整体建筑为明代宫廷式建筑风格，并带有鲜明的中原地方特色（见图2–1）。

图2-1 午朝门（图片由淮阳县文化馆提供，图2-2、2-3、2-4、2-5同）

午朝门两侧的东天门与西天门前，原各有石牌坊一座，东曰"开物成务"，西曰"继天立极"。所谓"开物成务"是说开通物志，成就事物。开物，是指一画开天，由混沌分出阴阳，由蒙昧物我不分的状态走向揭示事物内在的通理；成务，是判定事体、是非、阴阳、曲直等。这是对太昊伏羲氏功绩的概括。"继天立极"，继指承受、继承、延续；天与极指至高无上，这里指太昊伏羲氏继承天的事业，创立无与伦比的业绩。

午朝门一般为帝王皇宫专有。午朝门的"午"，是地支的第七位，从方位上讲，指正南与子（正北）相对，并以此为依据确定中轴线。由于太昊伏羲为三皇之首，百王之先，所以按帝王规制建立陵庙。

3. 御带桥（玉带桥）

进午朝门北行约30米，有一条小河叫御带河，河上有三座敞肩式石拱桥，分别与午朝门、东天门、西天门对应。御带河穿过东西两侧陵墙，通往蔡河，在陵墙外侧河岸，各有一口井，俗称"御带扣"。据淮阳县文化馆的同志介绍，过去行车不便，御带河主要是为运输用的，也只有在皇家大建筑中才有这样的河。

4. 道仪门

过玉带桥，沿御道前行，便是道仪门。顾名思义，道仪门是讲"道"的。《易·系辞上》说："成性存存，通仪之门。"何楷注曰："理之当然曰通，事之合宜曰义。"所以，道仪门又叫通德门，也即通神明之德。"一阴一阳之谓道"，它是超越了物象的宇宙最高法则。"形而上者谓之道"，是指宇宙万物的本源、本体，标志着太昊伏羲氏先天八卦中的最高原则。

道仪门高两丈四尺，硬山式，面阔三间，进深一丈六尺，六架椽，三门砖卷，清水大脊，龙形正吻，垂脊有兽，兽前饰鱼和海马，兽后饰天马和龙。灰筒瓦覆顶，龙纹勾头，凤纹滴水（见图 2-2）。

5. 先天门

道仪门往北，中轴线上是先天门。先天门之先天，显然与伏羲的先天八卦相关。邵雍《观物外篇》认为先天八卦数为：乾一、兑二、离三、震四、巽五、坎六、艮七、坤八，实为先天八卦次序数，表示八卦，乃至宇宙万物发生的次序。

先天门建筑独具风姿，歇山顶，面阔五间，进深三间，檐柱 16 根，金柱 8 根，鼓腹式柱础，三交六碗槛窗，老檐柱间装有砖墙，处有迴廊，五彩描绘，券上面匾额一方，阴刻楷书"先天门"三字。其上清水大脊，龙形正吻，垂脊有兽，自上而下为鱼、海马；戗脊自上而下依次为獬豸、龙狮；仔角梁头置套兽。龙纹勾头，凤纹滴水，灰筒瓦覆顶。整个建筑坐落在城门洞式梯形高台之上，犹如一座空中楼阁，四围无可攀之梯。朝圣谒祖者从门下城门洞式的通道中通过。先天门上的先天阁，常人可望而不可登。据传，只有据先天功夫者，才能乘风而攀。至 20 世纪 70 年代，好事者才增砌了踏垛（见图 2-3）。

图 2-2　道仪门

图 2-3　先天门

6. 三才门和五行门

太极门前是御带路,三才门和五行门在先天门、太极门之间,分别坐落在太极门前东西两侧内城墙对称的御带路上。"三才"指的是八卦中的初爻、中爻、上爻,分别象征地、人、天。三才又叫三材,三才门处于中轴线东侧,西侧与三才门对应的叫五行门,五行又叫五材,即世界五种物质的基本属性金、木、水、火、土。三才门和五行门各面阔三间,硬山卷棚式,建于平台之上,东西两侧有青石垂带式,砖砌象眼,青石压条,方砖墁地,鼓腹柱础承托四根檐柱,两根中柱,柱头饰雀替,上承托立枋及卧枋。檐柱及中柱间为双步梁,单步梁瓜柱承托金檩和檐檩。椽与飞子均为方形,灰筒瓦覆顶,龙纹勾头,凤纹滴水,垂脊有兽,排水滴水。三才者,天、地、人;五行者,水、火、土、木、金。

太极门前的玉带路,西通内城的五行门和外城的西华门,东通内城的三才门和东华门。

据淮阳县原文化馆长张德声介绍,太昊陵建筑是有科学依据的,比如每道门与中轴线都有15度的夹角,这样每道门成为下道门的照壁,风不足以直吹进去,可以起到阳气上升浊气下降的作用。

7. 太极门

穿过先天门,沿主神道北行80多米即为太极门。

北宋邵雍在《心学》中认为"心为太极"。张载《正蒙·太易》中说:"一物而两体,其太极之谓与!"所谓"两体",在天"为阴阳气也"。这与明代的王廷相在《太极辩》中所主张的"天地未判之前,太始浑浊清虚之气是也"的意思相同。南宋朱熹在《朱子语录》中则认为"总天地万物之理,便是太极"。不论认为元气为太极也好,认为以理、心为太极也罢,都从不同侧面阐述了太极的内涵。太极是混沌之气,继而生阴阳,聚则成形,散则万殊。据此可以理解"太极门"的文化内涵。

太极门又称太极坊,为三门三楼柱不出头式木牌楼,高两丈三尺,直壁式台基,前后各有六级垂带式踏跺,砖砌象眼,台前墁青砖,四周

图 2-4　太极门及钟、鼓二楼

有压条石。共有中柱四根，檐柱八根，鼓腹柱础，框槛式大门，上悬匾额阴刻"太极门"三字。其上圆形通椽，方形飞子，清水大脊，龙形正吻，垂脊由上而下为鱼、海马，柱间有雀替三幅云与垂莲柱；排山滴水，灰筒瓦覆顶（见图2-4）。

太极门东西各一丈五为披门，东名仰观门，西为俯察门。仰观门、俯察门比较简单朴实，硬山式单间，棂子门，灰筒瓦叠脊，龙纹勾头，凤纹滴水，灰筒瓦覆顶。"仰观""俯察"语出《周易·系辞下》："古者庖牺氏（伏羲氏）之王天下也，仰则观象于天，俯则观法于地，观鸟兽之文与地之宜，于是始作八卦。"

8. 统天殿及附属建筑

过太极门，即可见太昊伏羲陵的中心大院，沿主神道北行即为主体建筑统天殿。"统天"一词源自《易·彖》，即"大哉乾元，万物资始，乃统天"。《说卦传》有：乾，天也，健也。谓盛大无极的乾阳元始之气，开创万物，统领自然。乾象为天，阳性，有刚健义，与坤卦同列六十四卦之首。乾又为父，反映父系制社会崇阳尊父的儒家思想。所以，统天殿就有些特别，在整个陵庙建筑中，唯独它用明黄色琉璃构件，以示尊贵。

统天殿是整个古建筑群精品中的精品，也是整个建筑群的核心和统领。它位于中轴线的正中，也是整个建筑群的中心位置，供奉着伏羲的镀金塑像，每年的公拜大典、上香仪式都在这里进行。

统天殿坐落在直壁式台基之上，殿前连接直壁式月台，台前铺青砖，周有压条石，可容千人同时跪拜。东、西、南均有七级垂带式踏跺。它与东西廊房、钟鼓楼、太极门形成古老的四合院。殿里奉有太昊伏羲氏圣像，金光闪闪，看上去头生双角，身披树叶，腰缠兽皮，跣足袒腹，手托先天八卦太极图，慈眉善目。统天殿内墙壁上，嵌有高1.2米、长36米的青石浮雕《伏羲圣迹图》，标记了伏羲的丰功伟绩。殿前有月台，面积300多平方米，为历代举行祭祖大典的中心场所（见图2-5、2-6）。

图2-5　统天殿

图2-6 在统天殿祭祖的人群（淮阳太昊陵保护中心供图）

统天殿龙凤大脊正中矗立着书有"太昊伏羲殿"的三节楼，装饰繁复华贵，殿顶大脊饰有二十八宿。二十八宿是古人用作观测日月五星运行坐标的二十八组星座，由于它们环列在日月五星的四方，很像日月五星的栖宿场所，因此称二十八宿。二十八宿分为东西南北四宫，每宫七宿，每宫想象为一种动物形象，以为是"天之四灵，以正四方"，东青龙，西白虎，南朱雀，北玄武。又称为四象。这就是《尚书》中所说的"四方皆有七宿，可成一形，东方成龙形，西方成虎形，皆南首北尾；南方成鸟形，北方成龟形，皆西首而东尾"。

太极门与统天殿间为钟楼和鼓楼。钟鼓二楼结构相应，皆面阔五间，进深三间，单檐歇山顶，8根金柱为通柱，鼓腹柱础，柱间设有矮槛，隔扇门，外有迴廊。花牙子雀骑马雀替，一斗二升交麻叶头斗拱，清水大脊，龙形正吻，岔脊饰鱼、马、仙人、獬豸，龙筒瓦覆顶。

东西廊房位于统天殿左右，硬山式建筑，呈曲尺形，各21间，七架椽，椽柱19根，老椽柱21根，青砖墁地，下檐柱间有棂子隔扇门，槛墙楼子窗，方形飞椽，青砖墙体。东西廊房过厅均为框槛式实板门，东曰两仪门，西曰四象门。两仪者，天地也。四象者，老阳、少阴、少阳、老阴也。八卦是据说伏羲对中华民族的伟大贡献，是《易经》的核心，这在太昊陵的建筑布局中也有着鲜明的体现。

9. 显仁殿

统天殿北30米即为显仁殿，殿内供奉有女娲像（见图2-7）。该殿重檐歇山式，面阔七间，进深五间，建于直壁式台基之上，前后13级垂带式踏跺，砖砌象眼，檐柱24根，老檐柱18根，金柱8根，古镜式柱础，明间和次间均为楼子格扇门，尽置楼子隔扇支摘窗，后有框槛式板门。老檐门装有砖墙，砖墙和檐柱之间形成回廊，单檐单昂三踩镏金斗拱，昂尾与下金桁相连，下檐一斗二升交麻叶头斗拱。檐柱和老檐间有双步梁和穿插枋相接，双步梁上由瓜柱承托月梁式单步梁和檐桁，瓜柱月梁间饰一斗二升斗拱承托下金桁，前金柱柱头承五架梁，五架梁上用柁墩承托三架梁，三步梁上承托上金桁，三架梁上脊瓜柱承托脊桁。中金桁、上金桁均为一斗二升交麻叶头攀间斗拱。龙凤大脊，雕龙正吻，垂脊有兽，上层戗脊自上而下为鱼、狻猊、海马。下层有围脊，角有合角吻。仔角梁头有套兽，四角悬凤铎。灰筒瓦覆顶，显仁殿结构朴实，端庄严谨而雄浑（见图2-8）。殿前面有铁熊一对。一般认为，统天殿和

图2-7 显仁殿内的女娲像（笔者2010年5月31拍摄于太昊陵显仁殿内，图2-7同）

图2-8 显仁殿

图 2-9 子孙窑（图片由淮阳县文化馆馆长雷泉君拍摄并提供）

八卦里的"乾"对应，象征男权意义的呼应，显仁殿则和八卦里的"坤"对应，其象征和突出的则是母性。

显仁殿台基东北角的青条石上的子孙窑，被视为远古女性生殖崇拜遗俗的明证（见图2-9）。

10. 太始门

太始门为砖拱门洞，居于梯形高台正中，上镶披水砖，嵌青石匾一方，阴刻楷书"太始门"三字。匾上砌门楼式顶，砖雕替木、小筒瓦盖顶，两端饰挂落。台级两侧有砖砌踏跺25级，可绕殿巡游，所以又叫"转厢楼"。两踏跺外侧均有护墙，护墙外侧为砖拱圆券掖门，硬山式，清水大脊，砖瓦叠垂脊，有兽、小板瓦覆顶，寝殿坐落在太始门梯形高台之上，重檐歇山式，进深五间、展内有檐柱20根，老檐柱形成回廊。檐柱与老檐栓间有穿插枋相接。整个梁架用一斗二升交麻叶头攀间斗拱，四根金柱与老檐柱间三步梁。穿插枋相接，单昂三彩斗拱，昂尾承托下金檩。寝殿内立有明正德八年（1531年）"御祭碑"一通，故寝殿又称"御碑亭"。

其上清水大脊，龙形正物，垂脊有兽，戗脊为砖瓦叠脊，依次有海马、斗牛等。岔脊为豸、狮子等，仔角梁饰套兽，灰筒瓦盖顶，龙纹勾

图 2-10 太始门（淮阳县文化馆提供，下同）

头，龙凤八卦爻滴水，四角有风铎，下层有围脊，龅脊屋顶与上层相同。寝殿与太始门浑然一体，古朴宏伟，结构独特（见图2-10）。

11. 先天八卦坛

太始门后，太昊伏羲陵前有先天八卦坛。先天八卦坛为等边八边形，直壁式，周有青石压条，青砖砌就。坛面用青砖砌先天八卦：乾、兑、离、震、巽、坎、艮、坤。其中心为一圆形，昔上塑一兽，俗称"四不像"。龙不像龙，凤不像凤，马不像马，牛不像牛，被视为传说中的龙马。

12. 伏羲陵

中国人对陵墓有着超乎一般的感情，民间信仰中的陵墓崇拜也是常见现象，而这种崇拜实际上是祖先崇拜的转换和延续。太昊伏羲陵在太始门后，陵上呈圆形，下有方座，取天圆地方之意。太昊伏羲陵高近27米，周长约150米，陵墓前立有一通巨碑，字大径尺，既无题跋，又无落款，其上书曰："太昊伏羲氏之墓"七个大字。太昊陵墓四周筑有紫禁

图 2-11 伏羲陵

城，前有左右陵垣门，内垣苍松翠柏，高与天齐。陵墓可以看作整个陵庙建筑文化内涵的总象征。在中国古史传说三皇五帝陵中，为最高大的古帝王陵寝（见图 2-11）。

关于陵墓，传说最多的就是陵前没有落款，最后一字已然无法看清的碑文。除了上文所及的碑文内容为"太昊伏羲氏之墓"的说法外，另外一种说法比较常见，即碑文为"太昊伏羲氏之陵"，《淮阳县志》甚至还给出了"似陵又似陇"的说法，一些当地学者还就此进行考证，但却未能拿出确凿的证据来坐实最后一字，这无疑和相关文献资料的缺失有关。关于碑文为何人所书也有多种说法：一说为苏东坡来陈州游玩时所书；一说为苏东坡妹妹苏小妹用汗巾而书；一说为魏晋人所书，其中流传甚广的当数苏小妹替其兄东坡而书的传说。

在伏羲陵墓前有一棵侧柏，据考证为宋代古柏，测定树龄已有900余年，树干上有一个突起的树瘤，形状酷似人的耳朵，非常奇特。而这棵柏树又恰恰长在陵墓前面，就更引起了当地群众的浮想联翩。柏树上的耳朵长于何时，当地志书没有记载。坊间说这是人祖爷想聆听民声显灵所致，香客们将其当作人祖爷的耳朵，对其悄悄许愿，甚为灵验。这棵柏树也被称为"耳柏"（见图2-12）。

13. 蓍草园

太昊陵后有一蓍草园，蓍草是古人揲卦的工具。《淮阳县志》记载："太昊陵后有蓍草园，墙高九尺，方广八十步。"相传太昊伏羲氏画八卦用的就是此草，所以蓍草也被称为"神蓍"。（见图2-13）蓍草不仅作为一种占卜的"圣

图2-12 耳柏（笔者2011年3月9日拍摄于太昊陵内）

图2-13 蓍草园（图片由淮阳县文化馆提供）

草",而且作为一种历代钦差大臣是否到淮阳祭祖的信物。这些钦差大臣受命来太昊伏羲陵祭祖,有宋以来,历代皇帝遣官致祭,复命时都拿此草作为凭证。因为蓍草奇少,而且太昊伏羲蓍草又独为白根。相传,如今全国只有三处蓍草,一处为淮阳太昊伏羲陵,一处为曲阜孔庙,一处为山西晋祠。相传只有圣人陵后方生蓍草。

除中轴线上的主体建筑外,太昊陵还有庞大的附属建筑,东有三观:岳飞观、老君观、元都观,另有火神台;西有四观:女娲观、玉皇观、天仙观、三清观。目前西四观已恢复完毕,东部则仅存岳飞观。在太昊伏羲陵左右东西旁建七观,玉皇上帝、女娲和天仙在太昊陵中轴线西侧立观受祀,真武大帝、太上老君和岳飞在太昊陵中轴线东侧立观受祀,可谓不伦不类了。其实这既是道教在太昊陵的反映,同时也反映了中国民间信仰独特的兼收并蓄的吸收能力。

法国的涂尔干认为,某种事物的神圣性其实并非以其天然属性为基础,它之所以获得宗教价值,取决于外部附加于其上的价值。归根到底,是"社会的作用在人们内心中所引起的安慰和依赖的感情"[①]。太昊陵之所以成为当地伏羲女娲信仰的神圣空间,其实归结于人的作用,是历代民众不断给予其神圣性阐释的结果,也就是说,"神圣空间不是自然存在的,而是人通过其文化、经验和欲求,在界定、限制和描画它时赋予其神圣性的"[②]。这种神圣性一旦被确立并和当地的伏羲女娲信仰相结合,就会得到不断地强化,尤其是在被统治者利用后更是不断向纵深推进。太昊陵庙的现存格局与南京明故宫大体一致。后者虽然因遭受太平天国的兵燹而已基本无存。但从大量遗存中仍能看到,除了太昊陵正殿为统天

[①] [法]涂尔干(Emile Durkheim):《宗教生活的基本形式》,渠东、汲喆译,上海人民出版社1999年版,第420页。

[②] [罗马尼亚]米尔恰·伊利亚德:《神圣与世俗》,王建光译,华夏出版社2002年版,第1—2页。

殿，朱元璋明故宫正殿为奉天殿①等一些差别外，太昊陵与其时的南京明故宫有着很大程度上的一致性。这种格局上的相似性，其实恰恰反映出了皇权统治企图通过建筑这个象征符号和神圣空间来实现对伏羲女娲信仰的渗透和控制；从更深层次的意义上来看，封建社会统治者与民间社会正是借助伏羲女娲信仰这个纽带，展开了相对温和的良性互动。

太昊陵神庙空间作为当地伏羲女娲信仰的圣地，它为信众们进行祭祀等信仰活动提供了一个功能完备的神圣空间，是凡俗界与神圣界相通的地方，是凡俗社会与神圣世界这两维间的交错地带。也就是在这里，历史与现代、神圣与世俗、神灵与信众实现了交流、碰撞和共享。当地民众将太昊陵视作各种生活问题的诊疗地以及对于未来命运的祈祷地，同时它以其在区域内信仰空间的特殊地位，其实已经是当地传统生活的不可分割的一部分，是调控区域内民众精神生活与社会生活的重要文化空间。虽然随着社会的发展，民众有了多种精神表达的途径与解决社会问题的方法，庙宇空间的现实意义已经明显降低，但传统的信仰方式仍然有着不可替代的作用。它实际上已转化为一种文化表达，是极富特色的特定文化样式，并且依然在一定程度上影响着当地民众的精神世界。

---

① 其意是奉天的旨意即人祖伏羲的旨意而执政的地方，并自称是"奉天承运皇帝"。并在后来相沿成为帝王敕命的套语。见李乃庆：《朱元璋太昊陵御祭碑及御祭文》，《中原文物》2007年第3期。

第二节
画卦台、白龟池、平粮台及龙湖

淮阳作为传说中伏羲定都和长眠之地，不仅为大量的神话、史籍文献所记载，也被众多的遗迹遗俗、神话、传说和现代考古所证实。在伏羲女娲信仰的文化空间组成中，除了陵庙这个神圣空间外，当地的画卦台、白龟池、平粮台等遗迹也是支撑伏羲女娲信仰传承的重要文化空间，是伏羲、女娲兄妹在当地创世、治世的各种神话及传说与当地风物的广泛结合以及伏羲女娲信仰物化的结果。

一、画卦台

画卦台坐落在城东北一里处龙湖中的土丘上，相传是太昊伏羲始画八卦的地方，故名画卦台，亦称八卦坛。台高两米，广阔十余亩，四面环水，景色宜人。《元和郡县志》说："宛丘县八卦台及坛在县北一里，古伏羲氏始画八卦于此。"《太平寰宇记》说："宛丘县本汉陈县……八卦

图 2-14　画卦台（图片由淮阳县文化馆提供）

坛在县西北一里。"《陈州府志》说："吾陈为伏羲肇启文明之区，陈为伏羲之墟，八卦坛在焉。""去城一里为画卦台。"《古今图书集成》说："八卦台在陈州北一里……因画八卦于此，坛后有画卦台。"

画卦台呈方形，即以方象地，古时认为天是圆的，地是方的。之所以呈龟形，是以龟示通灵。方形的似龟之台，喻示此处为大地上的通灵圣地（见图2-14）。

相传伏羲在这儿"仰则观象于天，伏则观法于地，观鸟兽之文与地之宜，近取诸物，远取诸身，类万物之情，于是始作八卦"[1]。伏羲以断画示阴，连画示阳，一画开天，开物成雾，画出惊天地、泣鬼神的八卦：取坤、艮、坎、巽、震、离、兑、乾，象地、山、水、风、雷、火、泽、天。天地定位，风雷相搏，山泽通气，水火不相射；数示雾、一、二、

---

[1] 见《易经·系辞下》。

三、四、五、六、七,结束了千古的结绳记事,开创了刻锲卦画记事的先河。

由于历史的原因,许多年以来画卦台几乎成了被人们遗忘的角落,台上的原有建筑于民国十七年(1918年)被淮阳行政长官肖楚才全部拆除,现在的画卦台为2002年在原来位置上复建而成。

二、白龟池与龟信仰

白龟池坐落在太昊伏羲陵东南一华里的龙湖中,当地人称白龟池"天心",称毗邻的伏羲画卦台为"地脐"。池呈东西长方形,中缺呈"U"字形,660平方丈。白龟池又名"蔡池"。蔡,龟也。

白龟是在淮阳伏羲女娲神话群里出现频率很高的一个颇具神性的动物,在救伏羲女娲、兄妹成婚等神话故事中都起着关键作用。关于白龟池,古书上也有不少记载。《太平环宇记》卷十说:"宛丘(淮阳)县,本汉陈县……,八卦坛在县西北一里,即伏羲于蔡水得白龟,因画八卦之坛。"《古今图书集成》说:"昔日伏羲于蔡水得白龟,因画八卦于此。"《陈州府志》说:"上古伏羲氏得白龟于蔡水。"同书又说:"去城一里为画卦台,前侧为白龟池,世传伏羲于蔡水获白龟,凿池养之。"还有一些民俗学者考证,白龟就是《易经》中所说的"龙马负图"的龙马。

在当地流传的神话故事中,白龟与白龟池的来历是这样的:

> 传说女娲补天之后,惊动了天帝,天帝非常恼火,就把女娲囚禁在天庭的广寒宫里。伏羲和女娲是兄妹,又是夫妻。他日夜思念女娲,想见女娲一面。有一天,乌龟来到伏羲面前,对他说:
> "伏羲呀,我知道你心里想的啥。"
> 伏羲说:"你知道我心里想的啥,说说看。"
> 乌龟说:"你想见女娲。"

伏羲吃了一惊,问:"乌龟,你既然知道我想女娲,帮帮忙如何?"

乌龟说:"帮忙可以,但你能给我什么好处?"

伏羲说:"要天许一半,要地许一半如何?"

乌龟摇摇头说:"不成,不成,那是空话,天和地都不属于你伏羲分管,天有天皇,地有地皇。"

伏羲发愁了,他说:"人间有的东西,你们全有了。你还有什么需要我做的呢?"

乌龟想了想说:"我不要天,不要地,只要人心,要人心的向往!"

伏羲松了口气说:"这办得到。乌龟呀,这么办吧,让天下人把你作为人间的天神供奉,如何?"不过伏羲又说,"但是人心不可夺,要索人的向往之心,只要你为人类造福办好事,人心自然会向往的。你说是吗?"

乌龟听了,想了半天说:"我要做三件看得见,摸得着的实事,头一条,我想办法让你见女娲;第二条,我送你天下文明;第三条,我帮天下人黑夜定向。"

说完后,乌龟就让伏羲坐到它背上,闭上眼睛,飞了起来。不大一会儿,乌龟飞到一棵大树下停住,对伏羲说:"这棵树叫建木,只有你伏羲才能沿着建木上天,快去天上广寒宫里找女娲吧。"

广寒宫里,兄妹相会,说不尽的思恋情,道不尽的人间事。伏羲想带女娲一起返回人间。女娲告诉他说,天帝的律条谁也不能违反。无奈,伏羲只能孤身一人返回。伏羲要走了,女娲嘱咐伏羲说:"咱兄妹相会,多亏乌龟周旋,你说的话一定要算数。男子汉拳头上立得起山,胳膊上跑得起马。"

伏羲说:"娲妹子,你放心,不过怎样谢乌龟呢?"

女娲说:"尊乌龟为神,万人敬仰。"说罢,给伏羲一个白袋子,然后附耳对伏羲说了一阵。伏羲回到地上见了乌龟后,连忙拜乌龟,三拜九叩,然后打开白袋子,只见袋子里丝丝冒白气,伏羲对着乌龟连吹三口,气到意到色变,乌龟变成了白龟。乌龟看了自己的变化后,吃惊地问:"伏羲,你施什么法,让我变成这个模样?"

伏羲说:"从现在起,应该叫你白龟了。你可知道,上天下地,上阳下阴,乌是黑,是地,白是天,是神,从今以后,俺要把你当神敬了。"

从此有了白龟。

白龟说:"伏羲,我见你的子孙打猎常常夜里迷向,我为天下人定向,天上玄武星是我的幽灵,这是天数璇玑。夜晚玄武星呈现,那方就是北方。知了北方,相对的就是南方;知南知北,便知东西方了。"

白龟献玄武星定向,从此天下以玄武星为天数璇玑,夜里定了北方,知了四方,一直流传今天。

有一天白龟说:"我想在你的都城宛丘湖里修炼怎么样?"

伏羲说:"只是湖小池浅,难容大圣贵体。"

白龟说:"池虽小,但是气势恢宏,天难包,地难容。"

于是,伏羲亲自动手,与他的子孙们一夜之间,在宛丘湖中修建了一个中间圆圆,四周方方正正的池,名叫白龟池。圆为天形,方为地象。池刚建好,一道银光,白龟便入池静修去了。

后来,伏羲得龙马河图,九九八十一天也没弄通。一天早晨,白龟突然出水,静卧在伏羲面前。伏羲在朦朦胧胧里,合阴阳,想龙马,思河图,仰观俯察,仿白龟龟纹,天机盈目,一画开天,画出了八卦。白龟帮助伏羲完成最后一条诺言后,便又杳然消失了。[1]

---

[1] 杨复竣:《淮阳神话传说故事》,中国炎黄文化出版社2007年版,第143页。

上面这则神话故事，其实是对淮阳区域乃至整个中原地区广泛存在的龟信仰的一种阐述，可以看作伏羲女娲信仰和龟信仰的交汇。龟信仰在中原可谓源远流长，在统治阶级和普通民众中都有着深厚的基础。《礼记·礼运》说："何谓四灵，麟、凤、龟、龙谓之四灵。"这四种动物被先民推崇为通灵之物，而龟又被看作四灵之首。①《淮南子·览冥篇》："往古之时，四极废，九州裂，……于是女娲炼五色石以补苍天，斩鳌足以立四极，杀黑龙以济冀州，积芦灰以止淫水。"②女娲补天这则神话在中原地区有着广泛的流传。在过去民间的年画里，把乌龟、仙鹤、梅花鹿画在一块儿，就叫"三寿图"；把蝙蝠（富）和乌龟（贵）画在一起，则表示"大富大贵"之意。尤其是龟在伏羲制八卦中发挥了重要作用，伏羲正是通过观察白龟甲上的纹路才悟通了天地运行之规律从而创造出先天八卦的。在河南省上蔡县的白龟庙中，仍供有白龟。并且在中原一带除了至今还在流传的龟救伏羲、女娲兄妹，以及为兄妹做媒外，白龟更是被看作与以淮阳为中心的伏羲部族有着不解之缘。如果说白龟以往只是存在于人们的传说中和观念里的话，那么几千年后白龟真正出现在人们面前时，给当地群众带来了很大震撼，更使人们对此传说深信不疑。

1984年8月18日，当地少年王大娃在龙湖白龟池下钓鱼时，钓到了一只非常罕见的白龟。白龟出水的消息，一时引起了轰动，《人民日报》《光明日报》《大公报》等各大报刊和中央电视台、河南电视台都做了报道。据介绍，这只白龟呈乳白色，体重1斤3两，龟龄245岁。在出水后由专人喂养，并在1997年香港回归时重新放回了白龟池。笔者查到了《人民日报》1998年4月2日刊登的关于白龟的文章，全文转录如下：

---

① 郭红彦：《浅论中原龟信仰的发展历程》，《民间文化论坛》2004年第6期。
② （汉）刘安：《淮南子》，万卷出版公司2009年版，第68页。

稀世白龟放归自然

出水十几年之久的稀世白龟，不久前重又放归河南淮阳的龙湖中。这只260多岁的白龟，是1984年8月14日由淮阳东关少年王大娃在龙湖中的白龟池钓出的。相传，伏羲于蔡水捉到一只白龟，揣摩龟甲花纹图案，画成八卦。在淮阳传说中的白龟池果然钓出白龟，令世人惊奇。

专家推测，几千年来，白龟一直在龙湖中生息。把白龟放归龙湖，对于维系这一历史的活档案的世代繁衍是有意义的。[1]

白龟的重新出现让神话与当地实物得到了相互印证，这应该不是偶然的巧合，证明了民间流传的神话并非民众随意编造，而是有其现实依据，是民众根据现实生活经过世代加工传承下来的。而龟信仰也在当地的发展、流传中与白龟结合，并依附白龟神话不间断地传承了下来。上面这则白龟帮助伏羲的神话里，伏羲为了感激龟，将其变成了白龟，从而实现了由龟到神龟的转变，这其实是可以看作中原龟信仰在流传过程中由原来的单一崇拜到明代以后的多元化发展[2]的最好注脚。郭红彦在《浅论中原龟信仰的发展历程》一文中分析这种情况出现的原因时指出：一是因为人们的思想认识水平逐渐提高，对龟的信仰和崇拜日趋淡漠；二是随着社会的发展，社会生活呈现出愈来愈复杂的状态，而对龟的崇拜和贬抑并存，更多地反映出民俗生活和社会心理传承的变异性和复杂性。[3]笔者认为这种观点值得商榷，首先民间信仰并不会因为社会的进步、经济的发展而变弱和消失，经济条件的好转往往还为民间信仰的"复兴"提供了物质条件。在淮阳当地，群众至今视白龟为神物，并且深信不疑

---

[1] 樊奇峰：《稀世白龟放归自然》，《人民日报》1998年4月2日，第11版。
[2] 一方面民众间仍存在着对龟的崇拜和信仰，另一方面则是明代以后龟的寓意也成了骂人的代名词，"龟孙子""乌龟王八蛋"等民间词汇的出现让龟的形象受到了损害。
[3] 郭红彦：《浅论中原龟信仰的发展历程》，《民间文化论坛》2004年第6期。

地认为白龟是伏羲的使者，是吉祥之物，是它见证了淮阳几千年生生不息的农业文明。另一方面，民间信仰有相对的稳定性，虽然经过代代相传会发生改变和丰富，但在正常的传承情况下，却一定不会由信仰龟转变到截然相反的情况——贬损、辱骂。这也不符合龟信仰作为民间信仰的传承和变异特点。

三、平粮台古城

俗称"佟粮台""平粮冢"，位于县城东南 4 公里的大连乡大朱行政村西南角的台地上，台地高出地面 3~5 米，面积近百亩。据《淮阳县志》记载："平粮台，高二丈，大一顷，旧有四门，林木蔚然，不知何代建筑。"[①] 从考古发掘的资料来看，平粮台古城平面呈正方形，包括城墙及外侧附加部分，面积约 50000 余平方米。城墙采用小板筑堆筑法建成，基宽 13 米，顶宽 8~10 米，城墙残高 3 多米。平粮台城内已发掘 29 处房基，多为长方形排房，个别为圆形。这些房屋有的是平地起建，有的为高台建筑，使用土坯作为建筑材料。其中位于城内东南部和西部有三排建于夯土台上的土坯建筑，残长 15 米多，宽 7.7 米，土坯墙宽 0.34 米，分作左、中右三室，三室各有一向南开的门，门宽 0.7 米，南北屋墙外设有散水坡。在南城门内有两处门卫房。东西门卫房之间为城门通道，宽约 2 米，在门道之下设有陶排水系统，即在门道下挖一条北高南低上宽下窄的沟渠，沟渠上口宽及深各约 74 厘米，沟渠内铺三条，管道周围以料礓石和土填实，其上是门通道路面。发现的排水管道残长约 5 米多，是多节套接而成，每节长 0.35~0.45 米不等，一端稍细，另端较粗，每节管道小口朝南，套入另一节管道的大口内，如此节节套扣，被看作中国发现

[①] 甄纪印修、蒋麟祥纂：《淮阳县志》卷二，《地舆志下·古迹》，开明印刷局 1934 年印，第 39 页。

图2-15 平粮台遗址（图片由淮阳县文化馆提供）

年代最早的城市排水系统（见图2-15）。

经考古学者鉴定和文物保护科研所碳-14测定，平粮台古城距今4500年左右，显然农业经济比太昊伏羲氏都城宛丘的时代晚2000年左右。那么，平粮台古城与宛丘有什么关系呢？笔者与许多研究伏羲文化的学者都认为，平粮台古城是建在宛丘之上，因年代久远和历史变迁，宛丘被后人称为平粮台，所以说平粮台即是古宛丘，是太昊伏羲之都。依据有三：

一是考古发掘。平粮台古城址共有五期文化堆积。这座古城的城墙叠压在大汶口晚期文化层之上，又叠压在龙山文化层之下。从出土的文物看，不仅有大量属于龙山文化的陶器（灰陶、黑陶），而且有大汶口文化特征的石铲、石斧、骨箭头等。宛丘最底层的大汶口文化的年代跨度为6000至8000年，与太昊伏羲所处年代基本吻合。

二是地形地貌。宛丘虽并不高峻，因为凸立在茫茫无垠的平原上而格外引人注目。《尔雅·释丘》云："丘上有丘为宛丘，陈有宛丘。"《尔雅·注疏》讲得更为具体、形象："宛丘中央隆峻，状如负一丘于背上。"过去，人们对宛丘的地形、地貌难以解释清楚，现在可以看得明明白白：在古已有之的自然土丘——宛丘之上，又建了一座土城墙围起来的古城，远远望去，"状如负一丘于背上"，成为"丘上有丘"的独特的宛丘形状。

三是典籍记载。《左传·昭公十七年》："宋，大辰之虚也。陈，太皞之虚也。郑，祝融之虚也。……故为帝丘。"古汉语"虚"同"墟"，其义有四：一为土丘；二为大丘；三为旧居，废墟；四为故城遗址，帝都。古宛丘四义俱备。

《诗经》中也有很多关于宛丘的描述，《诗经·国风》里的《陈风·宛丘》对"宛丘"的记述是："子之汤兮，宛丘之上兮，洵有情兮，而无望兮；坎其击鼓，宛丘之下。无冬无夏，值其鹭羽。坎其击缶，宛丘之道，无冬无夏，值其鹭翿"。另据《汉书·匡衡传》记载："陈夫人好巫而民淫祀。胡公夫人，武王之女。太姬无子，好祭神鬼，鼓舞而祀，击鼓为证。"因为太姬无子，好祭神鬼，所以倡导了陈人的风俗，是故有陈人在太昊之墟——宛丘上击鼓、击缶的场面，也就是在旧墟上祭祖、娱神或求子。在《陈风·东门之枌》中也有关于宛丘的描述："东门之枌，宛丘之栩。子仲之子，婆娑其下。榖旦于差，南方之原。不绩其麻，市也婆娑。榖旦于逝，越以鬷迈。视尔如荍，贻我握椒。"根据《诗经》的描述，"宛丘"是陈城东门外的"高平之原"，而"平粮台"恰是东门外的高台废墟，《诗经》中关于宛丘的描述与典籍所载"宛丘在陈城道东"、"陈都于宛丘之侧"及《山海经》所记载的"颛顼国……有陈州山"相对应，这些恰好印证了平粮台正是伏羲的都城宛丘。

平粮台1988年被评定为全国重点文物保护单位，并在之后的1996年，正式成立了平粮台古城博物馆。

四、龙湖

龙湖，旧又称宛丘湖，东西阔4.4公里，南北长2.5公里，堤围长14公里，面积达11平方公里，计16483亩，除去古城等占地外，湖面水域为10840亩，所以当地人又称龙湖为万亩龙湖，自豪地说龙湖水域面积比杭州西湖还大3968亩。

关于龙湖形成的年代，当地有多种说法，最为流行的是说从伏羲女娲时代，天倾西北，地陷东南，那时就有龙湖存在。当地广泛流传着白龟在湖边拯救伏羲、女娲的传说：

很古很古的时候，淮阳称宛丘。宛丘有座宛丘山，宛丘山下有个宛丘湖，宛丘湖边有个宛丘洞，宛丘洞里住着兄妹俩，兄长叫伏羲，妹子叫女娲。

有一天傍黑，伏羲在宛丘湖里逮鱼，听到有人叫他。他左看右看，没见一个人。又一声叫，伏羲扭头一瞅，见身后有个大龟，周身雪白，方圆百丈，昂着，伸长脖子，正盯着他。伏羲见了，吓得爬起来就跑。说也奇怪，不论伏羲跑多么快，跟没跑一个样，白龟总离他那样近。伏羲见再跑也没用，就趴在地上。

这时，白龟说："伏羲，你别跑，我不害你，是来搭救你哩！我要对你说：十万八千年一个混沌，今年儿是个混沌年头，一百天头上，天要塌，地要陷，人要死个精光。"

伏羲听了，吓得瞪大了眼，追问白龟说的真假。白龟哈哈大笑，说："伏羲，我不骗你。"

伏羲慌了，起身要走，去叫人躲灾防难。白龟明白伏羲心里想的啥，说："伏羲，你是天底下最守诚信的人。我的话不准对外人讲，要不，老天爷会把你也灭了。"伏羲点点头，仰望着白龟，吓得不敢吱声。白龟又说："记住，从今儿起，每天早晨给我送一打鱼，还得是你逮的。记住,我在这儿准时等你。"伏羲答应了。眨眼工夫,一阵清风,白龟不见了。

第二天,天不明,伏羲来给白龟送鱼,他以为来得很早,其实,白龟早已在那儿等了。白龟也不说话,张开大嘴,脖子没动就把鱼吞了。

每天早上伏羲给白龟送鱼,天长日久,女娲知道了。女娲问伏羲天天老早出去干啥?这下伏羲为难了,说实话吧,怕不守信;不说吧,咋对得起妹妹?他想来想去,想到妹妹不是外人,这才对女娲说了实话。

女娲问:"这咋办?"

伏羲说:"咱一起去送鱼。"

女娲问:"白龟怪罪咋办?"

伏羲说:"那咱试试。"

话说到这里,兄妹就各拎起鱼去了。还好,白龟真的没有怪罪。从那天起,伏羲、女娲兄妹就一起给白龟送鱼。

到了一百天头上,果然如白龟所说,乌云陡暗,狂风山响,暴雨倾盆,天在摇,地在晃,地要陷了,天要塌了。

这当儿,伏羲女娲刚好来到宛丘湖边。这时候,白龟的眼珠子火红火红,一口把伏羲女娲吞到肚子里。伏羲女娲一看,兄妹俩送的鱼,白龟都给他们放着哩。

天塌了,地陷了,人都淹死了。

打那以后,在白龟肚里,伏羲女娲就靠送的鱼过活。一天过去了,两天过去了,伏羲送的鱼够数,女娲送的鱼不够数,不到一百条,一天吃不到一条鱼,真叫伏羲女娲饿坏了,白龟可怜伏羲女娲,不到一百天,一口气把兄妹吐出去了。

这当儿,天上日月星辰还没有长好,天缺西北一方,地陷东南一角,地上黑水横流,水里毒蛇横行,一片汪洋。山没了,树没了,人没了,连小鸡、小狗都没了。天下只剩下伏羲女娲了。

天塌了,地陷了,伏羲女娲兄妹俩去了东,走了西;去了南,走了北,东南西北四方都去了,没有见到一个人。

有一天,伏羲说:"娲妹子,天塌地陷,留下了咱兄妹,咱俩婚配吧?"

女娲听了,立时羞红了脸,扭头向远处跑去。

伏羲追来了。女娲说:"伏羲兄,兄妹咋能婚配呢?"

伏羲说:"天下只剩咱俩,不婚配咋能传宗接代呢?"

女娲说:"伏羲兄说得有理,只是想想还是有点不好意思。"

伏羲说:"这样吧,我们依天意来定吧。你我各爬上一座山,在山上各点一堆火,要是两股烟合成一股,就是顺从天意,就成亲,要不,就拉倒。"

女娲同意了。

两人各爬上一座山,各点了一堆火。这时,从两座山顶各刮起一股风,两股风对了头,不知咋的,两缕青烟慢慢合成了一股烟。伏羲说:

"娲妹子,你该同意了吧?"

女娲摇摇头,说:"不中。"

伏羲问:"你说该咋办?"

女娲说:"这样吧,咱兄妹各在河一边,你梳头,我梳头,要是你我头发绞合在一起,就是顺从天意,就成亲;要不,就拉倒。"

伏羲同意了。

伏羲蹚过了河,两人在河两岸梳起头来。

伏羲蹚水过了河,两人在河两岸梳起头来。

风吹,发摆,不一会儿,两头黑发越来越长,慢慢绞成一团,拽也拽不开。伏羲说:

"这回你该同意了吧!"

女娲摇摇头，说："不中。"

伏羲问："那你说该咋办？"

女娲说："这样吧，咱兄妹同在一座山，从山顶各滚一扇磨，要是两扇磨合在一起，就是顺从天意，就成亲；要不，就拉倒。"

伏羲说："中。不过，这回咱得向老天爷起誓。"

女娲笑着点点头。

山顶上，兄妹俩双双跪下，齐声说："老天爷在上，俺兄妹发誓滚磨问亲。如果两扇磨相合，就是顺从天意，俺兄妹就成亲；要不，拉倒。"

兄妹二人说罢，各放一扇磨，只听得"轰隆隆"一阵响，两扇磨一齐向山下滚去。两扇磨滚到了山下，结结实实地合成了一盘。

女娲见了，这实在难为情，女娲跑了。

女娲咯咯笑，顺手掐了一片又一片绿叶，编成草扇，遮住自己羞红的脸。这就是华夏族姑娘出嫁时用红绫遮脸的由来。

伏羲追来了，女娲绕着一棵大树跑。伏羲急忙追，从太阳升追到太阳落，还没有追上，累得伏羲直喘气。正在伏羲着急的时候，耳边有人对他说："伏羲，你真笨，回头截她呀！"

伏羲一听有道理，反身拦截女娲。女娲不防，一头撞到了伏羲怀里，女娲被逮住了。伏羲说："我叫你跑！"

女娲说："这下我不跑了，你抱住我了。"

女娲仔细一想，不对头，问："伏羲兄，老实对我说：你咋想起回头截我？"

伏羲诚实，说："有人对我说的。"

女娲忙四方找，在桑树的北面，发现了一只小白龟。女娲生气了，指着小白龟问伏羲说："你说，是不是小白龟给你出的坏点子？"

伏羲点了头。女娲真恼火，又羞又恼，一步上前，一脚把小白龟踏了个稀巴烂。

伏羲见这样，登时瞪了眼，忙跑上前，连声说对不起小白龟。女娲也傻眼了，后悔不该对小白龟这么凶。伏羲问："娲妹子呀，这咋办？"

女娲没吭声，她在桑树下找到了针，又找来了线，捧起小白龟的碎盖，一针针、一线线地缝补起来。女娲忙乎了好大一阵子，才把碎了的龟盖缝好。小白龟身子一抖，爬走了。

自此，白龟身上留下一块一块缝补的痕迹，至今儿还是这样。

打那以后，天下有了第一对夫妻，传说白龟是伏羲女娲的媒人。

天下只有俩人，人太少。女娲很发愁。伏羲说：

"别愁，别愁，咱造。"

女娲问："那咋造哩？"

伏羲说："万物土里生，用土造嘛！"

女娲问："你造，还是我造？"

伏羲说："上天下地，上阳下阴，哪有男人造人的理呢，该你造，我不会。"

女娲跑到水边，挖点子黄泥巴，拃在手里。她用手捏着，拎着。她比着人拃了身子胳膊、腿；又拃了脑袋、鼻子、耳朵。不知咋的没一个活的。到了日头点地的时候，阴阳交接，这时女娲造的第一个人儿活了。他的脸是青色的。

伏羲说："你就是青帝，你在东方。"

女娲造的第二人，脸是赤色的。

伏羲说："你就是赤帝，你在南方。"

女娲造的第三人，脸是黄色的。伏羲说："你就是黄帝，你的位置在中央。"

女娲造的第四人，脸是白色的。伏羲："你就是白帝，你的位置在西方。"

女娲造的第五人，脸是黑色的。伏羲说："你就是黑帝，你的位置在北方。"

女娲找到了造人的法子，从天明到天黑造个不停，一天里一下子造了一百个人，全都活了。女娲问：

"伏羲兄，归谁管呀？"

伏羲把这一百个人分五下，青帝、赤帝、黄帝、白帝、黑帝各领二十个，管着他们，管他们吃，管他们喝，去了五方。伏羲、女娲身边又空荡了。

伏羲说："人都走了，咋办？"

女娲说："还造啊。"

女娲没黑没白地造人，造了许多许多。天上长毛了，黑了，地上呜呜叫，起了风，下大雨了。伏羲女娲收不及，用扫帚扫了起来。风停了，雨住了，女娲再一看，坏了，留下好的不少，有的断了胳膊，有的少了腿，有的少了鼻子，有的瞎了眼，成了拐子、瞎子、聋子，成了掉胳膊断腿的残疾人。伏羲和女娲大吃一惊，啊，他们在造人的同时，还造了不少残疾人。这就是残疾人的来历。

女娲嫌这样抟土造人太慢，一天就用树条子醮了泥，甩起树条子，那些泥点子不论落在那里，都成了人。女娲数了数，柳树上的姓柳，落在石头上的姓石，一树条子甩出一百个泥点子，成了一百个人，他们落在河边的姓河，落在树叶上的姓叶，这就是中国百家姓的来历。

因为人是泥捏的，所以至今人身上的灰，总是搓不干净，不论啥时候，只要一搓，就能搓出灰来。

天上有了日月星辰，地上有了人。所以至今称伏羲为"人祖爷"，称女娲为"人祖奶奶"，至今人们称太昊伏羲陵庙为"人祖庙"。[1]

---

[1] 李国贞讲述，杨复竣记录整理。见杨复竣：《淮阳神话传说故事》，中国炎黄文化出版社2007年版，第21页。

这是笔者在淮阳当地了解到的，内容最丰富、包含信息量最大的一则神话，首先它融入了当地的风物：宛丘湖、白龟等；其次它详细讲述了兄妹再创世界后，经历重重考验后成婚、分定四方、抟土造人及确定世界秩序等内容，讲述中出现了"老天爷"的元素，并且地位在伏羲、女娲之上，从中能看出神话在流传的过程中道教因素渗透的痕迹。

孔子的《诗经·陈风·东门之池》中的"池"，指的就是陈城东关湖，属于龙湖的组成部分。根据民国五年（1916年）的《淮阳县志》记载：宋时陈州城郭湖泊中较大的有三湖：位于城南的叫南坛湖；位于城西的叫柳湖，又名旱湖；位于城北的叫北关湖，各成一湖，彼此不交，旱时不涸。

从考古发掘情况来看，龙湖的形成是随着历史的发展而渐次扩大，逐渐发展相连的，并非一朝一夕形成。从挖掘出土文物时代最晚者为宋代。

区域内民间信仰的传播往往和当地的风物结合紧密。关于伏羲女娲的种种神话及传说，经过几千年来流传已在淮阳当地形成了累积，并形成了关于伏羲女娲的神话及传说体系，为当地的伏羲女娲信仰烘托了浓重的氛围，而各种相关的风物也为之提供了强有力的实物依据，为民众的信仰表达提供了更为广阔的地域空间。

第三节
两个信仰圈的交叉存在

信仰圈是近年来在研究民间信仰时使用较多的词汇，用以表达神明和庙宇的信仰空间。而在笔者看来，信仰空间是对文化空间中侧重于社会属性信仰因子的一种表达。自20世纪台湾学者施振民、林美容、许嘉明等学者创用了"祭祀圈"与"信仰圈"等理论与方法，并运用到台湾汉人的民俗学研究中以来，学者们常在传统中国民间信仰研究中，用"祭祀圈""信仰圈"来表达神灵和庙宇的信仰空间，并把信仰圈定义为"在某一区域范围内，以某一神明及其分身之信仰为中心的信徒之志愿性的宗教组织"[1]。随着民间信仰关于信仰圈研究的深入和不同区域内各种情况的不断出现，信仰圈在实际应用中也呈现出更为复杂的情况。本节拟引入信仰圈的概念，用以描述淮阳当地两个相互重叠的、动态的信仰空

---

[1] 林美容：《彰化妈祖的信仰圈》，载叶涛、周少明主编：《民间信仰与区域社会》，广西师范大学出版社2010年版，第107页。

间的流变过程和立体呈现。

台湾学者林美容在《彰化妈祖的信仰圈》一文中又指出，衡量一个区域是否存在信仰圈，要看三个指标，即是否有围绕该神的神明会、分香子庙和请神、迎神活动。① 对于我们要研究的淮阳这个区域内对伏羲女娲的信仰情况来看，似乎并不适用。因为淮阳当地虽然有祭祀伏羲女娲的民间自发组织各种进香会（所谓的神明会），也有在节日期间的大规模祭祀和请神、送神活动，但却并无分香子庙的存在。但我们却不能说，当地就不存在伏羲女娲的信仰圈。实际上，在淮阳及其周边地区即古陈州以往的辖区甚至更大的范围内，是伏羲女娲神话、传说流传的一个中心区，从而也形成了区域内民众对二神的共同信仰。在这个区域内，有完整的关于伏羲女娲的神话、传说；民众普遍存在着对二神的信奉；存在着大量关于二神的种种"遗迹"，因此该区域可以看作伏羲女娲共同的信仰圈，即伏羲女娲信仰圈。② 但在区域内的不同地方，在这个信仰圈的内部，由于受部族遗留下来的痕迹及历代统治者的态度等因素影响，还存在着分别以伏羲和女娲为主要信仰的另一层次上的信仰圈。其中，以太昊陵为中心的区域，是以信奉伏羲为主，同时信奉女娲的信仰圈，可以称作伏羲信仰圈；以女娲城为中心的区域，则是以信奉女娲为主，同时信奉伏羲的信仰圈，可以称作女娲信仰圈。从两个信仰圈的大小、信众人数及影响力的对比来看，又呈现出"东强西弱"③ 的不均衡局面，而又因为两个信仰圈的中心神庙相距只有30公里，这就使两个信仰圈呈现出既相对独立，又联系密切的复杂情况。

---

① 林美容：《彰化妈祖的信仰圈》，载叶涛、周少明主编：《民间信仰与区域社会》，广西师范大学出版社2010年版，第109–111页。
② 伏羲女娲信仰圈虽然从字面上看有悖于信仰圈限定于"某一神明"的信仰，但鉴于两神密不可分的关系及伏羲女娲信仰圈的内部构成（伏羲信仰圈和女娲信仰圈）来看，这种提法并不矛盾。
③ 从地理方位上来看，太昊陵位于女娲城的东面。

一、主信仰圈与次信仰圈

关于淮阳伏羲女娲信仰圈及内部进一步的细分情况，可以用图形表示如下：

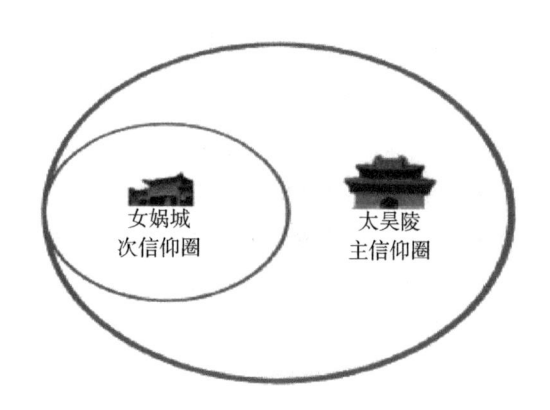

图 2-16　伏羲女娲信仰圈示意

笔者在这里提出"主信仰圈"与"次信仰圈"的概念，基于以下原因。一是两个信仰圈都处于淮阳及其周边地区的范围内，是伏羲女娲信仰圈的内部细分和具体组成，信众是在共同信奉伏羲女娲，并承认二神之间密切联系的基础和前提下，分别信奉伏羲或女娲为主神。二是两个信仰圈各有一套相对完整的信仰体系：包括分别拥有各自的中心点——陵庙，有几千年延续下来的完整的祭祀活动、数量众多的自发组织起来的进香组织，以及信仰圈内遗留下来的其他遗迹。当然在伏羲的陵庙内同时供奉着女娲，在女娲的陵庙内又同时为伏羲留下了足够的空间。三是从两个信仰圈的大小即影响区域、信众人数及影响力等方面来看，又存在着有大有小、有主有次的实际情况，以信仰伏羲为主的信仰圈占据了整个淮阳伏羲女娲信仰圈的大部分组成，而以信仰女娲为主的信仰圈虽然所占比重较小，但仍因其鲜明的特色值得我们重视。

主信仰圈是指以太昊陵为中心的广大区域,其大致范围除了整个淮阳县以外,还包括其周边的商水、项城、沈丘、太康、扶沟等县,在这个信仰圈内,伏羲毫无疑问占据着主导地位,是至尊神。在淮阳当地,关于伏羲女娲的神话群与地方风物得到了广泛结合,如淮阳县城的白龟池、画卦台等名胜。每年的二月二到三月三,这里都要举行大型古庙会,庙会期间每天都有数万甚至是几十万的人涌到这里,瞻仰祭拜伏羲,这里的一草一木都与伏羲相关,伏羲成了处处、时时、人人都景仰的祖先神。这种现象,在世界各民族神话的发展中也是不多见的。在豫东一些农村,家家户户都悬挂或张贴着伏羲神像,到处都有"羲皇社"等香火之类的民间组织。[1]在当地流传的神话传说故事中,有关伏羲以及伏羲、女娲兄妹婚的神话比较普遍,而女娲独立神时期的神话却很少见。女娲虽在被尊称为"人祖奶奶""人祖姑娘",但在太昊陵的统天殿,却没有女娲的神位,女娲的地位已受到大大的降格,成了人祖伏羲的陪衬。二神在该信仰圈内的从属关系还可以从当地称伏羲为大龙、女娲为小龙,又有称伏羲为龙、女娲为凤,合婚为龙凤呈祥的多种说法中可见一斑。

次信仰圈是指与以西华县思都岗的女娲城为中心的一定区域,主要是西华县的范围内。关于女娲城,史籍中也有不少记载:宋《太平寰宇记·卷十》:"(西华)县西二十里,古老传云女娲之都,本名娲城。"[2]清《读史方舆纪要·卷四十七》:"娲城在西华县西,女娲所都也。"[3]《水经注校·卷二十二》:"洧水又南迳一故城西,世谓之思乡城。"[4]《河南通志》:"女娲氏遗民思故都,因以为名(思都岗)。"[5]《东野纪闻》:"陈之长平(西华),即女娲炼石补天处,上有女娲城在焉。"20世纪80年代,河南

---

[1] 高有鹏:《庙会与中国文化》,人民出版社2008年版,第122页。
[2] (宋)乐史:《太平寰宇记》卷十,光绪八年金陵书局刻本,第213页。
[3] (清)顾祖禹:《读史方舆纪要》卷四十七,中华书局2005年版,第653页。
[4] 王国维:《水经注校》卷二十二,上海人民出版社1984年版,第749页。
[5] (清)贾汉复:《河南通志》卷二十一,江苏广陵古籍刻印社1987年影印,第710页。

省文物部门根据民间传说和史书记载，经过长期勘探，发掘了女娲古城址，并考证认为该城为东周城址，城墙下压着商周甚至更早的古文化遗址。1986年，女娲古城被定为省级文物保护单位。现在的女娲城是在女娲城遗址附近动工兴建而成。

在这个以女娲城为中心点的信仰圈里，"女娲的地位很高，是享有崇高地位的'天地全神'，她给人们送子赐福、消灾治病，还往往成为信众诉冤陈情的神判官"[①]。当地不仅有女娲城、女娲阁、女娲坟和"娲城晓烟"等遗迹，而且几千年来都有祭祀女娲的节日、仪礼。女娲城庙会更是来源颇古，于每年农历正月十五至二月初二举行，农历每月的初一、十五为例会，届时四方民众蜂拥而来，人山人海，多时日游人达10万之众。而女娲陵前更是常年烟雾缭绕、香火极盛。在这里女娲不仅可以为百姓抵挡洪水，还可以因其神奇的方法防卫女娲城免受匪患。她哭的泪滴在草上变成"女娲芢"为群众治病，女娲在当地的民间信仰中的地位无以复加，伏羲反而成了配角。张振犁认为，这种现象的出现，反映了女娲神话与伏羲女娲在各自的流变中，进行了融合，又由于上古部族之间融合过程的思想倾向性，两者的地位呈现出了两种不同的情形，它恰恰表明了原始文化的"进步累计"和"取代累计"的痕迹。[②]

伏羲女娲神话像一般神话原型一样，本来是没有地域特征的。但在包括淮阳和西华在内的豫东地区却显示出浓厚的地方色彩。正如张光直所指出的："每一个神话，都多少保存一些其所经历的每一个时间单位及每一个文化社会环境的痕迹。"[③] 神话在流传中一旦与各个历史时期和不同自然环境和社会文化环境中特定的人、事、观念、信仰、风物等相黏合，就成了传说。"在神话学中，具有对神话流变产生制约作用之一的法则，

[①] 杨利慧：《女娲的神话与信仰》，中国社会科学出版社1997年版，第153页。
[②] 张振犁：《中原神话研究》，上海社会科学院出版社，2009年9月版，第54页。
[③] 张光直：《中国青铜时代》，生活·读书·新知三联书店1983年版，第256页。

便是顺应新的自然环境而产生的内容方面的变化。"①

二、正祀与准正祀

通过赐额、赐号或官方每年定期出面祭祀的方式，把一些既在社会上有较大影响，同时又有可能为国家机器改造的民间信仰纳入国家信仰的正祀系统中来的做法，自宋代以来就为统治者广泛采用。这实际上是国家与民间社会在政治利益及文化资源上的互动和共享。一方面，国家通过"收编"民间信仰中的神祇，顺带收编了追随神祇的信众，有利于加强社会控制；另一方面，民间信仰的信众们也以自己信奉的神祇能被国家纳入神灵系统为荣，认为这有助于提高该民间信仰的地位，从而能实现信众们的一些利益以及精神上的满足感。应该说，伏羲以其巨大的影响力和彪炳千古的功绩很早就被纳入了国家正祀系统，享受着最高规格的祭祀。与之相比的是，女娲的地位受男尊女卑思想的影响，经过男权父系社会的演化，相比之下有些滑落，越来越退居到民间信仰的范围内。在这种情况下，虽然历代统治者都在不同程度上对女娲持赞同或支持的态度，但女娲信仰却很难被列入国家正祀之中。但又因为她与正祀伏羲信仰的密切关系，以及她在广大地区民间的流行性和信奉活动的无危险性，女娲信仰又一直得到官方的肯定，因此或许可以把它看作一种"准正祀"，是一种被官方认可的民间信仰。当然不能忽视的是，民间始终存在着深厚的女娲信仰。

对一个信仰圈来说，它的"圣地"或者说中心点是决定因素，其神圣性和权威性的大小直接影响着信仰圈的整体发展走向。从中国伏羲神话、传说和遗迹分布的情况来看，除了以太昊陵为标志物的淮阳被看作伏羲文化的一个中心区之外，同时存在较大影响的还有甘肃天水、河南

---

① ［日］松村武雄：《神话与神话学》，林相泰译，中国民间文艺出版社1986年版，第122页。

新密、山东济宁等地。而这其中，最具知名度和影响力的则是淮阳和天水两地，并且太昊陵在唐朝就进入了统治者的视野，唐太宗李世民于贞观四年（630年）颁诏"禁民刍牧"。五代周世宗显德元年（954年）"禁民樵采耕犁"。宋太祖赵匡胤于建隆元年（960年）置守陵户，诏示三年一祭，牲用太牢，造祭器。乾德四年（966年），诏立陵庙，置守陵户五，春秋祀以太牢，御书祝版；开宝四年（971年）又增守陵户二，以朱襄、昊英配祀。此后，陵与庙祀日见崇隆并有御祭。到了朱明一代，朱元璋的"太昊陵情结"更进一步提升了伏羲和太昊陵在国家正祀中的地位，太昊陵被认定为全国祭祀伏羲的唯一合法祭祀地，朱元璋更是亲临陈州致祭，从此奠定了太昊陵的信仰伏羲圣地的地位。自明代以来，伏羲的正祀地位和太昊陵在祭祀伏羲中的特有位置从未动摇过，这无疑推动了主信仰圈内的普通民众对伏羲的信仰，从而推动了主信仰圈的发展和扩大。

而另一个信仰圈的中心点——西华县的女娲城，在全国各地分布密集的女娲遗迹中，却处于比较边缘化的位置。根据《成冢记》记载，传说中的女娲墓有五个，分别是山西永济市风陵渡、陕西潼关县、河南省灵宝市、山西赵城和山东济宁。[①] 这其中却没有提及西华女娲城内的女娲墓。杨利慧在论著中提及西华女娲墓的情况时这样描述："除上述这几处女娲陵、墓以外，可能在其他地方还有一些类似遗迹存在。例如在今河南西华县，就另有一处女娲墓。"[②] 从中不难看出女娲城的边缘化地位。除此之外，甘肃天水的女娲庙和河北涉县的娲皇宫在影响力上也要远大于女娲城。在这种情况下，以女娲城为中心的信仰圈在淮阳伏羲女娲信仰圈的构成中处于从属地位也就不难解释了。

如果再对现实中的太昊陵和女娲城的境况进一步比对，这种结论就

---

① 参见《路史·后记二》注引。
② 杨利慧：《女娲的神话与信仰》，中国社会科学出版社1997年版，第135页。

更一目了然。太昊陵在1996年被国务院列为全国重点文物保护单位。当地政府从中华人民共和国成立后就注意加强对太昊陵的保护，在"文化大革命"后，保护和修缮力度进一步加大，并在近年来成立了太昊陵管理委员会，专门负责管理太昊陵，对太昊陵的修缮和发展制订了具体的规划。也就是说，太昊陵在封建社会里就被统治者所重视，先后经过多次修缮；发展到今天，在政府的重视和加强管理下，也走向了一条良性发展的道路。而女娲城无论是在过去还是现在，一直缺乏政府足够的关注和支持。虽然在20世纪80年代被列为省级文物保护单位，但长期以来，由于当地政府缺乏开发资金，把女娲城的开发和管理交由所在地的村委负责，形成了建筑布局混乱，起点低、村民乱搭乱建、殿内物品摆放混乱等现象，严重影响和制约了女娲城的发展。在笔者2011年3月在女娲城进行田野调查时，负责打扫女娲城大门前面卫生的村民刘庆海告诉笔者说。女娲城门前的小商贩全部是当地群众，由于上级没有派人管理，本村干部又无权管理，"只靠我们说服，让他们有规矩的摆放根本办不到。"另一个当地的村民王丰收说，女娲城里面的各个大殿都有专人负责管理，许多大殿和偏殿是群众自己建造的，规格太低并且很乱。"只有上级部门统一规划、统一管理，才能使女娲城里的秩序好起来，单靠村里肯定不行。"一边是国家成立专门的机构，投入专项资金进行规范管理的太昊陵；一边是主要依靠民间力量筹措资金进行维持的女娲城，两相比较高下立现。

从另一个角度来说，与太昊陵相距过近，也许在一定程度上也抑制了女娲城的发展。首先从信众层面上来说，要向神明表达虔诚和信奉，肯定愿意选择香火更盛、规模更大的陵庙上香。相比之下，太昊陵一直是统治者倡导和扶持的地方，也就更具有吸引力。笔者在女娲城采访老母殿的管理者张秀枝时，她自己主动说："每年太昊陵庙会时都要去那里上香。"当问及原因时，她说："那里热闹，也是女娲娘的家。"其次从政府层面上来说，在一定的区域内，政府需要选择一个在普通民众中更具影响力的民间信仰进行扶植，通过对其庙宇进行修缮，鼓励民众祭祀的方式来表明态度，以便改造并利用民间信仰。而女娲城和太昊陵在距离上的过近以及所供奉神灵的一致性无异难以吸引统治者，在与国家力量重点扶植的太昊陵信仰圈的博弈中难以占得优势。

三、正统与边缘

对于普通民众来说，"国家"是一种无处不有、无时不在，又充满了不可触摸、无法掌控的神秘感的神圣力量，通常是政治、社会与正统文化的主要依据和来源。不管现实的政治环境如何，也不管在实际的社会活动中他们对"国家"的理解千差万别，这种理想化的"国家"的"原型"，始终存在于中国民众的集体无意识之中。[①] 在"国家"对民众潜移默化的影响和作用下，女娲信仰圈在和伏羲信仰圈共时态的存在情况下，自然处于从属地位。在淮阳当地，以女娲城为中心的信仰圈的边缘和从属地位还能从以下几个方面体现。

（一）女娲城的信众根据地理位置，习惯把女娲陵称为"西陵"，把"太昊陵"称为"东陵"，这种说法在西华当地很是盛行，但却未能在更大范围内得到认可。笔者2011年3月在太昊陵庙会上随机采访的5个香客中，只有1个人知道这种说法，其余4个人则回答是第一次听说。当问及对这种说法的看法时，两个人回答说："无所谓吧，反正都是信人祖爷、人祖奶奶的。"另外三个人则觉得女娲城难以和太昊陵相比，说这是"为了提高女娲城的地位才这么说的"。

（二）以太昊陵为中心的主信仰圈和以女娲城为中心的次信仰圈存在交叉现象，除了进香、许愿还愿、求子祈福等习俗大体相近外，两个

---

① 陈春生：《信仰空间与社会历史的演变——以樟林的神庙系统为例》，载郑振满、陈春生主编：《民间信仰与社会空间》，福建人民出版社2003年版，第79页。

信仰圈内的信众也有比较复杂的情况。因太昊陵的显赫地位，次信仰圈内的信众大多数都来这里祭拜过，并且有相当多的一部分还保留着每年到太昊陵庙会来进香的习惯。女娲城庙会的日期是每年农历的正月十五到二月二，而太昊陵庙会日期则是从每年农历的二月二到三月三，所以对于两个信仰圈的信众来说，完全可以做到两个都兼顾起来。但事实上，虽然距离很近，主信仰圈内很多的信众都只是听说过"西华有个女娲城"，却从来没有去过。并且有一个情况值得关注：现在的女娲城是1994年由当地集资修建起来的，而同样是在1994年，太昊陵在显仁殿内供奉了女娲塑像。这样，女娲神位不再像原来那样，只偏安于太昊陵西南的女娲观内，更方便了信众对女娲的祭拜。这是巧合，还是两个信仰圈另一种形式的较量？

（三）从太昊陵和女娲城两处存留下来的石碑的相关情况，也能解读出正统与边缘，靠拢与排斥的真实情况。太昊陵内现存留不少西华当地香会组织来太昊陵进香后立的石碑，而在女娲城却没有来自淮阳香会组织的立碑，从女娲城与太昊陵在国家态度中的差别来看，这应该表现了一种民间信仰对一种国家层面信仰的顺从。从西华县的香会在太昊陵存留下来的石碑情况来看，大致有两种情况。一是进香碑，各地新成立或者换了新会首的香会一般要连续三年组织会众到太昊陵进香，三年期满后立碑以示虔诚并纪念。如清宣统二年（1910年）西华县学增生郭际泰为会首的山子口村香会的进香碑、民国八年（1919年）西华县南大街路西社的王自本、熊成德为会首的进香碑，以及民国九年（1920年）西华县郑叶茂等为会首的马店香会的进香碑等都属于这种情况。[①]还有一种是还愿碑。如民国七年（1918年）西华县高庄高映合携子高梦举及98名会众所立的还愿碑，碑文正文如下：

[①] 以上资料来源于2011年3月，笔者在太昊陵院内进行调查时，从院内留存众多的进香碑中摘录。

西华县西门地方高庄高映合,因子梦举患病四月余,夜梦神属,领会三年,既而子病果愈。荷蒙神佑,谨命子领会三年今已期满,立石为志。①

从上面的这通碑文中至少反映出了两个信息:首先是在民间香会的组织上,一般香会的会首都由本地或本村有一定威望的人担任,但遇到有会众家里遇到病人需要神灵佑护的时候则会让该会众担任会首,所以有的香会会出现有多名会首的情况;其次是西华县的香会组织在家中遇到难事需要求神时却舍近而求远,来到太昊陵进香、还愿,它无疑是太昊陵在淮阳整个伏羲女娲信仰圈中号召力和当地信众倾向性的最好说明。

并且值得一提的是,这些香会组织在各个时代的立碑被砌进了陵内偏僻一角落的院墙内,未能在碑林里或者正殿两侧有容身之处(见图2-17、2-18),这是刻意的排斥还是无意的冷落?

图2-17 统天殿和显仁殿之间东侧的碑墙(图片由淮阳县文化馆提供)

图2-18 砌在太昊陵内一个偏僻角落的西华县民间香会的进香碑(笔者2011年3月10日拍摄于太昊陵内西隅)

---

① 香会组织的还愿碑,笔者2011年3月采录于太昊陵院内玉带桥西侧西墙。

第二章 文化空间

通过以上对两个信仰圈的描述和分析,可以得知,一方面无论是作为国家正祀的太昊陵,还是民间性较强的西华女娲城,其实都是民众信仰活动的舞台;另一方面,国家的力量不仅充分体现在作为官方祭典的太昊陵祭祀和长达一个月的庙会组织上,也同样体现在主要作为民间信仰的女娲信仰和女娲城庙会上,这里"不仅有官方或具有明显官方色彩者的主动参与,也有民众对国家力量参与的渴望"[①]。无论是以太昊陵为中心的主信仰圈,还是以女娲城为中心的次信仰圈,其实都是淮阳这个特定区域内,是淮阳伏羲女娲信仰不可或缺的一部分,它们的存在和现状是国家正祀和准正祀之间经过漫长岁月在对立而又相互依存的关系中发展到今天的展现,同样体现了国家与民间社会之间相互对立而又相对和谐的关系。两个信仰圈之间相互关系的形成,经历了几千年漫长的历史演变,不但反映了某一"共时态"中特定地域支配关系的"空间结构",而且也是淮阳区域内伏羲信仰和女娲信仰复杂互动的、长期的历史过程的"结晶"和"缩影"。两个信仰圈的交叉存在立体而"全息"地反映了民间信仰中多重叠合的动态的社会心理的历程。在国家力量的介入下,原本是关系密切、地位相当的两个神祠在民间信仰历史长河的发展中,却呈现出了不同的境遇和发展态势。这恰如是两株同品种的优良幼苗,栽种在了同一片土地上的不同地方,一株因为园丁的刻意培育,沐浴着阳光、雨露,而根深叶茂、花朵鲜艳;另一株虽然缺少园丁的照顾,却能执着而努力地把更密、更多的根须扎向了土壤更深处。

[①] 赵世瑜:《国家正祀与民间信仰的互动——以明清京师的"顶"与东岳庙为个案》,载自叶涛、周少明主编《民间信仰与区域社会》,广西师范大学出版社2010年版,第53页。

小　结

　　本章主要研究的是淮阳区域内伏羲女娲信仰所依存的文化空间。文化空间的产生，往往是对伏羲、女娲所具备的非凡神力及其伟大功绩信仰的直接结果，种种遗迹、遗址在为信仰提供表达平台的同时也见证了区域内伏羲女娲信仰的发展历程，同时它们作为信仰的物化形式一旦形成，又会对原有的信仰起到维持、巩固、推波助澜的作用，并在长期历史发展中形成了二者相辅相成的密切关系。文化空间作为伏羲女娲信仰的重要依托和一个主要表现形式，本身承载了丰富的伏羲女娲信仰信息，并以各种风物传说的形式流传到今天，而其流传过程，既是自身不断丰富的过程，也是伏羲女娲信仰在当地民间的传播过程。它们增加了伏羲女娲神话及传说的可信性审美特征，与民间的伏羲女娲信仰既有很大程度的关联，是后者存续的文化空间，完整、综合、真实、生态、生活地呈现了淮阳这个特定区域内伏羲女娲信仰的状况；同时又相对保持独立，体现着淮阳区域内民间信仰的文化底蕴和特色，并对伏羲女娲信仰的走向起着一定程度上的决定作用。

国家权力的介入，对太昊陵这个神圣空间的建设和之后不间断的扶持，一方面使得信众在进行祭祀时，面对仿照明代皇宫修建的太昊陵，会自觉不自觉地模拟封建帝王的政治模式，把世俗社会里的一套礼仪移植到这个圣地中来；另一方面国家权力的扶持和太昊陵"正祠"的形象，也使得它在几千年来的发展中基本畅通无阻。从这个角度上来说，太昊陵其实可以看作国家权力扶持伏羲女娲信仰并将其视为"正祠"和"辅助系统"来统治百姓的一个表征符号。

笔者在阐述淮阳及其周边地区伏羲女娲信仰时，首次使用了"伏羲女娲信仰圈"以及"主信仰圈（伏羲信仰圈）"、"次信仰圈（女娲信仰圈）"几个概念。尤其是伏羲女娲信仰圈的使用，从表面上看，似乎有悖林美容等学者关于信仰圈是"信仰某一神明"的定义，但在笔者看来，一是传统关于信仰圈的定义似乎不能完全适应中国广大民间社会的复杂情况；二是伏羲、女娲二神以对偶形式出现，"言伏羲必言女娲，言女娲必言伏羲"的情况在淮阳当地体现得更为充分和直接，在某种程度上，二者可以看作一个整体。而主信仰圈和次信仰圈的使用，则是为了能够更准确地勾勒出以太昊陵为中心的伏羲信仰圈和以女娲城为中心的女娲信仰圈的信仰状况，两个信仰圈的主与次，其实反映出的恰恰是两个神圣空间：太昊陵和女娲城在信众心目中神圣性的对比，反映出的是国家扶持下的太昊陵信仰力量的强大，以及民间力量维系的女娲城信仰的执着与另一种形式的繁荣。

对于这些和伏羲女娲信仰密切相关的文化空间来说，神圣性是它们的一个基本属性，但随着社会的进步和对自然规律的掌握，日益世俗化成为这些文化空间的一个普遍趋势。[①]但它们仍会以伏羲女娲信仰的神圣空间和人文意义的文化空间两种历史形态顽强地生存在现代社会，并为现代人提供心灵安顿空间。无论是陵墓、画卦台、白龟池、平粮台古城、

---

① 张俊：《神圣空间与信仰》，《福建论坛》（人文社会科学版），2010年第7期。

龙湖等，还是两个信仰圈的复杂形式存在，都保留着关于伏羲、女娲二神的一些有价值的符号，都保留着历代信众信奉伏羲女娲，对伏羲女娲文化的种种理解和阐释的历史印迹。这种文化空间或者说历代信仰者留下的历史印迹在某种程度上也是中原地区文化发生、发展的一种见证，它们不但是中原地区文化的组成部分，也在一定程度上影响着整个中原地区文化的走向；而中原地区文化之所以呈现出生生不息、绵延不绝、厚重深沉的特征，其中一个重要原因就是，它在历史长河中不断包容或者说吸收了包括但不限于作为民间文化的伏羲女娲信仰，使之在整个地区的演变更迭中发挥着持续的作用。

第三章

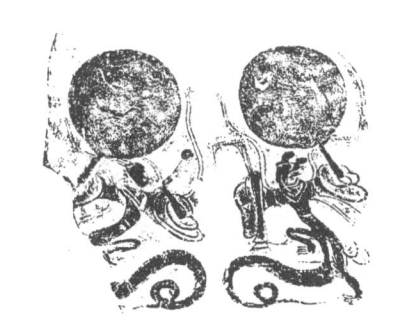

仪式活动

仪式是信仰的行为展演和具体表达。在传统社会里，针对神灵信仰而进行的仪式活动被放到了很重要的位置，并且有一个专门的名字——祭祀。"中国古代思想领域是神灵统治的领域，原始思维创造出难以计数、无处不在的神灵，同时也创造出与之相沟通的仪式——祭祀。"[1]祭祀当今已是一个使用频率很少的词语，除在宗教场所和边远农村依然活跃之外，祭祀活动在普通的社会活动中已经退隐。然而祭祀在中国古代是占有重要意义，贯穿于整个社会生活的大事。《左传》中明确指出："国之大事，在祀与戎。"祭祀被作为国家头等大事，位列在戎之前面。这个记载昭示给我们一个不容忽视的史实：在中国古代，祭祀这一活动，曾作为国家的典章制度存在；整个古代社会，曾经处在神灵的控制之下。事实也正是如此，历代史书方志，莫不以专有篇幅记录祭祀盛典和有关事象；各地的传说故事，无不有祭祀的风俗和灵验记录；每个家庭，无不有祭祖的种种规矩。可以说，祭祀活动伴随着中国先民度过了漫长的历史，其漫长的程度几乎囊括了史前时代和整个人类的文明；关于信仰的仪式活动也经历了从朴素、原始的民间信仰、仪式，到自发的民间宗教组织和仪礼，最后上升为官方的崇祀仪典的发展历程。

本章试图通过对历史上官方和民间对伏羲女娲的祭祀仪式进行勾连，对伏羲女娲祭祀的现状进行研究分析，进而归纳区域内伏羲女娲信仰仪式活动的主要内涵和特点，以期发现伏羲女娲神话与信仰以及仪式之间的深层次联系。作为民间信仰重要组成部分的仪式活动在历史厚重的中原文化中占据着十分牢固的位置，影响着当地百姓的日常观念和行为，而从社会学的角度看，仪式活动的传承给整个中原地区带来的"黏性"也在更深层次影响着中原大地，渗透进社会生活的更多层面。

---

[1] 刘晔原、郑惠坚：《中国古代的祭祀》，商务印书馆国际有限公司1996年版，第22页。

第一节
淮阳历史上的伏羲女娲祭祀

祭祀是人们对神灵信仰的必然选择和最好表达,这在淮阳民众对伏羲女娲的信仰中得以充分体现。淮阳对伏羲女娲的祭祀分为官方祭祀和民间祭祀,前者是后者的铺垫,因为和官方祭祀相比,淮阳民间对伏羲女娲的祭祀在一系列具备祭祀功能的民俗事象的辅助下,显得特色十足。并且淮阳当地祭祀伏羲女娲的仪式已由原来民间单纯的原始宗教仪式,发展到专业化人为的阶段,特别是在各种祭祀场合中演述的各类经歌,已经经过佛教、道教思想的渗透和改造,成了各种宗教思想的混合体。[1]这使得当地祭祀活动呈现出鲜明的地域特色,带着中原地域文化的深深烙印。

---

[1] 张振犁:《中原神话研究》,上海社会科学院出版社2009版,第257–260页。

一、历代官方对伏羲、女娲的祭祀

伏羲、女娲作为上古神话传说中的人物，历朝历代统治者对二神无不非常重视，均有不同情况的祭祀。

对伏羲祭祀有详细记载的始自秦人。关于秦人祭祀伏羲的史事，闻一多先生在《姜嫄履大人迹考》中有详细考证："(《史记》)《封禅书》'秦宣公作密畤于渭南，祭青帝'。《封禅书》又曰'德公……用三百牢于鄜畤，作伏祠，磔狗邑四门以御蛊灾'。鄜畤亦伏羲之畤，伏祠即伏羲之祠。"[①]畤是古时祭天地时，用骊驹、黄牛、羝羊各一只，谓之三牢。据《史记·封禅书》载，秦统一全国之前，陆续设祭祀天神的8个畤，而专祀伏羲的就有2畤，足见其重视程度。

西汉时，因汉武帝得子较晚，在城南立禖祠，在祭台上置太昊像以求子，对通媒妁、主婚姻的伏羲进行祭祀，这应该也是禖祠配太昊的源起。《后汉书·礼志》载："仲春以玄鸟至之日，用太牢祀于高禖。汉武帝年二十九，乃得太子，甚喜，为立禖祠于城南，祀以特牲，因有其祀。"西汉末年，王莽以五行说确定对神的祭祀，认为太昊是春季的帝，而句芒是春秋的神，故相配而祭祀。自此以后各朝祭祀伏羲都以句芒相配。《后汉书·祭祀志》记载："立春之日，迎春于东郊，祭青帝句芒，车旗服饰皆青，歌青阳八佾。"两汉以下，伏羲作为"三皇"之首，历朝都做祭祀。

唐太宗李世民于贞观四年（630年）颁诏，伏羲陵寝之地"禁民刍牧"。唐玄宗开元年间（713—741年），京师长安建三皇庙。天宝六年（747年），朝廷确定每年春季三月三、秋季九月九祭祀三皇，为三皇的祭

[①] 闻一多：《伏羲考》，上海古籍出版社2009年版，第109页。

祀确立了规范。①不过在当时，三皇的祭祀还仅仅限于京师，其余各地不得祭祀。

宋代，对陵寝的祭祀已很重视，宋太祖赵匡胤于建隆元年（960年），诏三年一祭，牲用太牢，制作专用的祭器；祭祀时间沿袭唐制。宋太祖乾德四年（1966年）诏立陵庙："历代帝王，或功济生民，或道光史载，垂于祀典，厥惟旧章。……或庙貌攸设，牲牷罔荐，或陵墓虽存，樵苏靡禁。其太昊、女娲、炎帝、黄帝……各置守陵五户，蠲其他役长，吏春秋祭祀，祠以太牢。太昊注葬宛丘（陈州）。"②并且，宋代还对皇帝遣官员祭祀太昊陵应行的礼节仪式进行了规定，这在淮阳当地保留下来的文献资料《祭太昊陵仪注》中得以体现："祭日，赞引承祭官至盥洗所，盥洗毕引至行礼处，立。典仪赞执事官，各执其事。赞引就位，承祭官陪祭，举六佐以自策，命金提主化俗，乌明主建福，视默，志灾恶纪通为中职。仲起，司陆阳候，司海长离来翔，爰作荒乐，命曰立基。斲桐为琴，绳丝为弦，弦三十有七；桑为瑟，弦三十有六……"③对祭祀的大致程序和演奏的乐器及曲目都做了明确规定。

金代在京城未设三皇庙，陈州的太昊陵成为全国祭祀太昊伏羲的专祀地。对诸前代帝王，"三年一祭，于仲春之月祭伏牺于陈州，神农于亳州，轩辕于坊州……"④对各地祭祀三皇的地方，每至祭期由学士院特制祝文，颁行各处作为法定的文字。泰和三年，下诏用《开宝礼》祭祀伏羲。"明昌六年，章宗未有子，尚书省臣奏行高禖之祀，乃筑坛于景风门

---

① 见《唐会要》卷二十二："（天宝）六载正月十一日，敕：三皇五帝创物垂范，永言龟镜，宜有钦崇。三皇：伏羲（以勾芒配）、神农（以祝融配）、轩辕（以风后、力牧配）……其择日及置庙地，量事营立，其乐器请用宫悬，祭请用少牢。仍以春秋二时致享供，置令丞，令太常寺检校。"

② （宋）赵匡胤：《修陵奉祀诏》，李乃庆主编：《太昊陵》，中州古籍出版社2005年版，第2页。

③ 同上书，第5页。

④ 见《二十五史·金史》（百衲本），浙江古籍出版社1998年版，志第十六，第892页。

201

外东南端,当阙之卯辰地,与圜丘东西相望。坛如北郊之制。岁以春分日祀青帝①、伏羲氏、女娲氏,凡三位。"②

至元代,元成宗元贞元年(1295年)初,诏命全国各地通祀三皇,《元史·祭祀志》载:"初命郡县通祀三皇,如宣圣释奠礼。太昊伏羲氏以句芒氏之神配……有司岁春秋二季行事,而以医师主之。"③每年三月三、九月九日用太牢祭祀,礼乐仿孔庙。

明初,仍沿袭元制。《明史·礼志》载:"明初三月三、九月九通祀三皇。洪武元年,令以太牢祀。"洪武元年,太祖朱元璋至汴京开封时经过淮阳,亲自到太昊伏羲陵祭拜人祖。洪武三年(1370年),朱元璋"遣使访求天下陵寝,仍命各行省具图以进,凡七十有九。礼官考其功德昭著者,曰伏羲、神农、黄帝……凡三十有六。各制衮冕,函香币。遣秘书监丞陶谊等往修祀礼,亲制祝文遣之。每陵以白金二十五两具祭物。陵寝发者掩之,坏者完之。庙敝者葺之。无庙者设坛以祭。仍令有司禁樵采。岁时祭祀,牲用太牢"④。

明洪武四年(1371年),朱元璋认为,全国各地通祀三皇,以医师主祭。不符合历代礼制,"三皇继天立极,开万世教化之原,汩于药师可乎?"命令天下郡县毋得亵祀。并规定"陈祀伏羲……岁祭用仲春、仲秋朔"⑤。即河南陈州伏羲陵是指定的全国唯一合法的伏羲祭祀地,祭祀日为每年的仲春、仲秋。朱元璋亲撰祭文,遣会同馆副使路景贤到太昊伏羲陵致祭。他还规定:"陵置一碑,刊祭期及牲帛之数,俾所在有司守

---

① 一般认为青帝即是伏羲,该文献中显然支持青帝与伏羲并非一神的说法。清乾隆四十七年(1782年)九月,直隶州知州张佩芳撰《重修庙育祠记》中就有这样的描述:"…北齐之制,祀高禖则主青帝,为位于高禖坛上,以太昊配;宋又配以帝喾,皆古帝也。"从中也能看出不同时代、不同地域内对青帝是否为伏羲存在不同观点。
② 见《二十五史·金史》,志第十,第549页。
③ (明)宋濂等撰:《元史》卷72,《祭祀志》1,中华书局1976年版,第1791页。
④ (清)张廷玉等撰:《明史》卷五十,志第二十六,中华书局1974年版。
⑤ 同上。

之。已而命有司岁时修葺，设陵户二人守视。又每三年，出祝文、香帛，传制遣太常寺乐舞生赍往所在，命有司致祭。"洪武八年（1375年）派官巡视陵寝，又于洪武十三年（1380年）派陈州知州张密致祭。明永乐元年（1403年），成祖朱棣登基后，即派大臣前往致祭。嘉庆年间，礼部确定对"圣师"的祭祀时，"以伏羲为道统之宗"，被奉为"圣皇师"第一。永乐元年遣官致祭。自洪武元年亲祭始，后遣官致祭6次。

入清以后，对三皇的祭祀渐次转衰。京师的祭祀仍因袭明制，在太医院设祭祀三皇的景惠殿。据《清文献通考》所载："先医之神之礼每年春冬祀，……先于景惠殿在太医院署内之。正殿内太昊伏羲氏位居中，炎帝神农氏位居左，黄帝轩辕氏位居右，南向。"顺治八年（1651年），"定帝王陵寝祀典，淮宁[①]伏羲，滑县颛顼、帝喾，……各就地飨殿行之，或因陵寝筑坛，惟元陵望祭。"[②]对历代帝王的典祀，"淮宁伏羲"（淮宁即今淮阳县）仍是首列第一，淮宁太昊陵为朝廷指定的全国祭祀伏羲专祀地。自顺治八年始，先后遣官致祭达44次。

民国初，祭祀依旧进行。民国五年（1916年），大总统黎元洪到太昊陵焚香膜拜，题"象天法地"匾额。徐世昌也亲题匾额，以示奉祀。

1949年以后，官方对伏羲的祭祀活动遂取消。当时虽然大规模祭祀还在进行，但那只是民间祭祀仪式，官方色彩彻底消失。1966年"文化大革命"开始，在破"四旧"（旧思想、旧文化、旧风俗、旧习惯）中，太昊陵古庙会被废除，太昊陵祭祀被彻底中断，对二神的祭祀只能由民众在家中偷偷摸摸地进行，这种情况一直持续到"文革"结束。然而，正是家庭祭祀活动作为一种历史记忆，为20世纪80年代的太昊陵祭祀恢复奠定了基础。

1993年，农历二月初二，淮阳县人民政府举办了"首届中国龙都朝

[①] 旧县名。清雍正十二年（1734年）置，治所在今河南淮阳，为陈州府治所。1913年改名淮阳。

[②]《清朝文献通考》卷69，上海商务印书馆1936年版，第1764页。

祖会"。在统天殿前，以太牢之礼对三皇之首太昊伏羲氏进行了隆重的祭祀。此后祭祀活动历年相沿，至2011年成功举办了19年。2002年，庙会更名为"中国羲皇故都朝祖会"。每年庙会开始时，先由政府主持公祭，而后民众自行祭祀，礼乐兼备，隆重热烈。

在有记载以来的官方祭祀中，能够看出历代统治者在儒家正统思想的作用下，祭祀的重点是对伏羲的祭祀，而对女娲的祭祀却鲜有提及。实际上，女娲的地位更多是在民间的祭祀中才能得到淋漓尽致的体现和展示。

官方的祭祀活动其实不只是出于宗教的需求，更要达到圣治教化的作用，以满足其政治统治目的，同时也能对民众产生文化教养的作用，进而实现君臣有别、上下有序的礼仪实践。[1]官方祭祀活动不但是在交感神祇，而且也是对民众的安抚。民众虽然无权举行祭祀，但却会被纳入祭典活动之中，并在仪式的过程中获得更多的观念文化与传统知识。

二、民祭的由来和盛况

在淮阳，庙会是对伏羲、女娲最集中的祭祀，是"围绕在庙的周围而发生的全民性祭祀行为"[2]。庙会的起源跟原始祭祀活动有着密切的关系，同时它又是伴随着民间信仰活动而发展、完善并普及起来的。《释名·释宫室》言："庙者，貌也，先祖形貌所在也。"庙的实质在于偶像的供奉。而"会"则指大众的聚会，所以庙会是为了祭祀天地神祇而产生的一种信仰方式。远古社会，由于人类对自然认识不够，所以神的信仰非常广泛，既包括一般的大神，如盘古、伏羲、女娲、黄帝、颛顼、禹等氏族或民族的祖先，又包括普通的英雄神，如部落内部所祭祀的更小单位内的祖先。这些大大小小的祖先神，共同构成了远古人心目中的神

---

[1] 林素英：《古代祭祀中之政教观——以〈礼记〉成书前后为论》，台北文津出版社1997年版，第68页。

[2] 高有鹏：《庙会与中国文化》，人民出版社2008年版，第28页。

灵世界。淮阳太昊陵古庙会就是从远古流传下来的,是当地民众祭祀伏羲、女娲二神的最常见形式。

每年的农历二月二至三月三,太昊伏羲陵有规模宏大的二月盛会,俗称"太昊陵庙会",又称"人祖庙会"或"二月会"。每年的太昊陵庙会是当地民众与伏羲、女娲两位大神集中交流的机会,在这个场合里,他们能够借以表达自己的愿望,期盼自身的实际问题得到解决。民众对神许下了虔诚的诺言,为神提供食物和娱乐,同时期望神灵为之回报五谷丰登和全家好运。

据《陈州府志》卷二载:"二月二日,黎明,用灰圈地作'囷'形以兆丰年。儿童拍瓦缶而歌,是日居民诣太昊陵进香奠牲,至三月三日始止。"[①]二月会期间,每日有数万香客自安徽、山东、河北、湖南等省来朝祖进香,不少善男信女还组成"朝祖进香会",他们高举黄绫青龙旗,手捧香、裱、楼子,肩挑花篮,唢呐声声,香烟缭绕,十分壮观。香客们在太昊陵虔诚地向伏羲、女娲跪拜,焚香祭祖。凡祭祖进香者,都要从家乡带来一把泥土,进香后添撒在人祖伏羲氏的陵墓上,寓意子孙兴旺,繁荣昌盛。

自春秋时,孔子开民间祭祀人祖伏羲的先河,淮阳的二月庙会就一直延续了下来,并且随着历史发展而日盛,香火越烧越旺,人数越来越多。相传人特别多的时候,能把太昊陵周围三里的井水喝干。

汉代是墓祭兴起的时期,祭祖之风已成相当规模。三国时,被誉为"建安之杰"的曹植,在做"陈王"期间,曾拜谒太昊陵,并作诗《太昊宓牺赞》。至宋太祖赵匡胤亲颁"修陵奉祀诏",每年春秋以太牢祀之,其时太昊陵庙会祭祖之风日盛。"苏门四学士"之一的张耒在陈定居,号"宛丘居士",在陈留下了"千里垂精帝道尊,神祠近在国西门。风摇广殿松杉老,雨入修廊羽卫昏。日落狐狸号草莽,年丰父老荐鸡豚……"

[①]（清）王士麟修、何润纂:《陈州府志》卷二,顺治十七年刻本。

的诗句。可见,父老乡亲手提"鸡豚"去陵祠拜谒人祖,在宋时已是寻常事。明清以来,陈州太昊伏羲陵作为全国唯一合法祭祀伏羲专祀地,历代遣官致祭,对庙会起了推波助澜的作用,庙会的规模呈现出越来越大的趋势,这从乾隆年间淮阳县令何登棨所作的《太昊陵庙会竹枝词》中,我们可以窥见当时的士庶百姓朝圣人祖会的盛况:"陈州西望路迢遥,绿遍春风柳万条。小艇苏堤何处去,烧香今夜听吹箫。一肩行李半腰泥,策蹇驱车日渐西。男女百千齐唱佛,皇陵竟作古招提。""分衢列肆灿朝霞,六观真人醮事奢。攒得香钱频唤酒,元都不用种桃花。云旗高卷拥黄埃,击鼓鸣锣拜玉台。桃李年年春二月,更无人向孔林来。"①

蔡衡溪在《淮阳乡村风土记》中对信众组织起来去庙会进香的情景进行了形象描述:

> 人祖会会期一月(农历自每年二月二日至三月三日止),在此期间,远近民众莫不前来朝祭,因而我县各乡,每到会期,必有很多朝祖会的组织,朝祖会之组织,须先有会首发起,会首发起此会之原因,非系家有久病之人,即系手下缺少子嗣,因欲借人祖之神灵,以求赐挽救之方也,此会组成之初,会首必一度召集会员宴会,乘此时机,与各会员商定赴淮朝祖办法,以便前往。赴会时,会首另备旗子,上书"朝祖进香"四字,令会员各执一面,并备锣鼓乐器,以凑热闹,此外男性会员,每个须备一香袋(由黄色布做成长带形,内充香)佩于背上,女则仅制小香袋一个,束于纽扣之上,俟到太昊陵时,将所配各袋之香悉行焚烧,以供人祖神灵之享受,斯即所谓进香之意也,朝祖回,会即解体。至来年此时,再召集前往,后年亦如此,连续三载,此会满期,即可换其他人领会,他人即为会首。②

---

① 李乃庆编著:《太昊陵》,中州古籍出版社2005年版,第73页。
② 蔡衡溪:《淮阳乡村风土记》,残本藏河南大学图书馆,1934年,第117页。

河南省立杞县教育实验区和淮阳师范学校联合调查并编著的《陈州太昊陵庙会概况》一书中,对太昊陵庙会当时的情况也有着详细记载:

庙会期间来自山东曹州属、安徽正阳关一带、河南南阳及郑州以西各县民众,至期都来朝祖。老少男女,扶老携幼,成群结队而来。一般都组成"朝祖会"或"进香会"。会内由会友推举会首一人,为全会的总负责人;会首之下另设司账二人,专管出纳账目事项;再设执事3至5人,司一切杂务。会友30至50人不等。会内经济来源,每年在小麦收获的时候,每人摊小麦一斗,没有麦的可折价交钱,到次年庙会时,本利收回,作为赶会盘费;每年如此循环不已。这些会来赶庙会的时候,至少每一个会也要带几面铜锣,一进午门朝门便镗镗地敲了起来;有的带吹鼓手,随行随吹。每磕一次头,都要郑重其事地作。在磕头时,除烧疏烧香,并炮、鞭声震天价响之外,还跪着唱一种祝歌,抑扬顿挫,犹如唱曲。词为:"南无。开天辟地,三皇伏羲,手托八卦,身披芦衣。进了午门,狮子把门,八砖砌地,柏树两林。南无。天皇,地皇,人皇,伏羲。……"朝祖盛期,方圆十多里住满了香客,井水取竭。陵区辟8条商业街,经营饭馆、酒馆、风味小吃,有食品干果店197家,杂货店179家,竹木柳编162家,纸扎、香纸125家,家庭用品71家,金属器皿67家,服饰46家,京货布匹41家,文具、皮货、药品、陶器等数十家;泥泥狗、布老虎等工艺品一街两行比比皆是,出售者多达222家。民间各种文艺组织纷纷来大会演出。计有高跷会5班,表演者近百人;盘叉会1班,34人;狮子会4班,每班"狮子"两头;旱船会3班,每班旱船2至3只;龙灯会1班,30余人;肘歌8架,每架2人。营业性文艺活动有梆子戏3台,141人;马戏团2个,161人;动物团3个,有虎、豹、大蟒、狗熊等动物;道情2班,说书场10处,洋片12处,电影1处等。大会期间,每日约有太平车 80 辆至 100 辆，手推车 60 辆，湖运乘船 97 只，每船日往返 8 次，运送乘客 3000 多人次，会期每日约在 10 万人以上。[①]

中华人民共和国成立后，政府把朝祖进香会引导为物资交流大会。据有关资料记载：1951 至 1952 年，淮阳专署抽调地直有关单位 200 余人，组成物资交流大会办公室。明确宣布取消了地皮钱、铺摊钱、香火钱等 20 余种额外负担。来自开封、商丘、界首、许昌、周口等 14 个城市 19 种行业、863 户商民，组织 26 个同业工会、103 个商民小组，为大会供应了大批货物。34 户竹业商的货物，销得一干二净。铁货商郭玉兴 24 天做了 600 万元生意。牲畜每天平均成交 300 头，最多时 1 天成交 560 头。粮食生意更好，有一个坊子 10 天内仅高粱就卖了 5 万斤。国营百货公司淮阳分公司除在会上营业 2100 万元以外，门市上每天营业额增加一倍。[②]

1958 至 1978 年民间祭祀活动禁而不止。1980 年恢复庙会，县抽调 200 余人，组成大会指挥部，负责处理会期一切事务。1984 年，灯节过后，各地商贾云集太昊陵，营业单位约 580 余家。其中郑州、开封、洛阳、信阳、漯河等地的国营商业，江苏、浙江、山东、湖北、福建、安徽、河北、上海等省市知名厂家 280 多个，携带商品赴会展销。当年仅 140 家饭店，就用面粉 1.85 万公斤、煤 888 吨。商业成交额 511 万元；税收 6.6 万元；陵园门票收入 4.5 万元（每票 5 分）。庙会期间文艺活动丰富多彩，前来演出的有：开封市杂技团、山东省济宁马戏团、江苏气功表演团、电子遥控表演团、上海儿童玩具表演团等大型职业表演团体 24 个，淮阳 5 个乡（镇）业余剧团为大会公演。民间龙灯舞、狮子舞、唢呐班、旱船、肘歌等竞相献艺。赶会民众日均 5 万余人，二月十五日多达 15 万人以上。通往陵区的各条大道，车水马龙，城郊数里内人声鼎

[①] 郑合成编：《陈州太昊陵庙会概况》，河南杞县教育实验区编印，1934 年。
[②] 董素芝：《伟哉羲皇》，中华书局 2004 年版，第 134 页。

沸。这充分体现了伏羲、女娲在民众心目中的崇高地位和广泛影响。①

由上可以看出,历史上官方和民间对当地的伏羲、女娲二神都有着隆重而热烈的祠祀活动,从最高统治者、各级官员到地方精英、巫觋和民众都热衷于通由仪式的人神交感活动。祭祀的普遍性象征着"人们对神圣空间的向往,追求人神的感应来安顿现实的生活,这实际上是人们世代相传的共同记忆和文化深层结构"②。另外,官祭和民祭其实存在着复杂关系。在传统国家时代,国家与民间社会之间既存在二元对立,又存在着一种相对和谐的关系。官方对伏羲女娲的祭祀和民间祭祀之间就存在着很复杂的关联。在这里,民间社会利用了国家,国家也利用了民间社会;前者这样做依然是为了自己的壮大,后者这样做则仍是为了控制后者,只不过表现出来的"不是激烈的冲突,而是温和的互动而已"③。官方信仰与民间信仰之间有相互重叠的部分,二者存在着互动关系,而国家也正是通过民间信仰来达成控制社会的目的。在淮阳当地,对伏羲、女娲的祭祀有着古老的历史,已经成为当地群众生活的一部分,它不大可能在外力的作用下轻易消失,反而会由当地群众经过反复不断的调整后加以运用。比如它在"文革"期间一个阶段的休止和低迷不等于消失,重新恢复便意味着已做出调整。正如刘铁梁所说,仪式活动的复兴,与其说是传统行为观念的滞后和顽固,不如说这个传统具有很强的适应环境变化及主动再生产的潜能。④

通过回顾历史上官方和民间祭祀伏羲女娲的情况,我们能够看出,官方在很早阶段就把伏羲女娲(主要是伏羲)纳入了国家正祀的范围,

---

① 董素芝:《伟哉羲皇》,中华书局2004年版,第135页。
② 郑志明:《想象:图像·文字·数字·故事——中国神话与仪式》,贵州人民出版社2010年版,第269页。
③ 赵世瑜:《狂欢与日常——明清以来的庙会与民间社会》,生活·读书·新知三联书店2002年版,第372页。
④ 刘铁梁:《村落庙会的传统及其调整》,郭于华主编:《仪式与社会变迁》,社会科学文献出版社2000年版,第300页。

对之的祭祀也一直持续不断，只是在新中国成立之后一直到改革开放这段时间内陷入了前所未有的低迷，但其整体的发展脉络其实反映出国家对民间信仰并非简单地支持或反对，而是既拉拢又打击的态度。一方面使官方支持的民间信仰成为民间社会的"象征秩序"，另一方面又加强对民间信仰的控制，通过赐额封号制度、神道设教、改造神祇等手段，加强对民间信仰的活动的监督，以防范和镇压民间信仰中出格或过激的行为。从民间祭祀伏羲女娲的情况来看，一直保持着稳定的态势，即使是在"文化大革命"期间，民众对二神的祭祀一度转入了地下，祭祀场所由公共场合转入私人空间，但却一直未停止，这其实反映出二神在民间的深厚信仰基础。

第二节

淮阳伏羲女娲祭祀活动的现状

近年来,伴随着中国农村社会和经济改革的进程,当地群众在构建农村新的生活秩序的实践中,将太昊陵庙会作为熟悉与认同的实际知识、价值观念和交流方式,再度给予了充分运用,并且与走向市场、开发多种经营等做法结合了起来。太昊陵庙会作为一年一度的地方文化表演事件,在调节民众的信仰、经济、文化生活等方面发挥着重要作用。[①] 在每年农历二月二日到三月三日的太昊陵庙会上,西自京汉路,东至安徽西部,北自山东西南,南至湖广的方圆五六百里的群众纷纷赶来朝祖上香。并且海外及港台人士回来旅游和朝祖的也呈逐年增多的趋势。随着近年来伏羲女娲文化的研究热和宣传力度的加大,太昊陵庙会的规模、档次和影响逐年俱增,在每年为期一个月的庙会里,每日进陵上香的平均日

---

① 仝云丽:《神话、庙会与社会的变迁》,杨利慧等:《现代口承神话的民族志研究——以四个汉族社区为个案》,陕西师范大学出版社有限公司2011年版,第231页。

客流量达30多万人次。

2008年3月22日（农历二月十五），经上海大世界吉尼斯总部专家的评审鉴定和当地公证机关公证，当天赴太昊陵内祭拜、敬香的游客达825601人，创单日人数新高。淮阳太昊陵庙会创下世界吉尼斯纪录，成为全球"单日参与人数最多的庙会"。

2011年3月6日（农历二月二），笔者参加了在太昊陵内举行的"辛卯年公祭中华人文始祖太昊伏羲氏大典"暨羲皇故都朝祖庙会的公祭活动（见图3-1、3-2）。9时5分，公祭大典开始。全场肃立，敬奏祭乐，撞钟击鼓各9下，象征中华民族传统中的最高礼数。鸣礼炮34响，代表全国34个省、直辖市、自治区、特别行政区。随后，各界代表依次走上设在统天殿月台上的祭坛，向中华人文始祖伏羲行祭敬献花篮、献香献爵。主持人宣读了2011年祭太昊伏羲氏的祭文：

> 惟岁次辛卯，序列阳春，万物竞生，惠风和畅。羲皇子孙，谒祖宛丘之侧；龙的传人，寻根淮水之阳。谨备太牢雅乐之仪，恭祭吾祖羲皇。文曰：
>
> 江河浩浩，华夏泱泱。溯维开元，肇自羲皇。启法象于混沌，辨阴阳于洪荒。仰观俯察，穷宇宙经纬；开天立极，展文明曙光。兴婚姻嫁娶之礼仪，发渔猎畜牧之滥觞。制定甲历，节令阴阳；农耕稼穑，四时有常。教民渔猎，网罟斯张；牺牲庖厨，物阜民强。象天法地，八卦首创；灼土为埙，礼乐歆畅。开姓氏之先河，定龙都于淮阳。以龙纪官，诸族呈祥。神州同胞，虔诚景仰；海外赤子，皓首回望。慎终追远，莫不尊祖；血脉所系，源于羲皇。
>
> 欣逢盛世，神州祯祥；中华儿女，励志图强。秉承祖志，续写华章。科学发展，解放思想。社会和谐，共奔小康；旅游带动，百业兴旺。经济腾飞，成就辉煌。羲皇子孙，无愧先皇。
>
> 愿吾始祖，祈佑荣昌。政通人和，富庶安康。千秋万代，地久

第三章 仪式活动

图 3-1 2011 年公祭活动现场（笔者 2011 年 3 月 6 日拍摄于太昊陵内统天殿前）

图 3-2 2017 年公祭活动现场（淮阳太昊陵保护中心供图）

天长。缅怀祖德,光大发扬。谨告我祖,伏惟尚飨。①

整个公祭过程持续时间45分钟左右,所用的时间比往年都短,据说是为了留出更多时间方便普通信众祭拜。公祭在太昊陵主殿——统天殿前的月台及殿前广场进行。官祭的同时民祭也在进行,似乎是两个世界。公祭一切都是在按部就班地进行,现场临近结束时发生的一件小插曲才多少让气氛变得轻快起来:公祭时的祭品摆在统天殿前的月台上,共摆放了小麦、黄豆等5种粮食,苹果、西瓜、香蕉等5种水果和大枣、核桃等干果,其他还有鲜花和蜡烛等。当祭典主持人宣布祭祀仪式结束时,参加祭祀的人一下子涌上月台,奔向神案去哄抢祭品,现场秩序一下子变得有些混乱,在他们看来,祭品显得神圣而吉祥,能抢到就能有好的运气(见图3-3)。庙会每年的头炷香都成为舆论的焦点,在3月5日当地政府组织的竞拍活动中,头炷香敬献资格被当地一家房地产企业和担保公司合作,以118万元的价格拍得;头爵酒祭献资格则由一家企业以8万元拍走。

图3-3 香客们哄抢神案上的供品(笔者2011年3月6日拍摄于太昊陵内统天殿前)

近年来当地对人祖的公祭活动,从形式和仪式上来看,越来越凸显"趋同性",和国内其他大型祭祀活动(如河南新郑每年举行的祭祀黄帝大典等)并无大的差别,都可以看作在当代的情境下,国家

---

① 祭文由淮阳县委宣传部提供。

力量选择性地构架过去以与当代的需要共鸣的结果，是世俗政权意图联结过去的权威性传统以重新塑造其在祭祖朝拜活动中掌控性的举措，也是把当下的话语和理解运用到过去和传统的一种实践。如同仝云丽所说，祭祀仪式"模仿历史上的官方祭拜，把现代仪式和古代祭祀结合起来，并注入'寻根敬祖'的现代意义，以消解这一信仰和祭拜活动曾被赋予的'封建迷信'的帽子，从而使之合法化。它在政治话语的操控下进行，通过借用民间权威的阐释，使人祖信仰和人祖庙会成为了地方文化的象征符号"[①]。

在笔者看来，抛开国家力量对庙会活动的渗透，太昊陵庙会其实可以看作当地的农民的狂欢节，是具有鲜明特色的地域狂欢文化。它之所以能长久鲜活地存在于人类社会，就是因为人类社会日渐发展和进步的重要特征是社会化程度加深，专业分工越发细致，社会相应地施加于人身上的各种规范和要求会日渐烦琐和严格，会逐渐加大对人自然本性的压抑。而通过庙会这种颇具象征性的社会活动，会缓解因严格社会规范制度而造成的社会各阶层间的冲突和紧张关系，排遣由于严厉的社会规范的存在而对人性自然欲求的压抑。正是由于这种独特的价值和功能，狂欢文化成为维护社会稳定的"安全阀门"[②]，在对地方民众进行"心理治疗"，维护地方社会的稳定方面发挥着独特作用。

庙会为当地民众提供了"宗教情感与世俗愿望的表达机会"[③]。在每年庙会到来的时候，民众从最单调的私生活中蝉蜕出来，这种集会寄托了他们的最高理想，是传统的行使祭礼的盛会。他们一时间放弃了田野中和村落中的孤立生活，全部聚集起来。传统的威信，祭礼的严肃，参

---

① 仝云丽：《神话、庙会与社会的变迁》，杨利慧等：《现代口承神话的民族志研究——以四个汉族社区为个案》，陕西师范大学出版总社有限公司2011年版，第269页。
② 吴效群：《妙峰山：北京民间社会的历史变迁》，人民出版社2006年版，第164页。
③ 萧放：《东岳庙与城市社会信仰空间的构建——以北京东岳庙为例》，《华中师范大学学报》（人文社会科学版）2009年第1期。

加者的众多，仪礼的庄重等都给神圣的饕餮大宴带来异常的兴奋。和国内其他地方烧香礼佛的习惯一样，当地群众认为每月的初一、十五是人祖爷下来视察民间的日子，因此选择这个时候烧香就显得虔诚而又明智。每年的庙会虽然是二月二才正式开始，但有一些香客从二月初一晚上就守候在陵庙之外，等到过了凌晨12点便争先恐后拥到陵前，焚香叩拜，希望能够烧得头炷香，以求自己能够离人祖更近一些、自己的诚心能够被人祖感知。

在2011年3月6日的庙会现场，映入我们眼帘的是龙旗漫卷，红灯一片，人头攒动、摩肩接踵，各种车辆拥挤不堪。此时的太昊陵是人山人海，黑压压望不到头；卖布老虎的、杂耍的、各式小吃的、各式小玩具的，更多的是卖香火的摊位，那种高香，长的足有两三米，短的也有1米多长。卖冥币的、金银箔纸的、黄表纸、烧纸的，都是应接不暇。那些平时舍不得花一分钱的农民乡亲，此时花钱竟然毫不犹豫，那种虔诚，那种执着，那种满足，令人感叹。我注意到，来到这里的很多都是一家家，一户户，全家老小都来了，或者，干脆是乡里乡亲好几户一起来的。来赶会的绝大部分都是农民，几乎所有人的脸色，都带有着在田地里干活、饱受风吹日晒的赤红颜色。洋溢在大家脸上的，都有一种过节的欢乐。此时的偌大陵园成了欢乐的海洋，人们或扛，或抱着供香，或手持烧纸，或手提纸叠的金银元宝，人流都在向最北端的伏羲陵而去。此时的陵墓四周，更是人挨人，挤得水泄不通，想恭恭敬敬上一炷香，门儿都没有，只好把成捆成把的香、成沓的烧纸、金银元宝，往火堆里摆，没等抽过来身子，后面的人又涌上来，大有前赴后继之势，为防如山的香火蔓延，陵区管理人员手持消防水龙头，一个劲朝火堆上浇，地上流水成河，而香火形成的小山则烟雾缭绕，火势不减。此时人们的呐喊声、鞭炮声，交织在一起，震耳欲聋，不身临其境，无论如何也感受不到这种几千年来早已融化在血液中对祖先那种崇拜敬仰的虔诚。在祭祖的人群中，能不断地看到前来还愿的人，最多的是求子成功后的还愿者。由于男孩在中原一带被视为家中的顶梁柱,所以,求子成功,对一个家庭来说,是很大的事情,还愿就是必须要进行的仪式。还愿的人群大都是一家或者是祖孙三代,吹着唢呐和芦笙,然后一路上欢快地走了过来,大家纷纷让开道路,让他们先行……整个陵庙内从早到晚,香烛纸炮,烟雾缭绕,这种场面在全国实属罕见(见图3-4、3-5、3-6)。

图3-4 民间在庙会上祭祀伏羲的现场(图片由淮阳县文化馆馆长雷泉君拍摄提供)

图3-5 俯视庙会进香的民众队伍(图片由淮阳县文化馆提供,图3-6同)

图3-6 香客们把大量供品抛向香火池

香客的祭品中，香、裱、纸钱都很有特色，在别的地方很少看到：

香是很长的柱香，俗称"高香"，一般长短都在1.5米到2米之间，偶尔还能见到两三米的"高高香"，直径在两厘米左右，香一般都三根包装在一起，上面印着："人祖保佑心想事成""人祖保平安保运香""人旺财旺、大富大贵"及"人祖赐福、保佑人财大兴旺"等吉祥字样（见图3-7）。

裱是由金箔纸叠成的金元宝，一般分两种：一种是莲花元宝，用金箔纸叠成莲花座的形状，中间用细线束就；另一种就是普通做法的金元宝。为节省空间，很多香客都是在家把元宝折好，收起来，到陵前时再把它们打开，祭拜后烧掉。

纸钱的特色在于它的尺寸、设计和内容。除了常见的和普通100元面值人民币比较相似的种类外，还有一种尺寸很大，上面印着"天堂银行"，面值印着"拾亿圆""捌仟亿"等字样，中间有人祖的坐像，左右

图3-7 庙会上最常见的高香（图片由淮阳县文化馆馆长雷泉君拍摄并提供）

两侧配衬的则是招财童子（见图3-8）。

庙会现场弥漫着一种驱使每个在现场瞻仰神灵的人叩头的神秘气氛，甚至对那些全无信仰的人也一样。费尔巴哈曾对祭祀仪式的本质及在祭祀前后人们心理的明显变化有过深刻

图3-8 冥币（笔者2011年3月10日拍摄于太昊陵外商摊）

的论述："献祭的根源便是依赖感——恐惧、怀疑、对后果的无把握、未来的不可知、对于所犯罪行的良心上的咎责，而献祭的结果、目的则是自我感——自信、满意、对后果的有把握、自由和幸福。去献祭时，是自然的奴仆，但是献祭归来时，是自然的主人。"[①]费氏的论述对于我们理解淮阳太昊陵庙会上的进香仪式和民众的信仰心理很有帮助。

除了这一个月的庙会以外，平日里也有不少人特意来此上香，特别是每月的初一、十五，当地不少群众来太昊陵内烧香已成为一种习惯，再加上专程从外地赶来祈祷、还愿的香客，场面也很热闹。据传，三月三是瞎子会，传说人祖爷和人祖奶奶在捏泥人的过程中，因天气变化下雨，来不及将在外面晾晒的泥人搬到屋内，而导致了一部分泥人伤残，但残疾人和健康人一样，都是人祖的子孙。这一天各地的残疾人要云集太昊陵内，感谢人祖对他们的关照。

一切信仰都具有神秘性的特征，而庙会中的神秘性则异常突出，主要表现在心理的虔诚和行为的庄重上。其中，巫的意义在庙会的神秘性表现和形成中具有非常重要的作用，而"药"的神圣意义则是庙会神秘

---

① ［德］费尔巴哈：《宗教的本质》，王太庆译，人民出版社1999年版，第39页。

性的具体表现形式之一。①太昊陵庙会发展到今天，有些传统习俗仍然根深蒂固地延续着。在庙会上，人们争先恐后地往香火堆里投掷一些食物，如烧饼、鸡蛋等，在经过人祖爷陵前的香火熏烤后，这些普通的食物就附着了人祖爷的某种神力，成了能治百病的神药，当地人往往自己吃掉或者带回去分给体质较弱的家人或老人，以求治病去灾、延年益寿（图3-9）。在太昊陵，这类的神药还有很多，如陵上的草根、树叶都可以带回家去用水煎服，尤其是陵后的蓍草和庙会上所卖的泥泥狗，更是神奇。传说蓍草是当年伏羲占卜时所用，现在有人或用其量手骨节测算寿命和祛凶纳福，或俩人撕扯蓍草以测天气阴晴和当年农作物收成。又传说当年伏羲女娲抟土造人时，剩下的泥捏成了小鸡、小鸟、小狗，即俗称的泥泥狗。这些泥泥狗是人祖赐给人的神药，人们带回家乡，或者撒到村头饮水用的井里，或者熬水后，能达到治病消灾的神奇效果。就连太昊陵上的土，也成了神药，但必须换，即香客从家乡带来一包土，倒在陵上，然后念叨着求人祖爷保佑之类的话，再撮上一撮土回家。这其实是民众对太昊陵这块圣地狂热崇拜的结果，是庙会所营造的极富创造性的愉悦在信仰作用下转换成的一种崇拜需求。

图3-9 香客把烤过的烧饼从香灰堆里取出（笔者2011年3月9日拍摄于陵前香灰池）

太昊陵庙会上的经歌，是庙会的又一重要特色。经歌并非仅指唱，它还包括讲经、唱经、说唱等。一般的经歌除了担经挑外，都有相应的仪式。在内容上有的相对固定，有的则比较自由，多为随兴。但多与祭

---

① 高有鹏：《庙会与中国文化》，人民出版社2008年版，第78页

祀人祖有关，兄妹成婚为人们唱诵的主题，这表明伏羲女娲神话"在庙会中的认同功能，即起一种'民间法规'的作用，成为人们生活中行动的根据和规范"[①]。太昊陵庙会所崇祀的神祇，本与崇佛无关，但在庙会上却有很多崇佛的歌曲。这里的"佛"已经不是经典意义上的佛，而是民间神灵的代称，即佛与神仙为一体。实际上，它已经失去了"经"的意义，而成为人们表现神灵崇拜，借以发泄苦闷的艺术形式。在太昊陵庙会上，现在的经歌基本处于自生自灭的状态，据不完全统计，各类演唱的经歌有400多首。尤其是一部分经歌，对佛的崇拜和对人祖的崇拜相混杂，呈现出既超俗又恋俗的相悖文化境地以及民俗文化从原生到衍生这一发展趋势。因在下文会详及经歌的内容和含义，在此不再赘述。

太昊陵庙会以广泛的参与性和浓郁热烈的氛围起到了调节当地民众社会心理的作用，在无形中增强了区域内民众的集体意识和凝聚力。维克多·特纳（Victor Turner）在《仪式过程：结构与反结构》（*The Ritual Process: Structure and Anti-structure*）中将集体性的宗教仪式活动称为"社会戏剧"（society drama），认为在仪式活动中，所有人都是演员，每人都可以称作是主，甚至是这出戏的设计者。所有人的努力，营造出一种"真实""忘我"的氛围和情绪，感染和影响着每一个参加者，所有人在情绪和感觉上都沉浸于仪式活动制造的感受中。特纳进而认识到，在仪式象征机制（ritual symbolism）和社会结构之间存在着一种功能上的关系，人们通过这种表演形式可以更好地认识社会。[②]在太昊陵庙会这个热闹的地方，有怀着各种愿望的朝祖者，有专趁此机行窃的小偷，有专程来求人们大发慈悲的乞丐，有想在此时推销各种商品的大小商贩……各色人等聚合成一个临时的小社会，大家都在尽其所能地追求着自己的理想，满足着自己的愿望。在这个神圣肃穆与世俗热烈交汇的地方，春

---

① 高有鹏：《庙会与中国文化》，人民出版社2008年版，第305-306页。
② 维克多·特纳：《仪式过程：结构与反结构》，黄剑波、柳博赟译，中国人民大学出版2009年版，第213页。

天的气息鼓噪着人们的生命活力，让人们暂时忘却了生活的烦恼和生命的悲苦，呈现出一片喜庆、祥和的景象。太昊陵庙会其实就是一场在春季节日里上演的神圣交织着世俗具有多重目的的真实"社会戏剧"表演，处于信仰亢奋情绪中的人们，全身心投入，一丝不苟。他们一方面表达着自己对伏羲、女娲的情感，一方面宣泄着自己压抑的精神世界，一方面又希望通过表演渴望能在世俗社会里得到更多的社会声望。并且，对这些信众而言，最大的意义莫过于精神的自由表达和情绪上淋漓尽致的宣泄。

当下的淮阳伏羲女娲祭祀是传统民俗文化在现代社会的重构，是传统信仰不断调整自身以适应现代社会所做出的努力。因此，对淮阳伏羲女娲祭祀的考察，可以此来窥探传统信仰和祭祀在现代语境中的境遇，了解哪些传统民俗文化的内核被传承和保留下来，又有哪些新的元素被融入进来。太昊陵庙会主要呈现出了当地的伏羲女娲信仰，但它在发展中，又与当地政治、经济、文化等社会因素有了深度融合。在社会的各个形态发展过程中，都存在着一个从低级到高级的渐进性，太昊陵庙会也是一样，在经过了漫长的发展和演变后，在祭祀神灵的礼仪和娱神艺术、贸易对庙会的固定作用和促进作用等方面，都表现出了成熟的内质。如今的太昊陵庙会，已在当地政府的刻意引导下，由过去的单纯烧香敬神演变成了"文化搭台、经济唱戏"的常见局面。

第三节

生殖崇拜——伏羲女娲信仰及民俗事象的
主要内涵和区域特色

生殖崇拜对中国文化的影响根深蒂固。老子在《道德经》中云:"玄牝之门,谓之天地根。"认为天地间万物源于女性的生育功能。在远古时代,先民对人的生殖机制还没有科学的认识,在原始混沌思维和神话的作用下,生殖和生命被蒙上了一层神秘而神圣的面纱。《周易·系辞下》云:"一阴一阳谓之道","男女媾精,万物化生","乾,阳物也;坤,阴物也,阴阳合德而刚柔有体"。

生殖崇拜中最重要的部分是其最初阶段对生殖器的崇拜,也就是对生殖力的崇拜,表现具体形式为对生殖器象征物的崇拜,其深层含义是祈祝感染超凡的生殖力让生殖繁盛。生殖崇拜主要包括女性生殖器即女阴崇拜、男性生殖器即男根崇拜、男女交媾生殖力即两性崇拜等,一直到最后发展为对生育神的崇拜。在淮阳当地,太昊陵庙会可以看作当地伏羲女娲信仰的重要载体,太昊陵则是当地伏羲女娲信仰尤其是伏羲信仰的"圣地"。"原始神神庙的庙会之所以能存在，其重要因素就在于这种神庙被一定的神话传说阐释。"[①] 庙会中"依附于神话的信仰民俗和由此派生出来的行为民俗"[②] 共同体现着伏羲女娲文化的价值和当地伏羲女娲信仰的内涵。在太昊陵庙会，伏羲女娲信仰最有代表性的表现形式就是生殖崇拜，太昊陵庙会本身以及庙会中多种重要的仪式行为和民俗事象都不约而同地体现着生殖崇拜。

一、泥泥狗

"老斋公，慢慢走，给只泥泥狗，您老活到九十九。"淮阳乃至豫东一带的人，很多都还记得这首歌谣。曾几何时，在太昊陵方圆上百里的地域内，有这样一个古老的习俗：沿途的孩子拦住赶庙会的成年人索要泥泥狗，并唱起这样韵味悠长的歌谣。被索要者会赶快拿出随身携带的泥泥狗撒在地上，让孩子们去捡拾。泥泥狗这一伴随庙会从远古走来的泥玩具被当地人看作具有消灾祛病的功能和吉祥平安的寓意。所以来庙会的人们在回去时总会带一些泥泥狗。泥泥狗作为淮阳太昊陵古庙会上特有的民间工艺品，是庙会中泥玩具的总称，是原始图腾文化下产生的一种独特的民间艺术。泥泥狗具有十分丰富的表现题材，单是流传下来的各种各样的造型就达 500 多种，除了常见的十二生肖及各种动物造型外，泥泥狗更是以充满想象力和神秘感的怪异造型见长（见图 3-10），包括双头狗、猫拉猴、九头鸟、四不像及独角兽，等等。

泥泥狗应该是太昊陵庙会上最具代表性的民俗事象之一，一方面它的身上携带着丰富和神秘的原始信息，和伏羲女娲信仰有着密不可分的关系，见证了几千年来伏羲女娲信仰当地曲曲折折、起承转合的发展历程；

[①] 高有鹏：《中国庙会文化》，上海文艺出版社1999年版，第121页。
[②] 程健君：《中原活神话及其民俗价值》，《民间文化论坛》1993年第4期。

第三章　仪式活动

图 3-10　泥泥狗经典造型（淮阳太昊陵保护中心供图）

另一方面泥泥狗从造型、着色、纹饰及功用等方面都有着强烈的生殖崇拜意味，是整个太昊陵庙会生殖崇拜主题的一个突出表征。生殖崇拜是远古时代一个重要的文化现象，在远古生活环境极度恶劣的情况下，人类数量极少，随时都面临着灭种的危险，生育是使种族得以延续的重要条件。原始人类的生殖崇拜最初表现为对女性生殖器官的崇拜，其时生产力极其低下，人类的认识水平有限，他们只知道孩子是女人孕育生产的，女性是繁衍生息的主体，而女性生殖是通过女性生殖器官完成，所以人类就非常看重女性生殖器官，对其进行膜拜。其后，随着社会的不断发展进化，又陆续出现了男性生殖器官崇拜和生殖交媾的崇拜。这些生殖崇拜的阶段特征在泥泥狗身上都能找到相应的元素。

比如从纹饰上看，泥泥狗以黑色作为底色，再辅之以红、黄、白、青等4种颜色来进行勾勒描绘出纹饰符号，纹饰符号以点线结构为主，大致分为类绳形、马蹄形、花朵形、三角形、太阳形等，这些图形通常都被看作女性生殖器官的模拟。从直观呈现上来看，泥泥狗在纹饰符号上的一个典型特点就是几乎每一个泥泥狗身上都能找到一个明显的女性生殖器的符号。以泥泥狗中最具特色的人祖猴为例，它一般都呈站立状，表情庄重，下肢较短，在其胸部位置一般都绘有一个夸张醒目的女

225

图 3-11　人祖猴（图片由淮阳县文化馆提供，图 3-12、3-13 同）　　图 3-12　猫拉猴

性生殖器符号，所占比例之大，构图用色之大胆，让人印象深刻（见图3-11）。

从造型上看，泥泥狗的变形是其一大特色和主要表现内容。变形大体分为两类，一类是猴变形，被认为是女性生殖器崇拜的表现；另一类是鸟变形，被看作是男性生殖器崇拜的反映。[1] 猴变形[2] 主要有四大像、八大高、两头猴、草帽猴、猴头燕、人面猴以及抱桃猴、拔脚猴和盘脚猴等（见图3-12）。在猴变形的造型中直接表现生殖繁衍的有兽相驮、两头猴以及各种抽象的人兽同体的变异造型，这些泥泥狗的造型被淮阳当

---

[1] 高有鹏：《庙会与中国文化》，人民出版社2008年版，第325页。
[2] 所谓猴变形，其实称为狗变形更客观、更准确。这是因为人们喜欢生性活泼的一种朴素心理，若更仔细地观察其形状，它更像狗一些。人们称之为泥泥狗，恐怕也正在于此。因为从中原地区远古文化的发展来看，猴进入中原文化的历史远远晚于狗的土生土长的历史。况且，淮阳从地理上讲，自有史以来即为平原，更适宜狗的生存和发展。为了行文方便和尊重习俗，这里姑且仍称猴变形。

地的老艺人称为"狗恋旦"①。"双头兽"在出土文物或史前的岩画中亦有发现,新石器时代"河姆渡文化"遗址出土的文物中,有双首陶猪,据测定距今有6900年左右。内蒙古阴山狼山地区的岩画中,曾发现了一些史前人类男女交媾图,其中一幅表现人兽群体交媾的图像中,便有两狗交尾像,形态逼真,可与泥泥狗中的"双头狗"

图3-13 多子斑鸠

相印证。鸟变形中主要有鸡和燕以及斑鸠等民众熟悉和喜爱的飞禽。应该说这些禽类动物突出的是多子的主题,而如果从更远的讲,它们确实体现出与女性生殖器崇拜相对的一种崇拜,即男性生殖器崇拜或高禖崇拜。在古代,高禖之祭是一种重要的信仰活动。高禖是父权制下的人们对男性生殖器的崇拜。"鸟"一词,亦作为男性生殖器的俗称。在淮阳泥泥狗中,那些高耸的鸟形正象征着男性生殖器的勃起,体现出强烈的生命意识。对男根的崇拜在泥泥狗的图案上也有明显的表现,在好多泥泥狗身上都画有男根的图形或男根的变异形式(见图3-13)。有专家认为,泥泥狗的躯干本身就象征着男性生殖器官,这表明了先民经历了对女性生殖器官的崇拜之后,开始了对男性生殖器官的崇拜,认识到男人在生殖中的重要性。这也是人类社会从母系氏族到父系氏族的转变后先民信仰观念在泥泥狗造型上的直接反映。

另外,从泥泥狗的现实功用来说,泥泥狗还颇受来庙会上求子的香

---

① "狗恋旦"这个词语是淮阳地区的方言,它的意思是母狗发情时,要找一只公狗相交,相交时两狗尾对尾不能分开,直到受完精为止。

客们的青睐，香客们在向人祖爷和人祖奶奶许愿求子后，一般都会特意买些泥泥狗回去，希望能将蕴含在泥泥狗里的旺盛生殖能力转接到自己身上。泥泥狗被称为"真图腾、活文物"，也被看作人类的生殖崇拜和图腾崇拜相叠合的产物。如高有鹏所言："淮阳泥泥狗与信仰和崇拜的联系是非常密切的，或者说它表现的内容就是信仰和崇拜。"[①] 淮阳泥泥狗传承了几千年的泥塑工艺，更是体现淮阳伏羲女娲信仰生殖崇拜特色的一个生动个案。

二、子孙窑

求子是太昊陵庙会上最常见的景象。庙会上诸多求子习俗中最常见的就是扣摸"子孙窑"。"子孙窑"位于显仁殿基台东北角的青条石上，位于八卦的"震"处，被视为母系氏族生殖崇拜的象征。从外观上看，它就是一个直径约2.5厘米、深度约有3厘米左右的黑幽幽圆孔。[②] 据说它有给人生命的法能，无子或不能生育者摸之便可求得子孙，人丁兴旺。相传伏羲氏制嫁娶匹配夫妻，每年仲春之月，打破氏族的观念，用"会"的形式，把男女青年召集到一起，会场中间放一块带"窑孔"的大石头，男女若互相有意，你用手摸摸"窑"，我用手摸摸"窑"，说明两人有了感情，愿成为夫妻，便把婚配固定下来。这样，生下的孩子既聪明又成活率高。从此，人类结束了群婚和族内婚的历史。太昊陵春二月庙会也由此延续下来。太昊陵自有陵以来便有了"子孙窑"。在太昊陵摸子孙窑之所以有多子多孙、子孙健康的传说，一是反映了早期社会人类对女性的崇拜，尤其是生殖崇拜，二是反映了人们对近亲结婚的弊端早有认识。

[①] 高有鹏：《民间庙会》，海燕出版社1997年版，第26页。
[②] 根据1934年郑合成的《陈州太昊陵庙会概况》一书记载，其时的青条石上除了较深的一个圆坑外，在右侧"有浅坑一个，盍摸深坑可以得子，摸浅坑可得女儿"。而现在则只存其一。

赵国华也认为，子孙窑的存在，是"中国古代高禖祠内立石以代神主的遗迹典型"①。

扣摸子孙窑在庙会上的盛行，其实也是性巫术的一种，生殖崇拜在发展过程中不可避免地融入了巫的成分，并借助其神秘行为作为表现生殖崇拜的具体手段，人们希望通过巫术操作来获得旺盛的生殖力。乔·詹·弗雷泽（James George Frazer）在《金枝》中将巫术分为两种：一种是接触律原则，凡是相互接触的东西都能产生一种神秘的感染或渗透；另一种是相似律或模仿律原则，凡是相似的东西或通过模仿一种东西就可以感染它的特性。②扣摸"子孙窑"无异属于后者。人们认为女性通过摸"子孙窑"就可以感染它的超凡生殖力，从而拥有这种生殖力，生育得子（见图3-14）。如果慕名而来第一次见"子孙窑"，你一定会有些失望，因为那仅仅是一个青条石上的普普通通的圆洞，但因为其传说中的神奇和灵验，而迎来了香客们一次次虔诚的触摸。笔者2010年在现场调研时，陪同的县文化馆雷泉君馆长告诉我们，自1993年以来，这块青条石已经被更换了两次，民间信仰的力量可见一斑。

图3-14 香客们争相扣摸"子孙窑"（图片由淮阳县文化馆馆长雷泉君拍摄并提供）

---

① 赵国华：《生殖崇拜文化论》，中国社会科学出版社1990年版，第76页。
② ［英］乔·詹·弗雷泽：《金枝》，徐育新等译，大众文艺出版社1998年版，第19—57页。

三、担经挑

担经挑又名"担花篮"或"履迹舞",是"原始社会以舞祭媒保留下来的一种遗俗",是颂扬人祖伏羲女娲的原始巫舞。它集祭祖、娱神、求子为一体,是淮阳独有的祭祀人祖和人祖奶奶的巫舞。与在庙会上出现的其他民俗事象一样,它也是庙会原始生殖崇拜主题的一种表征现象。据《太昊陵庙会概况》记载:"三五个妇女,在大殿前,随唱随作各种走式,从外表看是巫婆唱耍,其实就其本身说来,纯粹是一种娱神的动作。她们走动的形式,正形成一个'8'字形,飞奔跑动,飘飘欲仙……"[①] 担经挑队伍一般有四人组成,三人担经挑,一人打经板,在经板声中以说唱形式为表演者伴奏。经挑所担为制作精巧,包括龙、虹、狮子、虎、宝瓶等式样的花篮。担经挑对舞者有严格要求,必须全身黑色,头包黑色长巾,穿黑色布鞋,全身都必须着黑色服装。担经挑表演者身段灵活,舞步轻盈,舞者头上的黑纱相互绞缠,却又自然分解。舞姿态变化有三:一是"剪子股",一人在前,两人随后穿叉而过时,要背靠背,使背后下垂的黑纱相互交合,象征伏羲女娲的交尾状。其形状与东汉武梁祠石像之一图相似;二是"铁索链",一人走这条路线,两人走另一条路线时像拧麻花似多次重叠在一起,其形状与隋高昌亚洲腹地考古记图相仿;三是"履迹步"(源于华胥氏履巨人迹而生伏羲),淮阳民间传说伏羲母亲华胥因偶然踩着巨人脚印而怀孕生下伏羲。在担经挑表演中,其基本舞步与戏剧动作中的"碎步"相仿,并且要沿履而舞,以再现"华胥履大人迹而生伏羲"的传说。一人在前,三人朝一个方向沿履而舞,节奏慢时,步履像蛇在蠕动,节奏快时,又像蛟龙在盘旋,相互追逐,表现了伏羲、女娲人面蛇身的形象。担经挑主要活动在太昊陵人祖庙会期间。舞者把经挑当作圣物,担至太昊陵前,屈膝下跪,双手

---

① 郑合成编:《陈州太昊陵庙会概况》,河南省立杞县教育试验区印,1934年,第11页。

着地，虔心祈祷轻吟经文，焚表进香后在陵前翩翩起舞，至汗流浃背不言其累，以表心虔意诚。

担经挑通常也被看作性巫术的一种，舞者模仿男女交媾的形状，被认为有助于促进人类的繁衍，求子者也可以在热烈狂欢的气氛中感染生殖魔力，从而有助于妇女生育。它的出现体现了人们对男女交媾生殖力即两性的崇拜，同时还是远古时期青年男女在仲春之会的谈情说爱，可自由交合"遗风"的残存意识的体现。有些学者认为，这是"野合"的象征性举动，其中还体现着伏羲女娲信仰中的"生命观"："人类的繁衍是大事，阴阳合一才能繁衍后代；人与自然界是不能分离的，人类是万物之灵，支配着自然，自然离不开人类，人也离不开自然，人与自然必须和谐相处，方能生生不息。"①

据淮阳老艺人讲："担经挑"是从远古龙花会流传下来的。在淮阳民间，一直流传着担经挑始自宓妃的传说：

> 相传，女娲补天后死了，她的女儿宓妃很想她。后来，她听人说她母亲女娲还活着，就下决心去找她。她做了俩花篮，一个扎的是龙，一个扎的是凤，里面插上花，把她写的孝敬母亲的经文放在里头，用竹扁担担着去找母亲。她跋山涉水，走到哪儿，就在哪儿担着经挑跳，招惹路人来看，然后打听她母亲的下落。这样，她把全天下都快跑遍了，才打听到消息。原来女娲补天后真的没死，她走错路进了恶狗庄，变成了黑狗。听人说："恶狗庄，恶狗庄，十人进去十人亡。"宓妃为了见她母亲，决心要进去寻找母亲。有个好心的老奶奶给她七个杂面饼子，对她说："记住，这叫打狗饼，要进恶狗庄得过七个关口，过一关你扔给把关狗一个饼子，趁它吃饼子，

---

① 杨复竣：《中华始祖太昊伏羲——中国远古文明探源》，上海大学出版社2010年版，第162页。

你赶紧过去。"宓妃又走了七天七夜,才赶到了恶狗庄,每个关口都有恶狗把着。宓妃按照老奶奶的说法,用七个打狗饼闯过了七个关口,走到一个十字路口,看见一个黑狗蹲在一边,眼泪汪汪地看着她。宓妃心里一阵痛,就问:"请问,你是我母亲女娲吗?"黑狗一听"呜"的一声哭了起来。宓妃一看也过去抱头痛哭:"母亲,可找到你啦,快跟我回家吧。"说完宓妃把经文放在一个篮里,把黑狗放在空篮里,偷偷跑出了恶狗庄。宓妃的孝心感动了上天,刚出庄没走多远,女娲现出了原形。母女俩又高兴又伤心,说不完的心里话。她俩刚回宛丘,一道金光一闪,女娲随着上天成神了。从此,宓妃再也见不到母亲了。后来听说宓妃淹死在洛水成了水神。[①]

以后,人们都学着宓妃担经挑,为的是祭典祖先。担经挑还是当地人求子成功后"还愿"的一种方式,如果有人求子成功,为了答谢人祖爷、人祖奶奶,就要连续三年在庙会上担经挑还愿,这同样是其生殖色彩的一种体现。

四、楼子

楼子是当地向人祖求子成功后还愿时最常见的祭器和供品。和前几项民俗事象相比,它知名度较小,但在笔者看来,楼子更是当地民众极其丰富的想象力与伏羲女娲信仰生殖崇拜主题的一个完美契合,生动地反映了民众在求子许愿时,意图用更具新意的供品来打动、吸引神灵,以求顺畅完成人神之间互动的朴素思想。也是虔诚的信众奉献给人祖的,为之"量身打造"的,神圣性十足的"玩具"。楼子分为香楼子和木楼

[①] 张秀英讲述,杨复竣记录整理,见杨复竣:《淮阳神话传说故事》,中国炎黄文化出版社2007年版,第49页。

子，两者的区别在于前者是用纸糊制而成，相比木楼子更简便易做。楼子基本的构造有一个1.5米左右长的木棍和开口向上的木斗或纸糊斗组成，斗的形状一般为一倒置的梯形，木棍从斗的底部穿过，并高出斗的水平面10多厘米的距离。两者都要刷成红的颜色，或者完全用红纸缠绕覆盖。人们求子如愿后便要带着各式供品，由孩子高举楼子来太昊陵还愿，条件好的还要请来唢呐乐班伴奏以壮声势（图3-15、3-16）。楼子带有强烈的生殖崇拜意味，开口向上的红色木斗或纸斗明显象征着女性生殖器，从斗中间穿过并高耸其上的木棍则恰恰是男性生殖器的象征，整个楼子蕴含了女阴崇拜、男阴崇拜以及男女交媾生殖力崇拜三种元素。同时体现了《易经》中"阴阳交合，始化万物"的原理，是伏羲女娲信仰中"阴阳合一"生命观的静态反映。

图3-15 手持楼子等待献供的孩子（笔者2011年3月6日拍摄于太昊陵内，图3-16同）

图3-16 进香队伍中虔诚的老人

五、"还童子"

女人不生育，便会来太昊陵向人祖求子。往往是在每月初一、十五当地的祭祖日，天不亮便赶往太昊陵，焚表进香，又跪又拜，求人祖赐子。得子后待到12岁要举行"还童子"仪式。将猪头、鱼、鸡、鲜果摆在方桌上，上供还愿。前头唢呐开路，供桌紧跟，童子用红绫"十"字披红，由父母陪伴，在唢呐声中缓步入陵。用红绫在童子身上系出来的"十"字，其意是一横一竖、一阴一阳，寓意男女交合，天顺地意，天作地合。童子到陵前后，燃炮焚香进贡，致毕谢词后，再解下红绫放入香火中烧掉。当地群众认为，这样就获得了人祖的庇佑，得到的儿子才不至于意外失去，方能顺利长大成人。还童子时一般还要做一个香楼子或木楼子并和红绫一起烧掉。

六、布老虎

布老虎在中国很多地方都能看到，但淮阳布老虎无疑是其中最古老和最具生殖色彩的，之所以这样说，是因为淮阳当地流传着这样的传说：在远古时代，由于天塌地陷，世上只剩人祖爷和人祖奶奶兄妹二人。他们约定各自寻找配偶以繁衍人类，但遍寻无人后只能滚磨成亲。人祖爷羞于见妹，便扮成老虎以草帽遮面与之成亲[1]，从而使人类得以延续。[2] 从形象上看，淮阳的布老虎种类比较丰富，有单头虎、双头虎、直卧虎、侧卧虎、玩具虎、枕头虎等，内里装满碎木屑或刨花，虎头上彩笔描上一个"王"字，身上画上花纹，形象逼真，大的"布老虎"能当枕头用，小的像个儿童玩具。从淮阳布老虎神情上看，憨态可掬，虽然没有其他

---

[1] 当地泥泥狗的造型里，就有著名的"草帽老虎"形象，可以与之互相佐证。
[2] 刘传臣讲述，李丹阳记录并整理，采录时间：2011年3月6日。

图 3-17　淮阳布老虎 1（淮阳太昊陵保护中心供图）　　图 3-18　淮阳布老虎 2

地方的布老虎那么威猛，却能隐约透出可爱的拟人化表情（见图 3-17、3-18）。

虎一向被民间视为阳物，象征着旺盛的生殖力，又加上淮阳布老虎与伏羲女娲兄妹婚再造人类的特殊渊源，所以淮阳布老虎深得来庙会求子者的钟爱。他们往往请一两只布老虎回家，希望沾着人祖灵气的虎所具备的非凡生殖力能转化到自己身上，繁衍生命早得贵子。这种传说中助人生育的功能是其他地方的布老虎所不具备的。

除以上提及的活跃在庙会上的民俗事象外，花棒槌和拾柏籽也被广泛认为具有生殖崇拜的含义。在太昊陵庙会上各式各样的玩具中，有一种名叫花棒槌的玩具，10 多厘米长，面杖粗，黄为底色，上涂点状图案，点多白色，寓云雨。内中有石子，轻轻一摇，发出悦耳的响声，一般被看作太昊陵庙会中具有明显的男性生殖器崇拜的民俗事象。拾柏籽是指育龄妇女来到太昊陵园内，捡拾侧柏树上掉落下的柏籽，回家后用水喝下以求子，这样就能延续烟火，使家族人丁兴旺。并且认为陵庙内人祖爷身边柏树上的籽最灵验。

一般来说，围绕信仰而产生的仪式活动往往是信仰内涵的直接体现和生动演绎，在淮阳太昊陵庙会上，最能体现出当地伏羲女娲信仰生殖崇拜内核的是庙会上关于"求子"的一套完整的仪式活动，它把上述民俗事象大致完整地通由仪式体现了出来，使我们更能洞察出仪式活动中的生殖崇拜底色。

当地民众在太昊陵"求子"的第一道程序就是"许愿"。求子者首先要到人祖爷像前上香许愿，自报家门，说明自己是哪里人，多大了，求男还是求女，并向神郑重承诺如愿后的酬谢方式。第二道程序是"拴娃娃"。求子者许愿后再到人祖奶奶像前求子。先拿钱放进功德箱，换得一根红色线绳，套在选中的泥娃娃的脖子上或手上，表明这个娃娃已被你选中。① 求子者选中后要抱着泥娃娃绕人祖奶奶像转一圈，然后轻声叫着提前起好的孩子的名字回家。得子后在还愿的同时还要供还两个泥娃娃，以供他人求子之用。② 第三道程序是摸子孙窑。求子者在拴过娃娃之后，一般都会去摸一摸子孙窑，以求祈子成功。③ 第四道程序是请泥泥狗和布老虎。求子者在拴娃娃、摸子孙窑之后，一般都会请一些泥泥狗和布老虎，以提高自己的生殖能力，确保怀孕生子的愿望能够万无一失。第五道程序是还愿。求子者求子成功之后，还愿是一个必不可少的程序，是兑现对神所做出承诺的必要步骤。还愿一般通过两种方式，即献楼子（旗杆）和担经挑。献楼子是仅用于求子生男孩成功的还愿方式。求子者等到男孩长到十二岁时，在人祖爷生日这一天，为孩子披上十字红绫，在阵阵鞭炮声和唢呐声的伴奏下，肩扛楼子来向人祖爷答谢恩赐，报告

---

① 宋兆麟指出："以红线拴泥娃娃的脖子或手，这些娃娃既是诸神赠予不孕妇女的子女，又为这些子女出生起了'保生证明'，任何鬼神也不会把他夺走，因为他们已被拴住了。而妇女拴泥娃娃，也象征她有了或即将有了娃娃。"见宋兆麟《民间性巫术》，北京团结出版社，2005年版。转引自杜谆、陈克秀：《太昊陵庙会求子习俗解析》，《寻根》2007年第4期。

② 黄勇指出："拴娃娃求子，相对于单纯的祭拜神灵来说，有着更多的积极意义，尽管它仍是建立在一种交感象征心理基础的巫术行为。拴娃娃，是将神灵面前的泥娃娃混同于自己渴望孕生的真娃娃，使用红线去拴，在巫术意义上就等于自己已经掌握了孕生孩子的大权。"参见黄勇：《人生礼俗》，京华出版社，2005年版。

③ 杜谆、陈克秀：《太昊陵庙会求子习俗解析》，《寻根》2007年第4期。

祖宗已吉祥得子，祈祷人祖保佑孩子长大成人。所献的楼子一般都在人祖陵前烧掉。另一些企图得子者，不等楼子烧掉就去抢，抢到手者兴高采烈地扬旗而去，而且献楼子者也会十分高兴。在当地的社会传统中，男子被认为是支撑门户的顶梁柱，而献楼子的习俗表现的正是对传宗接代的男孩的渴求。另一种还愿方式就是担经挑。根据当地的习俗，如果求子成功，不论男女，都要请三年担经挑还愿。

美国社会学者保罗·康纳顿（Paul Connerton）曾指出，集体记忆通过纪念仪式和身体实践得以保持和延续，有关过去的意象和有关过去的记忆知识通过（或多或少是仪式性的）操演来传达和维持。[①]本节列举的这些民俗事象背后蕴含着关于古老的伏羲女娲信仰的多重文化记忆，它们经由当地人们在几千年来周而复始的实践操演中，扣摸子孙窑等民俗事象以渐进沉积的方式承载了当地人关于伏羲女娲信仰的遥远的历史记忆。这些记忆在具体的实践情境中不断受到当地人的选择性、创造性的发展与阐释，而生殖崇拜无疑是自始至终贯穿伏羲女娲信仰中，发展与阐释着的最重要部分。

人类的每一种专门化行为总是有其功能上的基本要素以及其他一些地方性习俗的要素，后者是一种审美矫饰（aesthetic frill）。恰恰正是这些以习俗为基础的"矫饰"为我们提供了理解当地传统文化的第一手资料。尽管习惯的细节在源头上可能只是出于历史的偶然，但对某一共同体中的个人来说，这样的细节绝非无关紧要。[②]而泥泥狗、子孙窑等本身可以看作一些高度符号化的行为和表现，是淮阳地区的文化传统和伏羲女娲信仰实践中不可分割的一部分。

[①] [美]保罗·康纳顿：《社会如何记忆》，纳日碧力戈译，上海人民出版社2000年版，第40页。
[②] [英]埃德蒙·利奇：《语言的人类学面面观：动物类别与言语滥用》，[英]托马斯·科伦普：《数字人类学》，郑元者译，中央编译出版社2007年版，第114页。

第四节
信仰仪式活动及民俗事象的保护

随着近年来社会发展的加快，中国传统文化被迅速吸纳入全球范围的"现代化"进程之中，而"现代化"带来的直接后果就是人类行为方式和表达方式上的神圣性日益消退，使中国传统文化同时经历着一个"去圣化"的过程。"去圣化"从根本上割裂了人类行为、表达与神圣世界的内在联系，使其日益陷入世俗化和简单化。尤其是围绕当地伏羲女娲信仰仪式活动和一些民俗事象在被类型化、民俗化甚至文艺化后，将不可避免地逐步丧失特定的历史内涵和神圣性关联。萧放曾针对这种情况指出："传统的民间信仰在近百年的历史挫折中，已经或正在面临着大面积消失的危险，我们应该在实际工作中对这类民间信仰现象优先抢救保护。通过认定与保护活动，唤起人们对濒危性民间信仰的重视，将良善的民间信仰融入当下生活。"[1]在现代化、城镇化以及工业化的冲击下，

---

[1] 萧放：《文化遗产视野下的民间信仰》，《探索与争鸣》2010年第5期。

淮阳的人文传统其实面临重重危机，当地的伏羲女娲信仰也同样面临着一个巨大考验。因此，如何采取行之有效的措施去保护淮阳当地的伏羲女娲信仰仪式活动及民俗事象等尽可能免受或少受伤害；如何积极发挥政府的引导和保护作用显得刻不容缓。

一、伏羲女娲信仰的双重性和当前的现状

首先，伏羲女娲信仰在当地民间发挥着重要作用。一是它极大地丰富了人们的精神文化生活，使得人们在终年辛苦的劳作之余得到精神上的慰藉。同时，信仰中所宣扬的某些道德观念有一定的社会伦理价值，包括在现代社会中依然具有重要的道德教化功能。对二神的祭祀和宣扬也是对世人的熏陶、教育，可以培养人们良好的思想品质，有助于自我约束不良行为。二是伏羲女娲信仰的祭祀等仪式活动具有地区认同、社会整合的功能，有利于特定社区的内外团结和向心力、凝聚力的增强。在现代社会中，伏羲女娲信仰在某种程度上也的确发挥着加强社会团结、增强区域内部凝聚力的作用。三是在现代社会中，伏羲女娲信仰还有着重要的经济价值和艺术价值。根据淮阳政府2021年的总结报告，太昊陵庙会当年一个月的会期中，门票收入近6000万元；当月全县社会消费零售总额达6.2亿元，全县景区旅游收入1.69亿元；购物消费收入5.64亿元；娱乐消费收入2.1亿元；住宿业收入近2.38亿元；餐饮业收入5.7亿元；交通通信收入3.65亿元；其他相关收入7000万元。[①] 这对中原地区一个欠发达的县来说，可以说是一笔巨大的收入。

其次，任何事物都有两面性，伏羲女娲信仰亦是如此。应该看到伏羲女娲信仰有很强的神秘和宗教色彩，还夹杂着很多迷信内容，致使其又具有很多消极功能。由于伏羲女娲信仰根植于下层社会，因此政府的

---

① 内部资料：《淮阳县委县政府关于2021年太昊陵庙会的总结报告》。

引导缺位就容易造成信仰中迷信因素的进一步蔓延、滋长,从而导致民众更加愚昧无知,其间出现的很多迷信会造成极大的社会危害。

二、政府部门在保护和开发中存在的问题

近年来,在经过一段时间的话语转换后,中国民间信仰的研究被逐渐纳入"非物质文化遗产"(intangible cultural heritage)的范畴。在非物质文化遗产的保护被国家日益重视的今天,不可否认的是,当地政府部门由于认识上的不到位,以及优先发展区域经济的主导思想,使得在保护工作中缺乏领导,保护思路不清,盲目开发,对非物质文化遗产歪曲和滥用的现象时有发生。

一是在每年的太昊陵庙会组织上,官方的介入色彩日益浓厚,存在着"越位"现象。太昊陵庙会每年为淮阳当地带来了巨大的收入,因此政府部门对庙会的重视和参与程度也呈逐年上升趋势。除了牵头举办公祭大典,扩大知名度外,还围绕着庙会的"头炷香""献爵酒"等做文章,每年抓来当地的一些企业参与"头炷香""献爵酒"等的竞拍会,其中2011年庙会上的"头炷香"就被"拍"出了108万的天价。另外,一些急于宣传自己产品的企业也千方百计地想把自己的产品在公祭现场得以展示,这无异使公祭在实际操作中容易走形变样,也难以获得老百姓的认可。祭拜先祖,有助于文化传承,特别是民族精神的回归,并借此增强民族凝聚力。但是,若真正本着寻根问祖虔诚之态的祭拜,不可能与利益发生如此鲜明的关联。《中国青年报》的一项调查表明,接近六成(59.6%)的被调查者认为,政府不应该扮演公祭组织者的角色。一方面,政府没办法证明,到底大张旗鼓地搞这样的公祭重要,还是公祭先祖更具说服力。另一方面,公祭无法撇清利益关联,必定有损国家权力的公信力。

二是在利益的驱动下,地方政府缺乏严谨的保护规划和切实措施,

实际存在"乱作为"现象。当地政府在对太昊陵庙会进行开发的过程中，存在着经济利益至上的原则和急功近利的行为，这在很大的程度上伤害了伏羲女娲信仰本身。如在太昊陵里，太始门上伏羲的寝殿里，除了伏羲的塑像外，近几年竟然同时被摆上了女娲和炎帝神农的塑像。在殿里的神案上，分别摆有"仕、财、姻、子、福、文、运、谋"等几个木盒，盒内装有带编号的木牌，人们根据需要从不同的盒子取出木牌后，花10元钱就能买到对应的"签纸"，而旁边就有专门的人为之解签，实际上和抽签算命的迷信活动做法并无两样（见图3-19）。在具体民俗事象的保护上，地方政府也缺乏统筹规划，如政府部门每年会对太昊陵的约500个摊位的出租进行竞拍，造成摊位的价格日益攀高，一些经营利润低薄民俗玩具的商贩由此失去了竞争力，直接造成了庙会上卖泥泥狗的摊位急剧下降，甚至踪迹难寻。

三是政府部门在一些保护工作中因为没有利益的驱动力，存在严重"缺位"现象。如在调研过程中，笔者在西华的女娲城就强烈感受到地方政府在管理中的"不作为"。女娲城位于河南省西华县城北7.5公里的聂

图3-19 太始门上伏羲的寝殿里的伏羲像和算命木盒（笔者2010年5月31日拍摄于太昊陵）

堆镇思都岗村，属于省级文物保护单位。1994年，国家、省、市旅游部门和文物部门通过考察论证，将女娲城列为市级重点旅游景点建设项目。现今的女娲城可以说是在全国具有一定影响的大型女娲祭祀观光胜地。但就是这样一个省级文物保护单位，日常管理却是由女娲的一批民间忠实信众在管理。笔者在女娲陵墓前，在补天殿等每个大殿里，都能看到一两个当地妇女在那里值守。并且除了中路大殿里供奉女娲、伏羲以外，其他如地母、文昌星君、玉皇大帝、王母娘娘等也在大殿里——享受香火。在东侧厢房的几进院落中，敬祀的神祇更是五花八门，甚至连阎王也赫然在列。一些描写女娲补天后情景的女娲塑像直接被放到了简易的床上，上面盖上家用的花棉被，只露出神像小半个身子，让人觉得阴气森森。在这里，我们一方面能感受到民间信仰的力量，另一方面由于政府管理的缺位，民间信仰日益的复杂化和无序化得到了充分的展现（见图3–20、3–21、3–22）。

图3–20 女娲城内破烂不堪的平房上是"十大阎王殿""观音殿"等的所在（笔者2011年3月9日拍摄于西华女娲城，图3–21、3–22同）

图3–21 女娲城内的伏羲像和值守老人

图3–22 女娲像被放在了床上，以再现女娲补天后的精疲力竭

受上述因素的影响，民间一些祭祀仪式活动的神圣性明显降低，更加突出娱乐的成分，如在庙会上独具特色的"担经挑"舞蹈中，之前对着装的颜色和规格有着严格要求：必须一身皂黑、头扎黑巾、脚踩绣花鞋。但在近两年的庙会上，笔者留意到不少表演"担经挑"

图 3-23 表演"担经挑"的妇女的衣服穿得五颜六色（笔者 2011 年 3 月 8 日拍摄于太昊陵）

的当地妇女的衣服穿得五颜六色，有的甚为随便，但也能够随意地担上经挑起舞（见图 3-23），其原来有的那种庄严和肃穆的气氛也随之减弱。

三、对伏羲女娲信仰及祭祀等仪式活动的保护

伏羲女娲信仰作为传统文化的一部分，我们在保护时应该充分认识到伏羲女娲信仰的两面性，并且切实做到扬长避短、兴利除弊。这对当地的政府提出了更高的要求，政府部门只有准确地定位自己的角色，才能做出科学的决策。

一是政府应充当的是引导者而不是领导者。伏羲女娲信仰的存在和发展繁荣有其历史根源和现实土壤。它们作为传统文化的一部分，并已经成为人们正常生活中不可或缺的一部分。其本身并不一定具有社会危害性，只是在人为的操作中出现了这样或那样的弊病和危害。但伏羲女娲信仰属于意识形态的范畴，它一旦在人们心中形成，便有一定的顽固性，很难一时消除、摧毁。社会各方，尤其是政府对群众的信仰自由应给予充分的理解和尊重。而且我们应该尊重伏羲女娲信仰存在的现实，合理地定位政府的角色，对于正常合法的信仰活动做好规范和管理，而对于其中可能出现的负面因素（如有可能出现的迷信色彩等）和消极演

化趋势应加强引导和约束。

二是政府应结合实际采取有效措施，直接或间接地影响伏羲女娲信仰的发展方向和趋势。我们习惯把政府承认并推崇的信仰称为官方信仰或主流信仰，与此相对应的是中、下层民众从事的民间信仰。官方信仰与民间信仰其实存在着互动关系，一方面官方信仰来源于民间信仰，在民间信仰普遍流行，具有了一定的约束规范功能后，官方根据自身需要采取必要措施赋予其政治伦理，使其上升为官方意志，进而形成了官方信仰。历史上，宋代以降，国家往往通过赐额、赐号或者君主带领文武百官直接朝拜等方式，把某些比较流行的民间信仰纳入国家正祀的系统，这反映了国家与中、下层社会在文化资源上的互动和共享。一方面，国家通过赐额或赐号把地方神连同其信众一起"收编"，有利于进行社会控制；另一方面，特定地区的士绅通过请求朝廷将地方神纳入国家神统而抬高本地区的地位，有利于本地区的利益。同时，民间信仰也在有意或无意地通过扩大自身的流行性影响着官方信仰。最突出的例子是关公信仰的形成。自隋朝以后，关羽不断地被冠以各种封号，尤以清朝最为显著。顺治九年（1652年），封忠义神武关圣帝君，指定春秋二祭；康熙初年，封协天扶魔大帝；雍正三年（1725年），封关帝三代光昭公、裕昌公、成忠公；乾隆年间（1736—1795年）称山西关夫子，后加封灵佑；嘉庆十八年（1813年），加封仁勇；道光八年（1828年），加封忠义神武灵佑仁勇威显关圣大帝；咸丰年间（1851—1861年），加封翊赞；光绪五年（1879年），加封宣德。[①]关羽本来只是蜀国一员大将，之所以在历朝都受到重视，是因为官方将他的忠君等方面的事迹加以放大后不断发扬，从而把民间信仰有机地纳入了官方信仰体系，这样通过信仰的一致性使其统治基础得以巩固和扩大。

三是政府在引导、规范伏羲女娲信仰方面应该是社会控制的主体。

[①] 吴清水：《关圣帝君略传》，见《云林四湖湖西村保安公简介》，1982年，第9–13页。

政府的"不作为"的"缺位"状态或"乱作为"的"越位"状态与新时期中国社会转型的大环境下保护传统文化的需要都是不相适应的。当地政府部门应该在充分尊重伏羲女娲信仰存在和发展的现实基础上,积极凭借自身在政治上、经济上、法律上等方面的资源优势,切实发挥作用,从而影响伏羲女娲信仰的走向和发展趋势。同时对于有利于丰富人们的物质文化生活的正常的信仰行为要予以保护和倡导;而对于那些宣扬迷信的东西要坚决摒弃惩处。经济上不仅要规范信仰活动仪式上的费用监管,而且要注意通过政府对它们不同程度上的支持去影响其发展前景和趋向。当然,必要的法律手段也是不可或缺的,自2011年6月1日起,《非物质文化遗产保护法》正式生效实施,意味着非物质文化遗产的保护工作自此迈上了依法保护、依法传承的新台阶。它的出台具有里程碑式的意义,为非物质文化遗产保护政策的长期实施和有效运行提供了坚实保障。

四是政府应统筹规划,积极稳妥地推进伏羲女娲信仰仪式活动等的保护工作。太昊陵作为全国重点文物保护单位,近年来得到了当地政府的充分重视,围绕着保护太昊陵制订了一系列中长期规划。但对于无形的文化遗产——太昊陵庙会的祭祀等仪式活动和相关的民俗事象却缺乏相应措施以及统筹规划。非物质文化遗产保护日益得到官方的重视和社会的广泛关注,文化部成立了专门的非物质文化遗产司,并先后组织评选出了三批"全国非物质文化遗产保护名录"。然而这却未充分引起当地政府的重视,太昊陵伏羲祭典虽然是2006年第一批就被列在名录内,但却是和甘肃省天水市的伏羲祭典合并后作为一项名录的,而在2011年公布出来的第三批名录中,河北省新乐市的太昊伏羲祭典却能单独赫然在列。相比之下,后者的历史渊源和知名度远远小于太昊陵。并且淮阳当地许多围绕祭祀活动的民俗事象,如担经挑、泥泥狗虽然承载着厚重的传统文化,传达着自远古带来的丰富信息,却一直未能列入国家级保护名录,当地政府也未在保护、传承方面制定有效措施。实际上,当地政府应该充分意识到非物质文化遗产保护的重要性，积极把握住当前开展对非物质文化遗产保护的有利时机，一方面积极组织对担经挑、泥泥狗等民俗事象的申报；另一方面就民俗技艺的保护和传承制订出实际措施和中长期保护规划，为庙会祭祀等传统文化的延续、传承做出积极努力。

五是在围绕伏羲女娲信仰进行旅游开发要尊重客观规律，寻找保护和开发之间的契合点。任何旅游资源，如果未经开发，终究只是一种资源，无法创造利润和效益。所以要想真正地发挥伏羲女娲信仰在旅游文化中的价值，就应该对其进行科学合理的开发，并加强保护。笔者认为，对淮阳当地的伏羲女娲信仰文化资源进行开发，应该着重注意以下两点。首先，要优化文化环境，强调文化内涵。旅游本身同样是一种文化行为，文化是其内在功能。从发展趋势来看，没有参与性和文化内涵的旅游产品很难吸引游客。旅游产品，尤其是民俗旅游产品应以鲜明的特色为文化形式，以丰富而生动的内容为文化内涵，以人本主义精神为文化本质。只有这样，旅游产品的生命周期才会更长。其次，要精挑细选，突出特色。特色是事物本身所表现的独特的色彩、风格，使其在一定的时间和地域范围内具备唯一性和垄断性，并产生较强的吸引力。而当地伏羲女娲信仰既与生活贴近，具有古朴性，又十分盎然有趣，丰富多彩，也很有吸引力。但这绝不意味着开发时面面俱到，眉毛胡子一把抓而不分重点。相反，应该结合实际，具体分析当地资源优势和市场利弊，从而在充分调研和科学预测基础上，精挑细选，突出特色。

要树立生产性方式的保护理念，在生产实践中实现这些无形遗产尤其是传统技艺的工艺流程、核心技术的保护、传承和弘扬，在生产与经营的流通环节中使当地的诸多民俗事象得到健康、有序的发展，最终达到科学的保护。以泥泥狗为例，泥泥狗伴随宗教祭祀和古老民俗而诞生，并传承至今，被称为"活化石"和"真图腾"。在淮阳，没人能够说得清是先有庙会还是先有泥泥狗。泥泥狗的产地，过去多集中在淮阳县城东的金庄、武庄等12个村庄。这些村庄距伏羲故都——宛丘城遗址仅有4

公里，距太昊伏羲陵最近的地方仅2公里。这里的村民世世代代有做泥泥狗的传统。太昊陵庙会为泥泥狗的销售搭建了平台，每年的庙会前许多村民开始捏制泥泥狗，然后提着篮子到庙会上叫卖。这些原始的带有极强中国元素的泥泥狗就这样在淮阳活化石般传承了几千年。但它却因为质地易碎、制作粗糙、缺乏品牌优势以及难以形成规模效益等原因被称为是"最廉价的艺术品"。同样是这个原因使得对它的保护无从下手，众多的制作群体流失，制作艺人谋生困难，市场随之变得越来越狭小。而低廉的价格和前景堪忧的市场，造成年轻人不轻易走进泥泥狗创作的圈子，制作群体趋于老龄化，造成泥泥狗这一古老的民俗事象在现代社会里很难得到很好的传承和发展。

在笔者看来，泥泥狗之所以一直停留在对传统的继承上没有快速的发展，主要是因为它的文化形象和销售市场没有得到合理的开拓。应该树立"以产业养遗产"即生产性保护的思路，一方面优先发展当地的泥泥狗文化产业，利用现代设计手段，进一步提炼泥泥狗中的经典形象，寻找这个从远古走来的"人祖的使者"与现代社会中人们审美的结合点，把泥泥狗从简单的民间手工艺品转化为适合现代审美的文化消费品，将它的文化内涵和形象特征进行放大，开拓相关的附属产品，打造完整的产业链，形成具有核心竞争力的文化创意产业品牌，让泥泥狗在被消费的过程中，使其承载的文化渗入人们的生活，被人们认识和认知；另一方面，要加大宣传和推介力度，为泥泥狗寻找市场，不断拓展其销售市场。吸引经济水平较高的人加入到推广和购买泥泥狗的队伍里来，使更多的人喜欢上泥泥狗这个艺术形象。从而达到为市场增收，为民间艺人寻找出路的目的。从当地政府的角度上来说，要积极扶植泥泥狗彩塑艺术制作群体，给制作者和销售者创造良好的创作和营销环境，重点吸引一批青少年参与进来，认识和制作泥泥狗。淮阳泥泥狗如果没有青年人的参与，就没有更好的发展潜力。政府必须给予制作者优惠政策，鼓励他们进行造型开发和设计创新，使泥泥狗得到长足的发展。同时还要积极为泥泥狗的生产企业提供切实的产业服务，树立"泥泥狗"这一品牌优势，进而推动整个淮阳的旅游文化才是使泥泥狗重新发挥艺术价值的最好途径。

实行生产性保护的底线是必须坚持手工制作和手工技艺的特色。同时应更加关注生产过程中蕴含和体现核心技艺和文化内涵的环节。在生产实践过程中一定要坚持手工制作方式，一旦冲破这一底线，这些项目的制作工艺被完全机械化或被现代工艺所取代，必将会断送泥泥狗等民俗事象的生命，从而也就丧失了它的文化价值和艺术魅力。生产性保护还需要适当引入现代的设计理念。在对淮阳伏羲女娲信仰的文化资源进行开发和利用时要兼顾到当代人的审美，在思路上一手兼顾传统，一手面向现代，在保护和发扬传统产品生产方式的基础上可以适当研发一些具有时代感和现代气息的产品，以赢得更多人的喜爱和参与。

许多人认为，伏羲女娲信仰属于无形的精神层面的东西，不需要像其他传统文化资源一样加以保护。其实，精神的资源具有很深的研究价值，更要重视保护，它们传承了祖先的文明，弥散着鲜明的地方特色，具有不可再生性。因此不仅在开发时注意保护，而且应该以保护为前提，以保护促进开发，绝不能一味地为了追求眼前的蝇头小利而盲目开发。笔者认为，针对伏羲女娲信仰等非物质文化遗产，应该维护其稳定性和传播性，保护伏羲女娲文化的纯粹性、乡土性、真实性，体现原汁原味和本土特色。并且要尽量减少外来文化的冲击污染和同化，使其保持纯正的地方化和民间性，完善保持伏羲女娲信仰的文化灵魂。只有这样才能赋予其旺盛的生命力，最大限度发挥伏羲女娲信仰在当地旅游文化中的价值。

小　结

　　本章是考察官祭和民祭两种仪式活动的特点以及与区域伏羲女娲信仰的深层次联系，揭示出了该区域内信仰仪式活动的特色，以及在新的历史时期下如何更好做好信仰仪式活动等的保护。地方政府组织的官祭活动从形式和仪式上来看越来越凸显"趋同性"，从内容上更强调"寻根祭祖"的现实意义，其实质是在当代的情境下，国家力量选择性地构架过去以与当代的需要共鸣的结果，是世俗政权意图联结过去的权威性传统以重新塑造其在祭祖朝拜活动中掌控性的举措，目的是以相对温和的政治话语和手段掌控地方民间信仰的走向，使伏羲女娲信仰成为地方文化的显著符号。以庙会为主要表现的民祭活动则重在民众的生育、生活的现实需求，祭祀仪式活动渗透着当地民众对伏羲、女娲二神的尊重、崇敬、依赖和畏惧等情感，呈现出较为突出的生殖崇拜特征。应该说，生殖崇拜是当地伏羲女娲信仰的底色，庙会上诸多担经挑、泥泥狗、还童子以及布老虎等古老的民俗事象无不以伏羲女娲信仰为基础，具有鲜明的生殖色彩和服务于信众生育方面祈求的特点。官祭和民祭之间存在着既互相联系、互动又彼此排斥的复杂联系。

从历时性的角度看，淮阳当地对伏羲女娲的祭祀仪式不断发生着一些细微的变化，会明显受到中原地区大的社会背景的影响，特别是新中国成立以来，伏羲女娲信仰一直被看作迷信活动受到来自政府的重重阻力。"文化大革命"期间，祭祀伏羲女娲被严令禁止，民众表面上响应政府号召，对国家权力做出不正面冲突的回应，却会把祭祀活动转为地下悄悄进行，由公祭转为私祭。在国家权力意图简单粗暴对待地方传统时，地方传统在区域内根深蒂固的优势使得国家权力在区域社会里受到排斥。充斥着"禁止""严禁"等强制性词汇的国家权力在这里也同样受到了民众默默而有力的抵制与反抗，只是这种排斥和抵制是以一种迂回婉转的方式进行的。可以看到，国家权力在渗入地方社会时，若无视地方传统存在，甚至企图取而代之的做法反而会打破原有秩序，使地方社会秩序变得更为混乱。伏羲女娲信仰作为一种非官方的文化，它重在实践，与当地民众的生活密不可分。经过"文革"的教训后，国家权力对伏羲女娲信仰的介入，采取了一种相对温和甚至是积极扶持的态度，承认其存在的合理性，并为陵庙的建设和庙会的重新举办提供了资金和政策上的支持，这无疑成为当地伏羲女娲信仰扩大其影响力的不可或缺的支撑力量。使太昊陵在国家权力的召唤中获得了更大的发展，有了今天更大的规模和更广泛的辐射面。在这里代表国家权力的大传统与来自区域社会，呈现区域文化的小传统实现了良好契合，并促成了小传统的发展。

对伏羲女娲祭祀的仪式活动从形式上强化了伏羲女娲的重要性和神圣性，仪式作为当地社会价值的重要载体，为社会行为树立榜样和模范。对伏羲女娲祭祀仪式的变化其实传达的正是某种象征性的意义，它能有效地树立伏羲女娲文化在社会生活中的地位，从而为现实的社会秩序的稳定做出贡献。伏羲、女娲尤其是伏羲在当地的至尊化和祭祀的体制化毫无疑问是当地伏羲女娲信仰的重要环节，通过这些仪式可以有效地将对伏羲女娲的信仰渗透到具体的社会生活中，从而反过来使伏羲女娲信仰生生不息。也可以说，正是伏羲女娲信仰作为区域民间信仰丰富、影响了中原地区的文化尤其是民间文化，而后者也在一定程度上不断给予伏羲女娲信仰以支持，成就了区域内伏羲女娲信仰的不断传承发展，当然既是包容和成就，也是利用和妥协。

随着地方政府近年来围绕着太昊陵庙会所进行的开发活动，由于缺乏统筹规划和认识的亟待提高，如何处理保护和开发的关系仍然是地方政府亟待解决的一个突出问题。这就需要政府部门能够合理定位、科学规划，既要充分发挥引导作用，又要树立科学保护、适度开发的思想，努力探求科学保护和合理开发之间的完美契合点。

第四章

民间叙事

民间叙事一般被认为是在不同集团的人们当中流传的、对一个或一个以上事件的叙述，它们主要通过口头来进行交流，往往以众多异文形式存在。它所涵盖的范围十分广泛，既包括神话、民间传说、狭义的民间故事、笑话、史诗、叙事歌谣等传统的文类，也包括日益受到当代学者关注的图像叙事、个人叙事、都市传说、逸闻等，一直是民俗学、民间文艺学领域最受重视的研究内容之一。淮阳当地的民间叙事有着历史悠久、种类丰富的特点，并且受整个中原地区农耕文化影响较大，呈现出鲜明的区域特点。尤其是在当地深厚的伏羲女娲信仰的作用下，民间叙事呈现出系统化、模式化的风格，无论是与当地风物广泛结合、具完整系统的伏羲女娲神话及传说，还是实用性强、功能各一的民间说唱经文，抑或带有浓厚原始信仰色彩的泥泥狗图像，都在给人们带来强烈冲击力的同时，使人们对它们的来历、演化及流变产生浓厚兴趣。

当地的民间叙事带有深深的伏羲女娲烙印，与伏羲女娲信仰几千年来形成了良性的互动。伏羲女娲信仰为人们演述、传承关于伏羲女娲的神话传说、经文、祭歌及泥泥狗等提供了不竭的动力和创作的源泉；而民间叙事的不断发展也促使更多的人加入对伏羲女娲的信仰中，使人们投入更多的虔诚。并且太昊陵和女娲城两个古庙会的存在，为民间叙事和伏羲女娲信仰提供了绝佳的平台，客观上促进了两者的互动和各自的深化。

必须指出的是，民间叙事系统的研究本身是个庞杂的工程，不仅涉及演述文本或演述类图像，还包括演述人、听众、演述场域和语境等诸

第四章　民间叙事

多因素。笔者在本章将研究重点放在了演述文本和图像上，对演述人和语境分析不多，因为笔者认为演述文本或图像与许多其他民俗事象不同，它有着很强的稳定性和自足性，如同杨利慧所说，"在一定程度上，它们有着自身独具的、独立于语境的内在形式和意义（包括与伏羲女娲信仰间的互动和联系——笔者注）"①。尤其是在近年来，淮阳的一些民俗学者在搜集、记录、整理神话、传说等方面做了大量田野工作，使各种口头艺术文本基本都实现了书面化，而现代化传播途径的介入更促使了文本的稳定性加强。在此情况下，演述人的创造性趋于减弱，语境对文本和图像的影响也被局限到了一定限度内，这也应该是淮阳当地乃至整个中原地区民间叙事系统呈现出的一个新趋势。

---

① 杨利慧等：《现代口承神话的民族志研究——以四个汉族社区为个案》，陕西师范大学出版总社有限公司2011年版，第22页。

第一节
神话与传说

淮阳作为伏羲女娲文化的中心区之一，在当地广泛流传着伏羲女娲的种种神话传说，与国内其他地区流传的伏羲女娲神话传说相比，淮阳当地的伏羲女娲神话传说具备自己显著的特点，它与中原的地理特点和当地的风物广泛的结合，并且留有深深的原始部族痕迹。洪水神话、开辟神话、创世神话、治世神话，在以淮阳为中心，包括太康、郸城、项城、周口、西华、沈丘、鹿邑在内的淮阳地区甚至更为宽泛的中原地区，代代相传着"淮阳伏羲女娲神话群"。几千年来，伏羲女娲神话一直在当地民间一代接一代地口传心授，在民间默默流传，而存留下来的大量的淮阳伏羲女娲神话群表明，淮阳是伏羲女娲神话的重要故乡。伏羲女娲神话及传说的流传和演述过程，已成为太昊陵庙会非常有力的一个支撑点，理顺并增强了区域内民众的伏羲女娲信仰。

总的来看，当地的伏羲女娲神话、传说呈现出以下特点。

一、伏羲女娲神话的地方表述

在淮阳当地流传的神话及传说内容非常丰富，比如在"兄妹成婚再造人类"这个神话母题中，以目前在当地收集整理出来的13篇神话及异文中可以发现，伏羲、女娲在淮阳民间深入人心，所有神话传说的男女主人公均是伏羲、女娲；在两人成婚前的关系中，10例传说中俩人是兄妹关系，3例是姐弟关系；关于人类灭绝的原因，有5例讲述中直接明确是洪水泛滥，另有7例似乎也能看到"洪水"的影子，有1例是说"天地合二为一"，和洪水无关；在成婚的考验方式中，采用"滚磨（石）"的占卜方式在11例传说中单独或和其他方式一同出现；在再造人类的方式中，既有伏羲、女娲"共同捏人"，又有二者"共同育人"，当然也有女娲一人"单独捏人"的传说出现。另外，在传说中还出现了"玉皇大帝""王母娘娘"的形象，这反映了伏羲女娲神话在流传中经过衍生后呈现出丰富多彩的情况。见下表。

表1　淮阳地区伏羲女娲神话情节对照

序号	主人公名称	两人关系	施救者	人类灭绝原因	成婚前考验方式	再造人类	其他
1	伏羲、女娲	兄妹	白龟	天塌地陷	点火成烟、隔河梳头、滚磨成亲	女娲用泥捏人，伏羲参与	
2	伏羲、女娲	姐弟	白龟	天塌地陷	滚磨成亲	伏羲、女娲共同用泥捏人	
3	伏羲、女娲	兄妹	白龟	山崩地裂	滚磨成亲	伏羲、女娲共同育人	
4	伏羲、女娲	姐弟	白胡子老人	天塌地陷	滚磨成亲	伏羲、女娲共同育人	

（续表）

序号	主人公名称	两人关系	施救者	人类灭绝原因	成婚前考验方式	再造人类	其他
5	伏羲、女娲	兄妹	葫芦	洪水泛滥	穿针引线、滚磨成亲	伏羲、女娲共同育人	雷公肆虐，引发洪水
6	伏羲、女娲	兄妹	白龟	空前劫难	滚磨成亲	伏羲、女娲共同育人	
7	伏羲、女娲	姐弟	乌龟	天地合二为一	滚磨成亲	伏羲、女娲共同育人	用乌龟的背托天，四腿撑起
8	伏羲、女娲	兄妹	石狮子	洪水泛滥	滚磨成亲	伏羲、女娲共同用泥捏人	又有白胡子老人变成神龟相救
9	伏羲、女娲	兄妹	白龟	洪水泛滥	栽柳为媒、滚磨成亲	伏羲、女娲共同用泥捏人	
10	伏羲、女娲	兄妹	王母娘娘	玉帝震怒，遣黑龙使洪水泛滥	伏羲追赶上女娲后成亲	女娲单独用泥捏人	一起存世的还有龟和狗
11	伏羲、女娲	兄妹	白龟大仙	雷神动怒，洪水泛滥	滚石成亲	伏羲、女娲共同用泥捏人	雷神和华胥姑娘为兄妹的父母
12	伏羲、女娲	兄妹	大龟	天下遭受大难	大龟奉天意做媒	伏羲、女娲共同用泥捏人	两者分别用黄土、白土、黑土造出了黄、白、黑三种肤色的人
13	伏羲、女娲	兄妹	白龟	天塌地陷	滚磨未合在一起，成亲未果	伏羲、女娲共同用泥捏人	

在表1的兄妹婚神话及其异文中，最后一个无疑具有特别的意义：兄妹通过滚磨进行占卜时，石磨却散开了，这样兄妹就未能成亲，并在之后选择用捏泥人的方式繁衍了人类。就笔者目前见到的资料而言，这种异文的情节在别处很难看到，因此形成了淮阳当地特殊的"地区变体"。[①] 地区变体的出现既反映出了淮阳当地伏羲女娲神话的丰富和多样性，同时也能看出伏羲女娲神话在经过长时期的代际传承和横向传播后呈现出了更为复杂的情况。

再如，在关于六畜来历的神话传说中，当地流传着三个完全不同的版本。版本1讲述的是伏羲、女娲共同造六畜。在经历了一场滔天洪水后，伏羲、女娲再造人类后为了能让人们吃饱，便求救过他们的白龟帮忙，白龟给了伏羲、女娲六个圆球，女娲在伏羲的提示下比照圆球内的事物将六畜用泥捏了出来，并由伏羲吹口气后变活了，然后伏羲又先后给它们起了狗、鸡、猪、羊、牛、马的名字，于是便有了六畜。与河北涉县等其他地区流传的六畜由来的传说相比，版本1在内容上不但加入了伏羲、白龟、圆球等要素，内容上也要丰富很多。版本2表现了民间传说中惩恶扬善的朴实观念，通过女娲向伏羲的讲述告诉大家六畜的来历：传说中六畜原本都是人，但因为犯了不同的罪恶而被天帝惩罚变成了六畜，如猪原来是一个好吃懒做，累得丈夫气绝身亡的女人；羊原来是一个贪婪成性，致使很多人饿死的人；马原来是一个骑在人们头上作威作福的人；牛原来是一个阳奉阴违，无中生有地加害于人的人；鸡原来是一个好大喜功，搅得世界不安宁的人；狗原来是一个巧言令色、善于溜须拍马的人。版本3在淮阳邻县鹿邑县采集，讲述的则和伏羲、女娲完全没有关系，说是在黄河岸边有一个神勇的猎手齐宇，猎了很多飞

[①] 所谓地区变体就是："同一类型的神话流传到不同地区后，由于具体母题变异而形成的不同讲法。"见杨利慧：《中原汉民族中的兄妹婚神话——以河南淮阳人祖庙会的民族志研究为中心》，《云南师范大学学报》（哲学社会科学版），2010年第6期。陈建宪：《神话解读》，湖北教育出版社1997年版，第49页。

禽走兽，吃不完就养起来，时间长了，被豢养的动物们为了报答齐宇，便自告奋勇地要帮他，马提出要让他骑，帮着拉车，牛提出要为其耕地，狗提出要帮着看家护院，等等。显然版本3流传的时间最晚，也最符合历史上的真实情形。但三个版本在一个地区内的同时存在，也反映出淮阳地区神话传说内容的丰富。

神话及传说在流传过程中产生异文，历来是民间叙事重点考察的问题，学界在这方面已经取得了很多研究成果。如杰克·古迪（Jack Goody）认为，异文差异不仅仅是时间和代际隔阂造成的，也与人们口头传播的变异性和传承人的个人模式有关。这些差异不仅与各个异文文本的长度或详略程度有关，更为重要的是，这些差异是转换性和生成性的。[1] 其实，不同地方的讲述人，甚至同一地方不同的讲述人会在情境化的讲述中将自身的文化记忆以及对神话、传说的理解连同地方性知识传统一并融入、置换进去，或者根据情境需要刻意强调或弱化其中的不同情节，从而产生了丰富异文。笔者在田野调查中接触到这些异文时，能强烈感受到变异"永远会悄悄地溜进来，部分地是由于遗忘，部分地是由于改进、调整或创造的不自觉的企图"[2]。

淮阳地区流传的神话、传说的内容丰富与其悠久的历史及特殊的地理位置有关。淮阳一直被认为是姓氏文化、农耕文化、八卦文化和龙图腾的发源地。太昊伏羲氏曾在此建都，结网罟、画八卦，创立龙图腾，自命龙师，以龙纪官，治理九州，实现了第一次民族大融合。炎帝神农氏在此建都，种五谷、尝百草，开创了中国农业和医药之先河。在几千年来的历史长河中，淮阳始终是豫东政治、经济、文化的中心。淮阳位于豫东平原腹地，以农业为主，经济发展相对滞后，一直到现在还未摘掉"国家级贫苦县"的帽子。交通直到近年来才得到改善，全县境内无

---

[1] ［英］杰克·古迪：《口头传统中的记忆》，见［英］帕特里夏·法拉、卡拉琳·帕特森主编《剑桥年度主题讲座·记忆》，户晓辉译，华夏出版社2006年版，第81页。

[2] 同上书，第83页。

铁路线，这虽然影响了经济发展，但却使当地的以伏羲女娲为主要内容的神话、传说保存得比较原始与完整。此外，淮阳地区太昊陵古庙会和女娲城庙会为当地神话及传说提供了极其难得的文化土壤，促成了伏羲女娲神话、传说的形成和传播。一方面，庙会的发展增强了伏羲女娲神话的影响。另一方面，伏羲女娲神话、传说更进一步增强了庙会浓郁的原始崇拜色彩。应该注意到，庙会群和神话的关系极为密切，原始神话主要反映原始氏族社会的生活，包括天地起源、人类诞生、文化发展和图腾崇拜等内容，而淮阳太昊陵庙会、西华女娲城庙会则是原始神话集中流传的场所，几乎可以构成人类早期社会的发展史。

二、伏羲的神话与传说占据主导地位

淮阳一带一直被认为是东夷部族一个重要活动中心，东夷是上古在中原可堪与华夏抗衡的部族，它与华夏的交往十分频繁，并创造了灿烂的殷商文化，学界对此已无异议。传说中伏羲是华夏部族的首领，在经过漫长的迁徙后来到淮阳一带，并在之后与东夷部族进行了充分的融合，完成了伏羲氏与太昊的合二为一，太昊伏羲的叫法也就随之而来。当地流传的关于伏羲女娲神话、传说，在内容上基本可以分为三类：

一是涉及伏羲、女娲的，讲述二者一起开天辟地、再造人类的；

二是只涉及伏羲的，围绕人祖伏羲的十大功绩进行讲述的；

三是只涉及女娲的，关于女娲补天、造人或送子等方面的。

在以上三个类别中，前两个占据了绝大部分的比重，至于最后一类内容在所搜集的资料中所占比重微乎其微。并且在第一类涉及伏羲、女娲的神话传说中，伏羲往往占据主导地位，女娲则处于附属地位。而单独流传的关于伏羲的神话传说也很多，甚至在当地风物传说中，伏羲的影子也随处可见。比如当地流传的"抟土造人"的神话中，原本是女娲一人的功绩，在这里就成了伏羲、女娲一起造人。即使是在女娲信仰的中心区西华县思都岗一带，虽然把造人的功绩放在了女娲身上，但也不否认伏羲在造人中的作用。如前表所示，在笔者搜集到的伏羲、女娲造人的 11 个神话传说中，在用泥捏人的过程中，只有 1 则传说中未提及伏羲的作用，而是由女娲独立完成，其他则全部有着伏羲的作用在里面。这显然和古文献记载及其他地区流传的"女娲抟土造人"的神话存在出入，但却反映出伏羲女娲神话、传说在流传过程中深受部族痕迹等复杂因素的影响。

在当地关于"女娲补天"的传说中，目前搜集到的也有三个版本。见下表。

表2　女娲补天传说故事版本对照

序号	关键情节	补天方式	其他要素	流传地区	备注
1	开天辟地后，天缺西北一角，地陷东南一方，伏羲认为天属阳、妇女属阴，阴补阳。遂和女娲商量后决定由女娲补天	女娲先用五彩石蘸河水补天，之后再用针线在夜里把留下的缝彻底补好	①女娲补天后，用白龟的四条腿立于四方，把天的四角牢牢固定。②补好的西北天五颜六色，和整个蓝天不协调，又有伏羲用柴烧成青灰撒上使之变蓝	安徽临近河南的部分地区及淮阳附近地区	白龟是淮阳传说中出现最多的角色，具有很强烈的地方特色
2	天塌地陷后，西北角没有长好，伏羲、女娲想了很多办法都没能补住，后在白龟的帮助下，得以解决	白龟把女娲送到天上跟仙女学织布，之后女娲织成了一匹匹的彩布补天	伏羲和女娲一起在"不周山"顶上，用织好的彩布把天补好	淮阳附近地区	
3	女娲创人类后，由于天神间的争斗，四根天柱断裂，天塌了半边，女娲想了各种办法，解决了人类的灾难	女娲从江河中挑出五色石，进行熔炼后用石浆补天，用柴草把天烧得通红，用烟把整个天都熏成了蓝色	①女娲折断了巨鳌的四条腿当作撑天的柱子。②又杀黑龙等肆虐的野兽，用炼石留下的炉灰堵住滔滔洪水	西华县	和《淮南子·览冥训》等文献记载的相吻合

从表2中可以看出，女娲在补天中只有一个版本是独立完成的，而另外两例中伏羲都在关键环节发挥着作用，这同样体现了伏羲在当地持续、深入的影响。

这一点在另外一则关于开天辟地的神话中体现得更为充分，盘古的角色干脆在本地的流传中被替换成了伏羲，并且和龙的起源联系了起来，构成了当地一则有影响的神话：

不知多少万年以前，没有天，没有地，混混沌沌，无边无际。十万八千年后，出现了一个鸡蛋样的圆球，飘浮在混沌世界里。又过了十万八千年，圆球里面生出一个巨人，他身子很长，龙的头，凤的嘴巴，人的身体，脸冲下伏在那里，一动不动。后人称他为"伏羲（兮）"。他在圆球里身体不断变大。十万八千年后，伏羲睁开眼睛，用他的嘴巴把圆球啄出了一个小孔，看到了外面的亮光。

伏羲很高兴，猛一用劲，飞出了那个大圆球。由于用劲儿太大，一下子把圆球撑成了两瓣，上面那一瓣越来越大，朝上升，变成了蓝蓝的天；下面的那一瓣越来越大，向下沉，变成了褐色的大地。

伏羲打量着，发现地造大了，天造小了。于是他双手拍了三次，合了三合，就把大地给缩小了。伏羲这三拍三合，惊天动地，原本平整的大地上出现了许多皱纹，这就是大地上山川丘陵为啥高高低低的原因。

伏羲看他创造的世界还不完整，咋办？

地的东南方陷了一角，于是他吐了一口水，变成了江河，用水来填。

天的西北方还缺一角，于是他呵了一口气，变成了云，用云来补。

有了天，有了地，有了高山丘陵，地上长出了草木，天上生出了飞禽，水里冒出了鱼虾。一个大千世界诞生了。

伏羲眼看天上没有云，空中没有雷，地下不落雨，万物干旱由绿变黄了，飞禽走兽要渴死了。不怕，伏羲创得了世界，就养得了世界。

伏羲的左眼叫日，右眼叫月。在日月之间，还有一只眼，叫天眼。天眼是只看不见的眼。

伏羲的第三只眼睁开第一回，头上长出了鹿角；

睁开第二回，长出了牛耳；

睁开第三回，长出了虎面；

睁开第四回，长出了虾须；

睁开第五回，身上长出了鱼鳞；

睁开第六回，身下长出了鹰爪；

睁开第七回，身子变成了蛇身。

伏羲的天眼反复睁开七次，大成一龙。这条龙大得没法说，长得没法算，轻飘飘地飞上了天。龙飞上天，天上长了云，地下起了风，空中响了雷，云里闪了电。一条巨龙九曲十八弯，和了风，搅了云，把风云搅拌成水。不大一会儿，满世界都下起了大雨，万物都得救了。

伏羲是龙，开天辟地，是中国人的祖先，中国人都受惠于龙，至今中国人都自称是"龙的子孙"。①

这篇神话传说蕴含了丰富的信息，既讲述了伏羲开天辟地的过程，又把伏羲的由来和龙的来历及起源的传说带了出来，具有很强的代表性。但也同样在淮阳地区，关于伏羲的由来和最初的形象同时流传着这样的故事：

---

① 邹华敏讲述，杨复竣记录整理。见杨复竣：《淮阳神话传说故事》，中国炎黄文化出版社2007年版，第11页。

第四章 民间叙事

淮阳古时候叫"宛丘国",宛丘国国王有一个非常美丽的女儿,这个国家自然条件太好了,旱涝保收,所以老百姓一年四季过着平平安安的富裕生活。这样的自然环境让一些外敌垂涎,他们就想占领这个国家,很快他们用重兵包围了宛丘城。大兵压境,国王愁坏了,急召大臣商量对策,但没有一个大臣能够想出好的退兵之策。宛丘国国王非常生气,最后自己想了个办法:谁要能够在三天之内退了敌兵,就将女儿许配给他。话刚说完,宛丘国都城外的蔡河上面顺河漂下来一只大白龟,白龟上面站着一只高大的黄狗。黄狗冲着围兵连着狂叫了三声,只见天空中飞沙走石,大风就刮起来了,就像现在我们所说的台风一样,把那些敌兵一个个全都吹到天上,然后重重地摔在地上,全都摔死了。这时候宛丘国国王高兴了,大家齐放鞭炮,欢呼万岁,他就忘了那个茬儿了——他说要把闺女嫁给人家这个茬儿了。哪知他还没高兴完,就见那只大黄狗叼着敌人部落酋长的头就冲进来了,然后把头往宫殿的地上一扔,冲着宛丘国国王就叫了起来。宛丘国国王说,这是怎么回事?旁边的大臣这时候出来说,这不是很清楚吗,陛下您不是说谁要退了兵就把闺女许配给人家吗?人家是来要媳妇的,人家是要您兑现承诺来了。

宛丘国国王的女儿听说这件事以后,哭得一塌糊涂。国王愁得也没办法,这时候有一个老臣就出来说:"我听说这只狗是有来历的,你只要找个大缸把它扣在缸底下,七七四十九天它就会变成人。"开始公主还哭哭啼啼,一想不过是七七四十九天,它如果真能变成一个如意郎君,那也成。这时候宛丘国国王也高兴了,他立刻找来大缸,把黄狗往缸里一扣,放在西厢房里头,就等着七七四十九天的到来。但公主却等不及,到了四十四天的头上,天刚刚蒙蒙亮,披上衣服三步并作两步来到西厢房,心想着我到底要看看,已经四十多天了,离四十九天差不多了,我要看它到底变成个啥样了。也不知哪来那么大力气,公主把缸一下掀起来。这一掀不要紧,就见霞光万道、瑞彩千条,一道闪光一声惊雷,满屋子全都是香味,香气扑鼻。她仔细一看,下边卧着一个什么呢?一个非常英俊的青年的头,后边身子却还是一只黄狗身。公主吓坏了,这可怎么办?于是乎,大臣们也都来了,国王也来了,给它起个什么名字呢?就叫伏羲吧。"伏"字就是一个"人"加一个"狗","羲"字则是古代汉语中的一个语气词,表示"啊"的意思。"伏羲"这个名字就出现了。①

在上述两则传说中,一是赋予伏羲以龙的形象,另一则却和狗的形象联系了起来,看上去完全是风马牛不相及,却能在当地同时流传下来。对此,笔者采访过当地的百姓,他们对此的解释是,伏羲是神,有多种变换的形象是很正常的,他想变成啥就变成啥。从这两例关于伏羲来历和形象的神话中,可以窥见当地伏羲女娲神话群的兼容性。

三、与风物传说深度融合的地域特色

神话是产生于原始社会而世代传承的口头语言艺术,是古人对自然力斗争和对理想追求的表现形式。高尔基对此有过高度凝练的描述:"一般来说,神话乃是自然现象,对自然的斗争,以及社会生活在广大的艺术概括中的反映。"②这就说明了神话的产生,也是基于现实生活,而并不是完全出于人类头脑的空想。并且,神话的流传和演变会受到自然环境的强有力的影响,其构成内容在很大程度上被民族居住区域的气候、天

---

① 讲述人:刘焕晨,男,65岁;记录人:李丹阳;地点:太昊陵;采录时间:2010年5月。
② [德] 马克思:《〈政治经济学批判〉导言》,《马克思恩格斯选集》第2卷,人民出版社1972年版,第113页。

象、山川、风土、地层、动植物等因素所支配。①由此可见，神话一般都与地方风物相粘连，使人们从感情上或直观的感受上都认为这个故事是在这里产生的，是真切可信的。或与当地的社会生活相结合，更让人们觉得亲近、自然，并广为流传。

从另一方面来说，神话及传说在地方的流传也会在风物上有相应的呈现，"一个社区的集体记忆，除了内化于群体心灵的集体意识之外，还有一些外化的表征现象"②。民众会把积淀于记忆深处的许多神话及传说中的元素具化到区域内的地方风物上来，如当地的画卦台、白龟池、女娲芪等等。这些地点、风物连同它们背后的故事为淮阳区域内的民众记忆传承提供了依托，它们被赋予了维系区域记忆的功能，为当地民众记忆、传播神话及传说提供了"空间的停泊处"。③它们连同作为象征符号的庙宇、陵墓一起共同稳定着神话及传说在区域内的流传，使民众在一种共享的基础上回忆、理解和操演这些神话，同时强化着民众对伏羲女娲的信仰。

如同尹虎彬所言，"地方性的特点反映出的是口头传统为了保持自己的稳定性而产生的变异，从表演层面来说是为了便于讲述者的讲述，因为讲述人总是以自己熟悉的地方性知识来演述故事。同时也使神话和传说的可信性得以增加"④。淮阳流传的伏羲女娲神话及传说中，在发生的

---

① 高有鹏：《庙会与中国文化》，人民出版社2008年版，第300页。

② 李红武：《现代口承神话的演述人及其神话观研究——陕西安康市伏羲山、女娲山区的个案》，见杨利慧等：《现代口承神话的民族志研究——以四个汉族社区为个案》，陕西师范大学出版总社有限公司2011年版，第136页。

③ Nathan Wachtel ."Memory and History：Introduction". *History and Anthropology* ，12（2）：207–224. 转引自李红武：《现代口承神话的演述人及其神话观研究——陕西安康市伏羲山、女娲山区的个案》，杨利慧等：《现代口承神话的民族志研究——以四个汉族社区为个案》，陕西师范大学出版总社有限公司2011年版，第137页。

④ 尹虎彬：《刘秀传说的信仰根基》，见刘魁立等：《民间叙事的生命树》，中国社会出版社2010年版，第111页。

环境上一般都围绕在以太昊陵和女娲城为中心的区域，太昊陵、女娲城、画卦台、白龟池、龙湖等都是经常出现的关键字眼；从情节构成上，往往和当地出现过的历史人物发生联系，如孔子、陈胡公、包拯等，这种情况在关于伏羲女娲的传说中体现得更为充分，试图以历史人物来佐证传说的真实性。可见，流传在淮阳一带的伏羲女娲神话群，经过代代人的口传心授和不断创造，已经深受当地特有文化土壤的影响，在历史变迁中实现了与当地风物的深层次融合，贴上了具有浓厚地域特色的标签。

在当地，伏羲女娲神话及传说又可以看作围绕人类社会的各种生活现象的系统性的故事群。从这些神话及传说中可以看出伏羲女娲创世、治世神话在不同时期留下的影子。如伏羲、女娲在遭遇巨大灾难之前的活动，有讲拾柴或割草的，这表明了农耕的特点；有讲上学的，这表明了文明程度的发展。从搭救伏羲和女娲的物体来看，说树木、葫芦等早期植物的，表明这一传说的时代相当久远；说石狮子和铁狮子的，很可能是汉代以后的影子；说是佛搭救的，则明显是佛教传入中原以后的事情；而传说是白龟等类动物搭救，其时代比以上几种都更要久远，从中可以看出原始社会时期图腾崇拜的痕迹。另外，在伏羲和女娲在成婚前所进行的种种考验方式中，同样体现了当地神话群的堆积特点，有讲抛石头或泥巴的，表明时代较早；有讲穿针引线的，则表明较晚，并带有巫术色彩。而隔河栽柳柳连枝、隔河梳头发成髻等其他方式的，能明显感受到带有戏剧色彩，其时代也要更晚一些。[1] 淮阳伏羲女娲神话及传说在演变的过程中留下了不同时代的痕迹，从而呈现出"堆积"的特点，从中可以窥见不同时期的民众在传承神话、传说时的心理动机、思维方式和表述方法；也能领略到淮阳区域内伏羲女娲神话和传说形态发生、发展的一些层次，进而明晰淮阳伏羲女娲信仰演变的历程。而这些神话及传说是作为"当地民众对于自身历史和文化原始的、朴素而形象的

---

[1] 高有鹏：《庙会与中国文化》，人民出版社2008年版，第323页。

'神圣叙事'"[1]解释并维护着当地的社会、文化秩序。

应该看到,神话通过对最初起源的追溯,阐释着信仰观念和行为存在的理由,确立了信仰的合理性和合法性,神话中叙述的主要角色和事件也成为神灵崇拜和祭祀仪式的基础。[2]在淮阳当地,以多种形态流传的伏羲女娲神话及传说几千年来熏陶着民众的精神文化世界,影响着民间的道德规范,规训着区域内的生产生活,促进了当地社会秩序的稳定。而随着新中国成立以来各种政治和社会文化语境的变化,神话及传说在区域社会原本所具有的教化功能逐步减弱,其神圣性渐渐被世俗功利性所取代。尤其是20世纪90年代地方政府高调介入庙会主办以来,为促进地方经济的发展,伏羲女娲神话、传说被赋予了历史化的解释,被刻意打造成佐证地方历史悠久的"文化招牌",其"政治性与其经济文化特性裹挟一道,成为表达各种'宣称',获取各种资本的重要资源和修辞手段"[3]。

---

[1] 张振犁、陈江风等:《东方文明的曙光——中原神话论》,东方出版中心1999年版,第171页。
[2] 杨利慧等:《现代口承神话的民族志研究——以四个汉族社区为个案》,陕西师范大学出版总社有限公司2011年版,第19页。
[3] 同上书,第20页。

第二节
民间说唱经文及演述

民间说唱经文作为民间信仰的一个重要载体，其本身也是传统文化的组成部分。在淮阳县及其周边地区流传着一大批脍炙人口的说唱经文，它们得益于当地以伏羲女娲信仰为底色浓郁的庙会文化，从一诞生就成为伏羲女娲信仰的重要载体，通过一代一代的口传心授传承下来，体现了很强的生命力。从内容上来看，当地说唱经文很庞杂，也有很大一部分和伏羲女娲信仰无关。但不可否认的是，它们之所以能代代流传下来，一是因为其作为一种民俗习惯所体现出来的顽固性和稳定性，二是受益于原始色彩浓郁的庙会文化。本节所关注的民间说唱经文是指当地经文中和伏羲女娲相关的部分。

一、民间说唱经文的总体特点

民间说唱经文一般都是在敬神、娱神的场合，具有很强的功能性。

它的说唱过程可以看作介乎"神圣"与"世俗"之间的，具有某种"阈限"性质的中间表述类型，其本身具有神圣与世俗互相交融的特性，一方面，它镜像了淮阳伏羲女娲信仰的神圣世界观念；另一方面也反映了当地历史和现实中的社会文化结构。并且，它为当地人在日常生活中打通面向神圣与世俗的两个世界提供了至关重要的表述契机，在庙会等仪式场景中，民间说唱经文在以人神共娱的方式达成神圣仪式功效的同时，也为当地人们提供了促进世俗化社群凝聚和整合的重要机会。

每逢太昊陵庙会或女娲城等其他庙会，一些善男信女就聚集在一起，通过庙会这种民间大集会的形式传经颂道。其演唱内容除了宣扬伏羲、女娲二神创世、治世的功绩外，还有就是劝人为善、父贤子孝、兄友弟恭、尊婆爱媳、妯娌团结等。方式有说有唱，或是又说又唱，唱词有固定的曲子，千古不变，有的把经文写在布上，又拉弦，又打板，说唱传经。通过讲述和表演民间说唱经文，他们不仅展示了自己对传统文化丰富的积累和出色的讲述、表演才能，而且也通过这种形式表达了自己对伏羲女娲的崇奉和信仰，以及对于人类起源、伦理道德、生产生活的认识。演述经文成为他们表达自我、构筑社会关系、进行社会交际和生活的必要途径。所演述的经文歌谣，有古人传下来的，也有自编自唱的，主要具备如下特点。

一是集中反映伏羲女娲文化，讴歌二神功绩，表达对二神的无比虔诚。

淮阳作为伏羲、女娲创建远古文明的主要地区，又是传说中伏羲和女娲陵庙的所在地，伏羲女娲文化在此地影响深远。为传颂伏羲女娲功德，善男信女自编很多歌谣，并以数来宝、莲花落、打油诗形式代代传唱。每年的朝祖庙会作为一种对伏羲、女娲的主要祭祀形式在河南当地甚至周边省份影响很大。在一个月的会期里，来自河南、河北、山西、山东、安徽、湖北的民众以多种多样的形式祭拜伏羲、女娲，聚集在庙会上说唱经文，讴歌伏羲女娲功绩就是一种常见的形式。所唱经文，大都歌颂伏羲女娲创世、化育万物、抟土造人故事为主兼顾其他方面的传说故事，内容极为丰富。如：

创世经[①]

混沌年前不记天，盘古初分定根源。

自此天地分宇宙，只分出二仪四象北拱南。

有巢氏架木为巢居上世，燧人氏初兴火焰把木钻。

伏羲氏龙马负图定八卦，女娲氏炼石来补天。

只炼够三千六百载，只有那东北角里没补严。

我说这话你不信，东北风一刮天要寒。

颂伏羲女娲经[②]

老盘古安天下人烟稀少，

终南山有一个洪钧老祖，

西南山有一个混元老人。

上天神只知道日月星辰，

下天神只知道五谷根苗。

有了天有了地没有人烟，

上天神只留下人祖兄妹二人。

他兄妹下凡来万古流传，

眼看着一场大祸就要来临。

多亏着白龟仙苦难相救，

无奈何昆仑山滚磨成亲。

---

① 杨王氏演述，张念文、李长城记录整理。见张念文、李长城主编：《中华民间经文汇编》(内部资料)，第3页。

② 戚树根演述，戚井涌记录整理。见张念文、李长城主编：《中华民间经文汇编》(内部资料)，第4页。

日月长生下了儿女百对，

普天下咱都是龙子龙孙。

天下人咱都是一母所养，

讲三纲论五常哪有远人。

葫芦经①

一个葫芦大，葫芦里边装八卦。

两个葫芦长，葫芦里边装衣裳。

三个葫芦青，葫芦里边装真经。

四个葫芦圆，葫芦里边装仙丹。

五个葫芦黄，葫芦里边金宝装。

金宝装，装金宝，没有真心难开了。

仙桥（经挑赞）②

清早早起雾沼沼，在会斋公③挑经挑。

看着是经挑，其实是仙桥。

这个仙桥有多高，这个仙桥一丈五尺高。

四个角里是金锭，四个边子银子包。

四角里四台戏，四个角里梆子敲。

千人万马不能过，还是善人去的多。

二是集中体现中国传统价值观中"积德行善""善恶报应"等主流

---

① 梁加秀演述，张华记录整理。见张念文、李长城主编：《中华民间经文汇编》（内部资料），第7页。

② 张王氏演述，张念文记录整理。见张念文、李长城主编：《中华民间经文汇编》（内部资料），第9页。

③ 当地对信奉神灵比较虔诚的人的一种尊称。

观念。

　　民间说唱经文作为伏羲女娲信仰的一个重要载体，其本身是传统文化的不可或缺的组成部分，经文中大量体现了"积德行善""善恶报应"的朴素观念，这些观念浸淫着普通民众的意识，是根植在民间社会中，得到大家广泛承认的一个价值观。儒、释、道等所信奉的忠孝节义、和睦助人、积德行善、善恶报应、安分守己、平安幸福的人文道德理念本身就是伏羲女娲信仰中早已存在的内容，它们在很大程度上滋养和丰富了淮阳当地传唱经文的内涵。使经文为更多的普通民众所接受，造就了经文千百年来传唱不衰。如：

十磕头[①]

　　一磕头，修自身，光明正大。

　　二磕头，到灵山，老母[②]点化。

　　三磕头，脚站稳，大风也不怕，心要好，体要正，走遍天下。

　　四磕头，手捧黄香跪在地上，拜祖母[③]和如来观音菩萨。

　　五磕头，怕的是真真假假，除歪风和邪气再把香插。

　　六磕头，为个人无灾难，再保全家。

　　七磕头，天堂路善人修下，善有功恶有报神灵来查。

　　八磕头，为祖母大道修下，传遍千家。

　　九磕头，为善人，无灾无难。

　　十磕头，为平安，为国家，太平天下万万年。

　　三是当地民众通过经文，排解心中苦闷，在精神上表现出对伏羲女

[①] 陈忠心演述，杨牧记录整理。见张念文、李长城主编：《中华民间经文汇编》（内部资料），第11页。

[②] 此处老母指灵山老母，亦称圣母殿主神青霄元君。

[③] 祖母指女娲，淮阳当地称女娲为"人祖奶奶""祖母"。

娲的无限寄托。

民间信仰的源起在于人们对所处困苦环境的无能为力，进而把希望寄托在神的身上，希望能借助神的力量改变自己的现状。这在伏羲女娲信仰中也得到了充分体现，应该指出的是，伏羲女娲信仰对于调节区域内百姓的精神生活，缓解他们在生活中遇到的挫折和痛苦，进而维护社会的稳定起着很大的作用。笔者在两次调查的过程中，也能明显感受到当地民风的淳朴，社会治安也要相对好过临近的其他地区。民间经文作为信仰的承载体，人们通过在人祖面前演述经文，一方面宣泄自己的情绪，另一方面借机向人祖表白，寄希望神灵来改变自己无法改变一切。如：

霹雳电闪火龙劈[①]

高高山上一棵梨，青枝绿叶长得奇。
开了几个水白花，结了几个大酥梨。
爹爹有病想吃梨，哪有心思去赶集。
他的妻，想吃梨，十天赶了九个集。
买了几个热烧饼，又买几个大酥梨。
进门见了他的爹，赶紧藏到袖筒里。
走进二门见了娘，连忙包住披怀里。
钻到屋里见了妻，急忙双手递过去。
梨核丢进锅底里，怕的爹娘不会依。
咱娘见了生闲气，咱爹见了发脾气。
这事惊动人祖爷，大骂两个孬东西。
刮大风，打炸雷，霹雳电闪火龙劈。
先打丈夫后打妻，为人不孝不如驴。

[①] 刘秀英演述，庄冠正记录整理。见张念文、李长城主编：《中华民间经文汇编》（内部资料），第13页。

二、民间说唱经文的主要表现形式

（一）"担经挑"中的打经板伴唱是最典型的形式

担经挑在前文中已经有过多次介绍，作为古代延续下来的原始巫舞，担经挑可以看作淮阳与伏羲女娲有关的民俗事象中最具特色、最有生命力、最能体现伏羲女娲信仰在民间的厚重度的一种，同时也是淮阳及其周边地区特有的民间歌舞与民间文艺活动方式。一般为三女舞之，或者多人，舞唱者多为中年妇女，身着黑衣、黑裤、黑头巾，一人打板说唱经文，三人轮番作舞；在多人参与的担经挑中，则是采用一人打板，一人担挑的两两相配形式①。

担经挑最初只有单一的敬神、娱神职能。活动范围多在太昊陵及女娲城两处的大殿及陵墓前。表演前先是把花篮等整理好放在一边，然后虔诚膜拜，集体跪下后唱一首经歌，经歌内容多具有针对性，如在太昊陵则一般只唱和伏羲人祖有关的经歌；在女娲城则必唱宣扬女娲功绩的经歌，如担经挑表演者在太昊陵集体礼祀人祖时所唱的：

赞人祖

手捧黄香颤悠悠，
人祖老爷坐陈州。
谁有人祖来哩早，
身披树叶没有袍。
人祖修道真苦穷，
腰里缠着树皮绳。
手捧仙花没头栽，

---

① 笔者在2011年3月庙会期间进行田野调查时，采访淮阳县王店乡大许楼村的朝祖会时，她们的担经挑被外界称为是淮阳县规模最大，挑得最好的。在具体的舞蹈说唱过程中，参与者一般为24人，即12人打板，12人担挑，采取一人领唱、集体合唱的方式。

一栽栽到蔡河街。
香灰起香灰落,
人祖老爷保佑着。
冬保灾夏保难,
一年四季保平安。
南么佛、佛连声,
阿弥陀佛敬神圣。①

在女娲城一般所唱的是:

问安经

手捧黄香到神前,
俺给人祖奶奶来问安。
一问奶奶身可好,
二问奶奶身可安。
奶奶稳做女娲城,
四面八方全保平,
四面八方都保完,
更保善人无灾难。
南么佛、佛连声,
这是问安的一本经,
阿弥陀佛敬神圣。②

担经挑对参与者有着严格的要求,除了大家知道的,男性不能挑之

---

① 宋秀梅等演述,李丹阳记录整理。采录时间:2011年3月8日,采录地点:太昊陵。
② 同上。

外，多年信奉人祖的老斋公张秀芹还告诉我说："担经挑可不是谁随便都能挑的，只有信得比较真的老斋公才能挑。"担经挑发展到现在，兼有了娱人的功能，成了当地民间中老年女性中一种相对普及的娱乐活动，神圣性也有所降低。在田野现场，笔者看到，不少参与担经挑的女性不再是一身黑衣，一些本来是围观的女性看到兴起，也会向表演者要过经挑，进入场地内即兴挑上一会儿。从活动范围看，担经挑队伍不再局限于太昊陵和女娲城两处，也经常走出去参加其他大大小小的庙会活动，乐此不疲。担经挑已经深深融入了她们的灵魂，成为支撑她们精神世界的重要元素。正如"担经挑十二月"里所唱：

> 正月里担经正月正，担起来经挑一阵风；
> 二月里担经龙抬头，担起来经挑不发愁；
> 三月里担经三月三，担起来经挑云满天；
> 四月里担经四月四，担起来经挑走外世；
> 五月里担经五月五，担起来经挑不受苦；
> 六月里担经六月六，担起来经挑担不够；
> 七月里担经七月七，天上的牛郎会织女；
> 八月里担经八月八，担起来经挑不想家；
> 九月里担经九月九，担起来经挑朝外走；
> 十月里担经十月十，十个月担经都担齐；
> 十一月担经下大雪，放下来经挑去扫雪；
> 十二月担经整一年，放下来经挑去过年；
> 这是担经的一本经，念个弥陀来敬神灵。①

---

① 宋秀梅等演述，李丹阳记录整理。采录时间：2011年3月8日，采录地点：太昊陵。

（二）功能性很强的仪式歌（祭歌）

在淮阳当地，存在着相当数量的仪式歌，它们多是当地群众在上香等祭祀的过程中演述，可以看作祭祀不可分割的一部分。仪式歌一般比较平稳，采取唱和颂相结合的形式。从内容上看，仪式歌又可以分为集体进香歌、许愿歌、还愿歌等。

1. 集体进香歌

过去各个朝祖香会在进香时一般都有相当烦琐的形式，一般都至少会带上几面铜锣和几个唢呐手，一进午朝门便敲响铜锣，向人祖表明，某某朝祖香会来上香了。随后，唢呐手开始走在队伍的前面吹响唢呐，一直到陵前集体跪下，等鞭炮放过之后会首或主祭人即唱：

> 南无，
> 开天辟地，
> 三皇伏羲。
> 手托八卦，
> 身披蓑衣。
> 过了午门，
> 狮子把门，
> 八砖砌地，
> 柏树成林。
> 南无，
> 天皇，
> 地皇，
> 人皇，
> 伏皇。
> 南无，
> 天皇，

地皇，

人皇，

伏皇。①

唱到最后的"南无，天皇，地皇，人皇，伏皇"时，全体香客就会大声合唱，同时锣鼓敲响三遍。这种集体进香歌伴随着锣鼓声和磕头祭祀仪式一次次被重复，使整个过程显得庄重而肃穆，气氛非常神圣，而进香歌以强调突出人祖地位的主要内容，无异作为一种地方传统文化在这种过程中得到了极大的强化。

2. 许愿歌

许愿是香客向人祖和女娲进香时的一个必备环节。一般涉及的内容包括方方面面，无外乎仕途、财运、婚姻、求子、健康等，都是请人祖或女娲给予保佑，以求得如所愿。为了向神灵表示诚意，香客要通过物质上的许诺表白自己，许愿歌中一般都会许下具体的物什以讨好神灵，如下面这首常见的许愿歌：

诵/念：

老人祖爷，我来给您上香送钱来了。您法力无边，无所不能，求您赐给俺家一个男娃儿，您要是圆了俺的心愿，俺一定来还愿来。

唱：

天也亮来地也明，

一年四季我不停，

村前村后都走到，

见人都夸您显灵。

初一、十五您等着，

---

① 高有鹏收集整理，见高有鹏：《庙会与中国文化》，人民出版社2008年版，第301页。

刀头、蒸馍把您敬，
高香金表您收下，
鞭炮响到漫天空。
啥戏都给您请到，
叫您心满意也中。①

3. 还愿歌

向人祖爷和人祖奶奶许下心愿后，如果心愿实现就要及时履行向神许下的诺言，及时来还愿，以答谢神灵。只有这样，才能和神灵建立起一种"有求有应、有许有还"的和谐共处关系。在太昊陵庙会上还流传着这样的说法，说是如果你在庙会期间去了太昊陵，那你以后要连续去上三年，以表虔诚，否则人祖也会不高兴。还愿歌的关键是要把"还"的内容交代清楚，这也成了人神之间互动的一个关键步骤。如下面这首还愿歌：

诵/念：
天灵灵、地灵灵，
离地三尺有神灵。
老人祖爷，我给您还愿来了，感谢您的大恩大德，赐给俺家一个男娃，您可得保佑他没病没灾，顺顺当当的啊。
唱：
说您灵，您就灵，
到底您老有神通，
应下了俺的一桩愿，
咋能叫俺两手空。

---

① 高有鹏收集整理，见高有鹏：《庙会与中国文化》，人民出版社 2008 年版，第 303 页。

没得拿，没得行，
高香金表先敬敬，
还有那楼船载的多呀，
金山银海表您哩功。
话说好歹是俺嘴笨，
礼多礼少是俺穷，
记住俺心里想着您，
您老可别不心疼，
东庄儿哩，西庄儿哩，
逢人都说数您行，
全猪全羊都敬您，
俺变牛变马随您行！①

集体进香歌、许愿歌和还愿歌都是祭祀仪式中的祈祷方式，通过这些，伏羲女娲这两位全能保护神走进了人们的生产、生活，并和他们产生了密切联系。对伏羲女娲的信仰也不仅仅是停留在精神的层面，而是进一步深入到民众的物质世界。

（三）表功、对功和守功

表功、对功和守功三者的关键词都是"功"，"功"在民间信仰中具有丰富内涵。一是指人在遇到神灵附体或点化而具备的神奇功能，通常称为"有功"或"带功"，如演述表演、预测吉凶等。二是指信仰者获得神奇功能的类别或在香会中的职位，与"体"相通，即是某一神灵附体而代神立言行事。在庙会上，虔诚的香客们一起交流时，问得最多的是"你是啥功？"在他们看来，功是伏羲或女娲所赐的一种特殊功能，带有

---

① 高有鹏收集整理，见高有鹏：《庙会与中国文化》，人民出版社2008年版，第305页。

浓郁的神秘色彩，而这种功的获得是非自觉的，人力不可为，而是由二神根据每个人的虔诚程度以及与神的天生缘分点化而获得的。他们也坚信，一旦被赋予了"功"，就是自己多年一心尊崇伏羲、女娲的成果，是被伏羲、女娲认可、接纳的一个标志。功在这里被分为好多种，有宣传功①、跑功②、带体功③等。

1. 表功

属于宣传功，在庙会上比较常见，一般的表现方式是独唱或合唱。一群香客在向人祖爷、人祖奶奶进完香后，一般不急于回家，而是在陵庙里自觉地聚集在一起，由一个人唱或大家一起合唱关于伏羲女娲功绩的经歌，不会唱的则击掌附和，又称之为"表神功"。笔者在庙会上就见到一位演述女娲经歌的中年妇女，在演述过程中，她时而怒目圆睁，时而紧闭双眼，唾沫四溅、滔滔不绝，四肢也会随着情节的进行而手舞足蹈，看上去声情并茂。她说这是女娲附体了，平日里她不识字也不会唱歌，所唱的内容都是梦中受到女娲娘娘的指点，自己一夜之间学会了唱经，并尊奉娘娘的旨意在庙会上宣传。这与史诗演唱歌手所说的"梦传神授"颇为相似。根据刘亚虎的观点，这种现象可能与心理学家所说的"无意识"尤其是瑞士人荣格（Carl Gustav Jung）所谓的"集体无意识"④

---

① 负责宣传伏羲、女娲的功德，演述伏羲、女娲的神话与祭歌。
② 四处跑着烧香，并进行募捐活动。
③ 即作为伏羲或女娲的代言之体，有的只带女娲之体，有的可以一功多体，同时可带伏羲体、女娲体等等。
④ ［瑞士］荣格：《心理学与文学》，冯川、苏克译，生活·读书·新知三联书店 1987 年版。"集体无意识"是荣格继承并发展其师弗洛伊德"潜意识"学说的成果，他认为，每一个人在心里深处都积淀着他所在种族的心理经验。自原始社会以来，人类世代相传下来的心理遗产和心理经验就积淀在每个人的无意识深处，并且它们是集体和全种族的，属于一种"种族记忆"。从而组成了一个超个性的共同心理基础，并普遍存在于每个人的身上。

有关。① 当然大部分信众掌握经歌的方式还是口耳相传,由横向传播或代际传播的形式得来。所演述的经歌大多表现伏羲、女娲作为造人始祖治世、开创文明的过程,如《兄妹合婚》就很有价值:

女娲为妹伏羲哥,
二神共居华胥国。
据说那时无人类,
同胞兄妹把亲合。
妹打主意难哥哥,
各人爬上一高坡。
对山烧火火烟交,
两烟相交把亲合。
两股火烟相交了,
妹妹出题不愿合。
隔河梳头隔河拜,
头发交合咱也合。
哥哥下水就过河,
妹上一坡哥一坡,
隔河相拜来梳头,
哥妹头发绞成坨。
头发成坨妹又变,
心生一计逗哥哥,
隔河栽柳隔河拜,
柳梢相交把亲合。

---

① 刘亚虎:《神话与诗的"演述"——南方民族叙事艺术》,北京大学出版社2006年版,第29–30页。

> 哥也拜来妹也拜,
> 两棵柳梢相交合。
> 哥哥你莫喜欢早,
> 妹妹主意还很多。
> 对门对岭对过坡,
> 各把石滚推下坡,
> 两扇石磨合拢了,
> 石磨相合人也合。[1]

这首经文完整描述了伏羲、女娲经历劫难后,在婚配前所经历的重重考验,与流传在当地的兄妹合婚神话可以互相参证。经文中的种种测试方式,充满了"相合"的意味,体现了原始思维的"互渗性",在民众尤其是信众看来,这其实是神灵通过这些相似现象"传达"自己的意愿,展现了神灵的旨意。同时,我们也能从另一方面解读出民间说唱经文与远古神话之间存在的深层次联系。

2. 对功

太昊陵庙会和女娲城庙会在淮阳当地被称为"龙花会"。"对功"也叫"对花功",是依附两个古庙会,并通过庙会传承和展示的一种特殊的民俗事象。"对功"在民众看来是某一神灵附其体的结果,是神借凡人之体来展示奇特而无边的神力,属于伏羲、女娲信仰中诸多"神灵附体"现象之一。"对功"作为一种信仰活动,在千年百代的历史积淀中,融入了深厚的民间文化内涵和民间艺术形式。"对"的方式有"入对""群对""单对""群对""顶对"等。

"入对":庙会上"对功"的有的是同村或邻村相识者,但更多的是

---

[1] 民间歌者田冬梅(女,1943年生,文盲)演述,张念文记录整理。见张念文、李长城主编:《中华民间经文汇编》(内部资料),第21页。

远道的不相识者，开头一般为礼节性的问候，俗称"搭腔儿"。

"群对"：即两个香会或同一个香会的人分作两部分，采用问答形式，多以"四季歌"或"十二月歌"等为结构方式，演述内容多为民间流传广泛且年代久远的祭歌或民歌。如：

  甲队：什么圆圆在天上，什么圆圆在路旁？
     什么圆圆在厨房，什么圆圆在绣房？
  乙队：叫大姐可前来，你出哑谜俺来猜。
     月亮圆圆在天上，车轱辘圆圆在路旁。
     鏊子圆圆在厨房，镜子圆圆在绣房。
  甲队：叫大姐可前来，出个哑谜你再猜。
     什么有腿不走路，什么无腿串九州？
     什么有嘴不说话，什么无嘴说得多？
  乙队：叫大姐可前来，你出哑谜俺再猜。
     板凳有腿不走路，扁担无腿串九州。
     茶壶有嘴不说话，笔杆无嘴说哩多。
  甲队：叫大姐可前来，俺出哑谜你还猜。
     什么走路一道沟，什么树上滚绣球？
     什么树上敲梆梆，什么洗脸不梳头？
  乙队：叫大姐可前来，你出哑谜俺还猜。
     长虫走路一道沟，蚂蚁树上滚绣球。
     啄木鸟树上敲梆梆，小猫洗脸不梳头。
  合： 南么佛，佛连声，
     俺翻的是一板打哑谜的经。[1]

---

[1] 张玉英演述，张念文记录整理。见张念文、李长城主编：《中华民间经文汇编》（内部资料），第40—41页。

（1）"单对"

二人对唱。庙会上的香客，在自发的组织下，同样采取问答形式演唱，内容涉及方方面面，但歌词通常不做固定。如：

  甲：桫椤树下求清凉，俺叫大姐表家乡，你的家住在哪？
    你在哪里走娘家，哪里是你姥娘家，
    在哪里随的龙花会，你上哪里去玩耍？
  乙：桫椤树下求清凉，俺给大姐表家乡。
    西天佛祖俺的家，落枷山上走娘家。
    无生母是俺姥娘家，在经堂随的龙花会，
    太昊陵里去玩耍。
  甲：什么出来一身黑？什么出来黑交白？
    什么出来穿个黄金袄？什么出来披个栗布袋？
  乙：乌鸦出来一身黑，喜鹊出来黑交白。
    小黄鹭穿个黄金袄，鹌鹑披个栗布袋。
    你会打，俺会猜，反过哑谜做莲台。[①]

（2）"顺对"

双方在和乐、友善、谦恭的气氛中进行对功，通过歌唱传授各方面知识，切磋各种功法道行，往往能达到交流感情，营造融洽氛围的作用。

（3）"顶对"

双方在斗气或者一方故意挑衅的气氛和前提下对功，互相较量，出一些比较难的问题刁难对方，尽可能让对方无法应答。"顶对"双方相持不下时，往往需要庙会总会首，或德高望重者，或其他香会中见多识广

[①] 民间歌者周传荣（女，1956年生，文盲）演述，张念文记录整理。见张念文、李长城主编：《中华民间经文汇编》（内部资料），第24页。

的会首出面唱和，最后大家共唱敬神曲结束。

3. 守功

体现当地伏羲女娲信仰的常见形式，人们为了表示对伏羲、女娲的虔诚，以期获得二神的保佑，在夜晚往往守住在伏羲或女娲殿下，称"守功"。一般要守三天，但也有时间更长者。守功延续下来了"禁止男性守功"的严格规矩，即使是远路一起来的夫妻，晚上回不去的男人也只能去偏殿居住。这些晚间守功的女信众一致认为，她们的行为是女娲娘娘和人祖爷爷冥冥之中的安排。守功目前在西华女娲城遗留得比较多，大概分为两种情况：一种就是属于常年在女娲城守功的斋公，她们一般都有一个类似朝祖会的组织，采取轮流为女娲娘娘守功的做法，每次3~5天；另一种情况就是附近的信众因为感觉心情不畅，遇到了烦心事，用她们自己的话说就是女娲娘娘晚上托梦，或者让她们浑身不适，遇到这种情况就得来烧香还愿，并住下守功，不能随意离开。[①]在守功的漫漫长夜里，妇女们讲故事、唱祭歌或各种民歌，尽情倾诉一切压抑或心曲。夜深时往往唱起充满性爱色彩的情歌或讲荤故事。还有一些歌词，充满淫肆的性爱色彩，但起源也许更加古老，如：

　　　　上山坡，下山坡，亲郎呀，哥哥哟！
　　　　我的汗巾谁见着，亲郎呀，奴的哥哥！
　　　　我的汗巾谁见着，亲郎呀，奴的哥哥！
　　　　上山坡，下山坡，亲郎呀，哥哥哟,！
　　　　我的汗巾你见着，亲郎呀，奴的哥哥！
　　　　我的汗巾你见着，亲郎呀，奴的哥哥！
　　　　上山坡，下山坡，亲郎呀，哥哥哟！

---

① 庞倩华：《女性与女娲：女娲信仰对女性主体地位的凸显》，河南大学硕士学位论文，2008年，第23页。

>我的怀里谁摸着？亲郎呀，奴的哥哥！
>
>我的怀里谁摸着？亲郎呀，奴的哥哥！
>
>上山坡，下山坡，亲郎呀，哥哥哟！
>
>我的怀里你摸着，亲郎呀，奴的哥哥！
>
>我的怀里你摸着，亲郎呀，奴的哥哥！①

这类歌词被称作"花经"，不再公开演唱。但这流传下来寥寥无几的性爱之歌，还是能让我们从中领略到伏羲女娲信仰所体现出来的生殖崇拜色彩。

以上这些在不同仪式和不同语境中演述的民间叙事形态，其所具备的共同特点就是比较浓厚的实用目的和神秘色彩，包含了比较多的欲求因素和巫术成分。而是否可以理解，也正是因为这种欲望和追求，才构成了促使诸多神秘叙事萌生、传承下来的内驱力？

三、民间说唱经文所体现的传统基调

当地民间流传的说唱经文经过世世代代的流传，在内容和形式上会呈现出越来越丰富的趋势，但在整体风格及其所体现出来的色彩上却会保持相对的稳定，能够在一定程度反映出经文起始年代的生产和生活的实际情况，可以看作人们对原始社会真实情况的一种历史记忆，是民众对信奉伏羲女娲所进行的气韵生动的灵魂表达。英国的杰恩·赫丽（Jane Ellen Harrison）生在《艺术与形式》一文中指出："实质上，艺术作为它动力和源泉的，……是一种艺术与仪式共享的冲动，是想通过再现，通

---

① 民间歌者杜清真（女，1910年生，文盲）演述，张翠玲记录整理，见张翠玲：《女娲城祭祀歌舞研究》，郑州大学硕士学位论文，2002年，第47页。

过创造或丰富所希望的实物和行动来说出、表现出强烈的内心感情和愿望。"① 从流传下来经文的结构来看，基本都是先描述原始社会人们所遭受的巨大磨难，再展示人们进行的不屈不挠的抗争，进而在最后历经重重考验后取得胜利，体现了先民的英雄主义情结。

（一）苦难：阐释了原始社会环境的恶劣和悲苦的历史记忆

原始社会生产力水平十分低下，使得原始人的力量远远不能和自然的力量相抗衡。人完全被大自然所主宰，这就决定了人在力图征服自然的同时，只能更多地屈服于自然的压力。在这种情况下，人们要在恶劣的环境下生存，就要面临更多的考验，经历更多的磨难。这在当地流传下来的经文中得到了充分体现。如当地经文中描述的女娲与族人面对极端自然灾害时的情形：

> 大雨下了仨月整，我领着俺的人到山顶，
> 天塌地陷害水没沿儿，树木林朗都淹平。
> 没有民人哪有世界，俺站在高山上大放悲声。
> 无奈何啊，无奈何，俺又住到龙骨山洞。
> 老天又把黑风起，四面八方乱呼隆。
> 沉雷震得山摇地动，大小石头滚下山顶。
> 大石头碰着小石头，阴火接着阳火呼呼有声。
> 大火顺着风道跑，漫山遍野，树木林朗，
> 荒草芜棵都烧着了啊！
> 龙骨山遭天火人人胆惊，烧死了俺的人叫我咋都弄？

---

① ［英］杰恩·赫丽生：《艺术与形式》，《外国现代文艺批评方法论》，江西人民出版社1985年版，第137页，转引自刘亚虎：《神话与诗的演述——南方民族叙事艺术》，北京大学出版社2006年版，第205页。

我领着俺的人又逃性命，住到一个大山洞……①

在担经挑经文《女娲赞》中，开头几句是这样的："女娲娘娘从南来，头没有帽子脚没有鞋，身披芦叶泪满腮……"在《女娲圣母经》中也有类似描述："奔波天下到处走，寒风土中度时哀；曝日炎炎无遮盖，皮焦肉烂灾中灾"，从中不难看出女娲及其族人在面对自然的巨大灾难时，最初害怕恐惧而又无法与之对抗的凄苦与无奈。

当地民间经文所具备的"苦难"基调往往还通过演述人在演述时的情绪表现出来，他们在演唱经文时，唱至动人处，常常情不自禁，泪流满面，哽咽不成声。

（二）抗争：表明了伏羲、女娲面对自然的积极努力和英雄本色

在蛮荒时代，人类生存的基本要求和求生本能以及繁衍意向，是人类发展和历史进步的动力，由这种繁衍种群的意向，才有了对自然的抗争。并且，正是这种最原始的对自然力的抗争，才让伏羲、女娲本身作为创世大神外兼有了治世英雄神的神格。流传在淮阳及其周边地区的关于伏羲女娲的经文中，正是在伏羲、女娲一系列对自然灾难的英勇抗争中，放大了源于人的本质力量的英雄本色和崇高的悲剧功力。在对人类在蛮荒时代所经历的巨大苦难描绘后，经文接下来往往话锋一转，开始描述伏羲、女娲率领族人在艰难困苦的条件下所进行的积极的抗争。如在女娲圣母经（一）中就有这样的描写：

赤手空拳治世界，熬熬圣母难安排；
混沌昼夜与白天，女娲圣母神通大；

---

① 民间歌者曹凤英（女，1935年生，文盲，女娲城庙会十大会首之一）演述，张翠玲记录整理，见张翠玲：《女娲城祭祀歌舞研究》，郑州大学硕士学位论文，2002年，第50页。

炼击云石来补天，曾将五石炼五色；
四十九日天上安，四维天柱撑天起；
…………
泥土制人苦心肝，灵魂施进胎中去；
能跪会跳随母愿，老母干啥儿干啥；
结巢筑穴创家园，猛兽强敌来侵犯；
母带儿女排战鞍，若是饿了水中鱼；
或到林中找野餐……①

在女娲城庙会上，在张翠玲采集的祭歌中，也有类似的内容片段：

一个个棍棒拿在手，俺与那狼虫虎豹来斗争。
吃罢晚食儿去睡觉，门外长起火松明。
狼虫虎豹遍山野，怕那野兽伤俺性命。
有一个大长虫围住了俺，各样动物它都吃清。
女娲一见那才恼，俺与那长虫精大排战争。
太阳起杀到日过午，日过午杀到点火松，
直杀了七十个回合百十个趟，不分谁输并谁赢。
…………
天上碰了一个大窟窿，女娲一看心胆惊。
浑身树叶都脱净，热身子跳到大海中。
大海是捧出了五色石，背到俺的高山顶，
俺的人要是冻死完，世上无人咋都弄？
一层石头一层水，一层一层才炼成。

---

① 张金广口述，谢志明提供，转引自庞倩华：《女性与女娲：女娲信仰对女性主体地位的凸显》，河南大学硕士学位论文，2008年，第16页。

手托五色石把天补，头一回补天补不上，

二一回补天没补成，三一回补天还是不中。①

  这些流传下来的经文，为我们展现了一幅毒蛇遍地、猛兽横行、森林大火、淫雨不止，人们痛苦不堪的场景，歌唱了伏羲、女娲在这重重灾难中，流泪的苦斗、坚韧的生存，充满受难的宗教意味。通过经文能够看出，以伏羲女娲为代表的部族首领，是自然灾难的承受者，受制于自然，同时又不屈服于自然，是自然灾难的搏击者。其曲折的斗争过程体现着人对自然的主宰意识和伟大的生命张力。因为有了"种群的繁衍"这个最高目标，全部的受难与牺牲才有了价值。因此，原始的伏羲女娲信仰中体现的是一种"我受难，故我存在"的英雄悲剧模式。②

（三）胜利：昭示了对神力和正义最终战胜邪恶的崇高礼赞

  应该看到，当地种类繁多、功能不一的民间经文，大都具备了中国民间文艺的共性，即体现了以"善良必定战胜邪恶，悲伤、悲壮却与弃世绝望的悲观主义无缘；喜欢以'大团圆'结局昭示未来，骨子里洋溢着珍惜生命、热爱生活的乐观主义精神"③。这种"大团圆"模式是建构在独特的民族文化心理基础上的，和中国人始终极为虔诚地信奉"善有善报，恶有恶报"的人生信条密不可分。中国传统文化历来主张"积善余庆，积恶余殃"的因果报应思想，如《易》云："积善之家必有余庆，积不善之家必有余殃。"《尚书·商书·伊训篇》云："惟上帝无常，作善降

---

① 民间歌者曹凤英（女，1935年生，文盲，女娲城庙会十大会首之一）演述，张翠玲记录整理。见张翠玲：《女娲城祭祀歌舞研究》，郑州大学硕士学位论文，2002年，第52页。
② 张翠玲：《女娲城祭祀歌舞研究》，郑州大学硕士学位论文，2002年，第53页。
③ 梁一儒等：《中国人审美心理研究》，山东人民出版社2002年版，第391页。

之百祥，作不善降之百殃。"《国语·周语》云："天道赏善而罚淫。"① 当人们在现实生活中面临灾祸时，他们便坚信一切苦难终有尽头，忍耐和行善终究会赢得否极泰来的命运转机。所以，当人们听到演述人在演述跌宕起伏的情节时，也期盼并确信最终结局的完整，这其实也满足了人们的审美愉悦。如在《赞女娲》这首经文中，在描述了女娲创世的艰难后，便用大量篇幅介绍与自然抗争并最终取得胜利的成果：

  修下了那个星星修月亮，修下了那个太阳照四方，修下了那个五谷往上长。修下大路行车马，修下小路行人烟。修下黄河清又清，一直修到汴梁城，汴梁城里响金钟。修了三年修四年，一修修到五年整。修好道德功德满，修好这世界修满功。②

在当地的一首《颂人祖创世经》中，经文的前半段讲述了伏羲、女娲在经历洪水等种种灾难后，在下半段开始描述伏羲率领人们同自然抗争，并最终使人们在蒙昧社会里迎来了人类文明的第一缕曙光：

  伏羲氏，分东西，画八卦以代结绳。
  创干支，分八节，才懂了春秋四季。
  定姓氏，制嫁娶，结网罟以佃以渔。
  土结埙，制礼乐，分五音教化民人。
  别干戈，以示武，傲立于民族之林。
  筑城池，是宛丘，龙纪官指导民人。③

---

① 王月清：《中国佛教善恶报应论初探》，《南京大学学报》（哲学、人文、社会科学）1998年第1期。
② 李艳君（女，1957年生，文盲，淮阳县王店乡大许楼村人）演述，笔者2011年3月在大许楼采集。
③ 李长城（男，1949年生）演述并整理。见张念文、李长城主编：《中华民间经文汇编》（内部资料），第46页。

民间经文的演述过程，其实也是当地群众尤其是农村妇女种种困惑、压抑得以倾洒、宣泄的过程；同时又是她们真善美本质的呈现及对真善美的人类基本情感的呼唤和歌颂。在神灵的庇护下，在百无禁忌的表功、对功、守功活动中，她们在社会习俗传承力量驱动下，在不自觉的心理意识中，忘却了世俗社会强加给人们的一切礼法规范，内心的"真我"回归到自身，所以笨嘴拙舌者能说会道，不苟言笑者狂放肆态，不自觉地在灵歌妙喉，在翩翩起舞中，淋漓尽致地展示"真我"。经文和表演形式的丰富，使人们将生活的阴郁和苦难记忆留在神坛；并通过信仰祭拜而重新得到了追求真善美的"神力"，并将之作为抗御新生活苦难的动力，而自身因世俗生活被压抑或埋没的无限才情，又会因此得到了淋漓尽致的发挥和代代传承。[1]

诸如此类的民间活动，当它们只是民众自娱娱人的艺术形式的时候，我们需要关注和探讨的是它的技术和艺术水平的高低；但当它成为人们表达意义和观念的象征，被赋予了更高一级的意义，进入观念世界中神圣的阈界的时候，对它的认识和评判就应该摆脱既定的规范和尺度，达到用心去感受和体会的境界了，这是一个至高的创造境界。它是行动者与自我观念中的最高精神存在交互沟通的结果。世俗的表演性艺术永远无法达到，也永远不能带给观众这种至高的精神体验。这是"一切原始艺术和民间文化的本质特征，有着摄人心魄的艺术魅力"[2]。丰富多彩的民间经文，无论是从历史到现实的纵向展示，还是四方杂唱、八方异音的横向切面，都根植于当地民间深厚的伏羲女娲信仰土壤，都表现了庙会文化对伏羲女娲信仰的承载和对民间艺术巨大的收容功能，为我们提供了鲜活的资料，对于研究民间叙事方式的演变，见证民间伏羲女娲信仰的发展历程有着积极意义。

---

[1] 张翠玲：《女娲城祭祀歌舞研究》，郑州大学硕士学位论文，2002年，第24页。
[2] 吴效群：《妙峰山：北京民间社会的历史变迁》，人民出版社2006年版，第103–104页。

第三节

图像叙事——泥泥狗事象的信仰表达

图像叙事是以图像符号为基本表意系统和载体的叙事表达，是传统文化中的一种基本语言和表述方式。对于图像在叙事中的作用，古人早有清楚的认识，西晋陆机曾提出"宣物莫大于言，存形莫善于画"的观点，唐代张彦远在《历代名画记》一书中，极尽描述图像的长处："记传所以叙其事，不能载其容，赋颂有以咏其美，不能备其象，图画之制，所以兼之也。"宋代郑樵在《通志》一书中首开"图谱"一略，主张图文互证，将图像资料纳入史学框架的模式："见书不见图，闻其声不见其形；见图不见书，见其人不闻其语……后之学者，离图即书，尚词务说，故人亦难为学，学亦难为功。"[①] 近年来，随着图像作用的被重新认识，不论是在日常生活还是在学术研究中，"图像"的关键作用都日益凸显出来。美国学者安东尼·卡斯卡蒂（Anthony J. Cascardi）曾指出："图

---

① （宋）郑樵：《通志》卷72，图谱1，志837，浙江古籍出版社2000年版，第1271页。

像不只是无处不在——存在于任何表面之上或任何媒介之中,而且占据了一个先于'事物本身'的位置;今天的世界甚至可以用'图像先行'来定义。即图像不仅仅在时间上,而且在本体论的意义上均先于实在。"[1] 笔者之所以尝试将泥泥狗引入图像叙事的范畴,不仅是因为泥泥狗作为在民间有着悠久历史的民间工艺美术形式,其本身携带了丰富的原始文化信息;更在于它自身具备了图像尤其是神话图像的性质,泥泥狗从诞生以来就和伏羲女娲神话及信仰有着极为密切的关系,它的起源、造型、色彩、纹饰乃至功用无不带有伏羲女娲神话及信仰的色彩。它具有"丰富的文化内涵,折射和再现了远古历史,不少泥泥狗至今可以反映出远古人的生活和向往"[2]。

一、生成语境的还原:泥泥狗的前世今生

傅修延在《先秦叙事研究——关于中国叙事传统的形成》一书中指出:"在未摸索出用文字记事之前,为了突破时空的限制,古人尝试过用击鼓、燃烟、举火或实物传递等方式,将表示某一事件的信号'传于异地';发明过结绳、掘穴、编贝、刻契和图画等手段,将含事的信息'留于异时'。"[3]但这些"叙事"手段大多都难以避免被历史淹没的命运,图像却是一个例外,至今还留在远古洞穴或岩壁上的原始图画就是最好的明证。它们能够让我们在解读原始人物质世界和精神世界时多了一些凭借和参照。可以说,在文字产生之前,图像是唯一重要的远古人类留下的遗迹,没有相关图像或器物的佐证,人类对"史前史"的撰述和理解都无法想象。就是在文字产生之后,图像依然成为许多敏感的、富有创

---

[1] [美]安东尼·卡斯卡蒂著,张志斌译:《柏拉图之后的文本与图像》,《学术月刊》2007年第2期。

[2] 倪宝诚:《民俗文化:民族文化的根》,《河南日报》,2007年4月11日,第8—9版。

[3] 傅修延:《先秦叙事研究——关于中国叙事传统的形成》,东方出版社1999年版,第7页。

见的历史学家、文学家思想和灵感的激发物。[①]

淮阳泥泥狗均是未经烧制的泥塑，土里土气、原汁原味，充分体现了原始混沌初开的古拙与神秘精神。实际上，"它身上的每一个元素都是伏羲时代社会习俗的反映，都带有伏羲女娲文化的特色，它们交织在一起，成为当代人们解读那个时代的天窗"[②]。泥泥狗被一些学者看作几千年流传下来的关于伏羲女娲的民间集体记忆。因此对泥泥狗进行图像学意义的分析，将其还原到最初生成的语境和场域中去，分析泥泥狗产生的原因，探究泥泥狗本身所叙述和携带的原始信仰因子，并阐释泥泥狗与伏羲女娲信仰深层次之间的联系显得尤为必要。

（一）泥泥狗的由来考

泥泥狗这种古老文化遗存在史籍中并无记载，至今没有谁能说清它的来龙去脉，从当地的遗风中我们可以证实：泥泥狗和当地人祖的信仰有着密不可分的关系。是祭祀人祖伏羲女娲用的一种"圣物""吉祥物"。它（们）担当着沟通人与神灵的重任，寄托了人们对祖先的信仰和崇拜。随着历史的发展，人们对这一"物"产生多方面的需求，也引起了其功能的演变，使之逐渐具备了娱神、娱人的多种功能。淮阳泥泥狗品类、系列极为奇特，多属不可名状的奇禽怪兽，古拙简朴，承载了许多传统文化信息，这种现象的出现并不是偶然的，它和当地悠久的历史文化背景及民间信仰有着千丝万缕的联系，是远古时代祖先崇拜、生命崇拜的遗留。

泥泥狗的由来，在当地流传着很多有趣的故事和传说，主要有以下两种说法：

1. 泥泥狗又叫"陵狗"，是人祖伏羲的印记。在太昊陵古庙会上，

[①] 龙迪勇：《图像叙事与文本叙事——故事画中的图像与文本》，《江西社会科学》2008年第3期。

[②] 李红军：《寻根淮阳》，河南大学出版社2009年版，第207页。

很多人都认为,"泥泥狗是人祖爷喂的狗,是给人祖爷守灵的"。太昊陵庙会以泥泥狗作为祭祀伏羲的"神物"。淮阳民间仍流传着"伏羲与盘瓠"的神话,大意是有狗称"五色犬",被扣在金钟内,变成人首狗身,即伏羲氏也。

2. 是伏羲和女娲抟土造人神绩的延续[①]。泥泥狗是伏羲女娲抟土造人时流传下来的,他们在造人之后用剩下的泥捏成了小狗、小鸟、小鸡等的造型,即是后来的泥泥狗。泥泥狗是远古时期伏羲女娲抟土造人神话的艺术再现。

两种说法的出入间接反映出了伏羲女娲文化中的一个本源信息,即伏羲、女娲两位大神是各自独立的,后来在洪水故事和灾难后兄妹配婚再造人类故事的粘连复合作用下,走到了一起,并具备了兄妹及夫妻的双重身份。根据目前学界成果,伏羲、女娲本为不同部族之人所信奉的始祖或文化英雄,随着部落、民族的交流与融合才被撮合到一起,在亲缘上开始具有兄妹、夫妇乃至二者兼有的身份。[②]那么泥泥狗的产生和伏羲、女娲对偶神形成时间上便有了以下三种可能:

1. 泥泥狗由信奉女娲的部族所最先制作,以纪念女娲抟土造人,随着两部族的融合,又逐渐融入了伏羲的文化符号;

2. 泥泥狗由信奉伏羲的部族最先制作,用于祭祀伏羲,为伏羲守陵,随着部族间的融合,又杂糅了女娲文化及其他部族文化的丰富信息;

3. 两个部族融合或结成部祖联盟后,泥泥狗才开始出现,它出现时,伏羲女娲文化已经充分融汇并形成。泥泥狗呈现的是完整的伏羲女娲文化。

笔者持第2种观点,依据如下:

[①] 在中国大部分地区的神话传说中,抟土造人一直是女娲独有的功绩,但在淮阳当地的传说中,演化为了伏羲和女娲共同的功劳。

[②] 荣真:《中国古代民间信仰研究——以三皇和城隍为中心》,中国商务出版社2006年版,第32页。

1. 从泥泥狗的名称和具体形态上，符合伏羲部族的基本特点。太昊伏羲氏被看作中国发展畜牧业的始祖，狗可能是首先被征服，为人守户、报警、保护畜群。这时，人的思想认识是图腾崇拜，认为狗是上天派下来拯救生灵的，是人和畜群的保护神。并且当地还流传着伏羲是由五色犬变来的传说。《封禅书》记载："德公，伏犬畤磔狗邑四门；以防蛊。"很明显，这是把狗视为图腾神，一种镇物。历史发展到汉代，依然有把犬作为"尊人"之说。徐慎《说文》解析"伏"字为："伏者，伺也。臣伺事于外也。从人犬。犬，同人也，不曰犬人，而曰人犬，列于人部者，尊人也。"伏羲去世后，人们为了纪念和祭祀伏羲，在祭典时捏制出了泥泥狗。随着部族间交流和融合及捏制泥泥狗习俗的延续，相继出现了反映远古社会其他氏族部落图腾和生活现象的各种造型，都加入了"狗"的行列，这些泥玩具统称为泥泥狗。

2. 从泥泥狗制作地及流行中心区[①]来看，与各种文献记载及民间流传的伏羲活动中心区相对一致。根据泰勒（Edward B.Tylor）关于"文化遗留"观点（泥泥狗一直被认为是远古社会仪式、信仰的物化和承载者），一个区域内流传下来的仪式、习俗、观点等是在此区域内发生过的初级文化阶段的生动的见证或活的文献。[②] 淮阳和相邻的西华是伏羲女娲文化中两个相对独立而不又不排斥的中心区，分别存在着伏羲信仰圈和女娲信仰圈。而在西华女娲信仰圈的中心区内却没有捏制泥泥狗的习俗。

3. 从表现内容上，泥泥狗与传说中伏羲时代的特点相吻合。伏羲所处的时代乃是母系氏族社会向父系氏族过渡的变革时期，此时婚姻制度开始向一夫一妻制转变。伏羲"始制嫁娶，以俪皮为礼"，说明当时在生产形态上已由渔猎生产过渡到畜牧生产，渔猎仍占主要地位。《易传·系

---

① 泥泥狗的制作地全集中在太昊陵东五谷台、金庄、武庄、丁楼等十几个村庄，全部属于淮阳的区域。

② ［英］爱德华·泰勒著：《原始文化》（重译本），连树声译，广西师范大学出版社2005年版，第11—12页。

辞》中说,"做结绳而为网罟,以佃以渔,盖取诸禽"。泥泥狗表现了当时生产力的特点,种类繁多的泥泥狗,包容了牛、马、犬及飞禽走兽,说明了这些兽类跟人类的关系。

由此可见,泥泥狗应该最早是产生在以渔猎为主业的伏羲部族,伏羲部族的先民们视狗为神物,用泥捏制狗的形象用来祭祀祖先,以求得祖先的庇护和保佑。随着部族的不断融合,其他部族的图腾又陆续融入,泥泥狗的形象也得以不断丰富,其所承载的信息量也日益增多。而"纪念女娲抟土造人"的说法应该是后人附会上去的。而带有巫术神秘目的和祭祀仪式功能的捏制活动极有可能是促成泥泥狗生成的动因,为了使捏制收到最大的效果,满足功能的需要,先民在创作时总是试图将自己的愿望表达得更为清楚而非更优美,含义的清晰表达成为先民对捏制效果的首要追求,这无疑增强了泥泥狗的叙事功能。

(二)泥泥狗对伏羲女娲信仰原始思维方式的反映

原始思维是指人类初具的心理活动与思维,是一种"集体表象"[①]的情感体验,是中国文化的一种母体意识和心理基型。伏羲女娲信仰的思维方式在很大程度上是原始社会中"万物有灵"的原始思想,这也被看作信仰思维的直接发祥地,抑或说"原始思维本身就蕴含或表征着信仰思维"[②]这种思维方式习惯把信奉的神灵和自然现象具象化,至今还影响着泥泥狗艺人对于事物的认识把握,如泥泥狗在捏制中整体以一个团块造型出现就被看作原始思维的具体体现。泥泥狗产生于远古时代,其创作者在原始集体主义和集体意识的支配下,往往采用整块的创作观念来表达先民对生命、对自然的认识。因此泥泥狗从不精雕细琢,而是大刀阔斧、粗塑拙绘,以泥泥狗"十二生肖"造型为例,不论牛、马、狗、

[①] "集体表象"来源于法国人类学家 E.Durk-heim 的"集体精神"(collective mind),主要指人类存在着集体意识,并在行为上体现出集体共有的表象文化。
[②] 荆学民:《人类信仰论》,上海文化出版社 1992 年版,第 171 页。

羊都是比较注重对动物头部的塑造，躯干被统一为一种粗犷而简略的模式，仅捏出它们的粗略形体，然后再象征性地点染鲜艳色彩后就活灵活现。此外泥泥狗其他造型，如蛙、龟、泥鳖等，都是以删繁就简的稳定的整体性造型和强烈的动感凸显泥泥狗的整体特征。

对伏羲女娲信仰中原始思维的呈现还集中表现在泥泥狗所携带着祖先崇拜和图腾崇拜因子。祖先崇拜和图腾崇拜可以看作伏羲女娲信仰的一种初级阶段，也是信仰本身的重要组成。

古代中国的图腾崇拜出现得比较早，在仰韶文化中期就出现了明显的图腾崇拜。半坡人因为以捕鱼为生，他们就把鱼神化为自己的图腾。在他们的生活器具上到处都有鱼形纹、人面鱼纹（泥泥狗中就有"人面鱼"的造型，见图4-1）。传说中，黄帝率领"熊、罴、貔、貅、䝙、虎"与炎帝大战，据现在专家考证，其实这六种怪兽代表的是六个以各个怪兽为图腾的部落。泥泥狗以各种各样的动物或似人似兽的怪兽作为造型，与原始先民把动物、植物或非生物画在旗帜上作为自己氏族的图腾有惊人的相似之处。

图4-1 泥泥狗"人面鱼"

泥泥狗中有一支种类、数量颇为壮观的"鸟家族"，如九头燕、猴头燕、多子斑鸠等（见图4-2、4-3）。传说中国古代东夷少昊氏族集团即是以鸟为图腾的，而作为太昊伏羲辅佐神的句芒，在记载中是"少昊之裔子"，是人面鸟身的形象，这和泥泥狗中猴头燕的造型十分吻合。在以蛇为图腾的伏羲氏族中大量鸟图腾形象的出现，其实反映出远古时代东夷太昊、少昊氏族集团交融合并的历史侧

第四章 民间叙事

图 4-2 泥泥狗中的"九头鸟"形象（笔者 2010 年 5 月 31 日拍摄与淮阳泥泥狗博物馆）

图 4-3 "猴头雁"泥泥狗（淮阳太昊陵保护中心供图）

影。① 随着各氏族部落融合的加速，众多的原始图腾形象逐渐走向消退并被替代。但泥泥狗这种古老的民俗事象却悄悄把诸多原始民俗中古老图腾形象的原型符号承载了下来，并约定俗成地代代流传下来，这也使泥泥狗具备了"活化石"般的特殊意义。

泥泥狗造型神秘、怪诞，用夸张的手法，捏塑形简且特征突出的造型。这种变形、象征、符号化的造型，所表现出来的神秘凝重气氛，给人强烈的神秘感，能使人产生对神明、祖先的敬畏感与崇高感，这符合原始社

图 4-4 泥泥狗"混沌"（笔者 2010 年 5 月 31 日拍摄与淮阳泥泥狗博物馆）

会祖先崇拜的特点。在泥泥狗中最为独特的造型是"混沌"，表现的是宇宙没有形成时世界处于天地一体的混沌状态，它看上去神秘悬疑，似人似兽，似龟似鸟，带有浓厚的图腾色彩（见图 4-4）。这个造型也是祖先崇拜的典范表现。泥泥狗造型形象是以原始信仰为基础的伏羲女娲信仰

① 乔晓光：《天下第一狗》，《中华遗产》2006 年第 4 期。

303

的典型体现，可谓是淮阳当地伏羲女娲信仰原始遗风的全息浓缩。泥泥狗本身包含着伏羲女娲信仰中古老而原始的动物信仰、祖先信仰和生殖崇拜信仰的内容，与当地的祭祀风俗和信仰礼仪密切相连。如同高有鹏所言："淮阳泥泥狗与信仰和崇拜的联系是非常密切的，或者说它表现的内容就是信仰和崇拜。"[1]

二、具象和抽象相统一的信仰表达

泥泥狗属于神话图像的范畴，神秘主义和神圣性的结合赋予了它无穷的内涵。和伏羲女娲信仰间千丝万缕的联系使它具备了很多信仰的元素，并形成了泥泥狗叙述、表达伏羲女娲信仰的独特作用。而泥泥狗在形象塑造上所具备的写实和抽象有机结合的特点，决定了它在信仰表达上具象和抽象统一的特点。

（一）叙事类图像与非叙事类图像

如果从叙事的角度来分，泥泥狗的造型种类包括叙事类图像与非叙事类图像。叙事性图像则可以分为四种：抟土造人类、生殖崇拜类、图腾崇拜或祖先崇拜类、吉祥物类。人祖猴、神龟渡海、昆仑滚磨、草帽老虎及混沌造型等属于抟土造人类，其中当地最常见的泥泥狗"小泥鳖"更是其中的典型图像：小泥鳖在淮阳也叫"尿鳖子"，意思是很贫贱、不值钱。小泥鳖之所以典型，一是因为量特别大，在泥泥狗中成堆成片，价格也相对低廉，也最受民众青睐；再就是小，只是一个小泥点，长仅2厘米，中间一弯分出头、身，头顶尖，身子扁，着黑色，有通音孔，能吹出哨子一样的响声。小泥鳖虽小，但却反映出女娲抟土造人的神话和淮阳抟土造泥泥狗之间的密切联系。并且小泥鳖是泥泥狗造型手法的基

---

[1] 高有鹏：《民间庙会》，海燕出版社1997年版，第26页。

础,被称为"一点造人"。泥泥狗实际就是"一点"造型,大点、小点、圆点、弯点,点点叠加,形成丰富多彩的艺术形象。猫拉猴、双头狗、人兽同体、双头鸟、猴头燕、多子斑鸠等属于生殖崇拜类;猴抱桃(见图4–5)、母子猴、八卦龟等则属于吉祥物类。

非叙事类图像的泥泥狗包括原生型泥泥狗和生肖泥泥狗等,造型较为具象、真实,观其外形,人们就可以轻易捕捉到它们在大自然中的原型,如鸟、鱼、蛙、龟、蛇、蝙蝠等。

图4–5 "猴抱桃"泥泥狗(淮阳太昊陵保护中心供图)

(二)写实性和象征性的表达方式

从表达方式来看,泥泥狗具有写实性和象征性的特点,从而在对伏羲女娲信仰的表达上形成了具象和抽象的互相统一。

1. 写实性

泥泥狗的题材包罗鸟、兽、鱼、虫与人物,种类繁多,除了变形后的奇形怪状的泥泥狗外,其中有很大一部分泥泥狗是以单体或同类复合体的形式出现。从视觉效果看,具备很强的写实性。但从另一个方面说,泥泥狗的写实又具备了很大的幻想性,这实际上也切合了泥泥狗神话图像的性质。捏制泥泥狗的民间艺人对于写实充满了自身的能动力,不模拟对象,而是熟识谙记,依照自己对固有形态形象的理解进行创造,取其本舍其末,以神造型。淮阳泥泥狗中的许多兽类造型就是以幻想的写实方式进行创造,并不忠实于眼睛所见,而是忠实于心理感觉,服从心中所想。这正如苏珊·朗格(Susanne K. Langer)在《艺术问题》中提到的一样,"模仿虽然忠实与它所见到的东西,但它觉得不是一种平常意义

305

上的描写，它是建立在表现基础之上的"①。

2. 象征性

象征性主要体现在泥泥狗的造型和纹饰两个方面，从造型上看，抽象和变形是泥泥狗主要的造型方法。泥泥狗中抽象和变形的运用，是将所感兴趣的或是受其观念造型影响将其所要表达的内容加以放大或缩小的形式物化于艺术品中，将其标志性形象部分凸现于其他要素之上，突出和简略的部分形成一种超常的结构，从而使泥泥狗散发出勃勃的生命力。②如在"人面猴"造型中，当地民间艺人运用象征手法，抓住了创作对象最为突出、典型的特征，并进行大胆取舍夸张，甚至完全忽略了下肢，竭力夸大绘有生殖符号纹饰的躯干，高度放大了女性的性特征，把创作对象上的某些感兴趣的图形直接呈现出来。

从纹饰上看，泥泥狗纹饰种类很多，包括类蝇纹、马蹄纹、三角纹、菱纹、叶纹、花卉纹、葫芦纹、太阳纹等，这些纹饰大多属于女性生殖器官的变异形式，显然是生殖崇拜尤其是女性生殖崇拜的象征。泥泥狗最常见的装饰花纹是在其腹部枣核形状的花纹，一圈套一圈，用红、白、黄、绿描绘在黑的底色上，外围再绘以毛状线条，很容易让人联想到女人的阴部。这种直接表现的装饰图案是泥泥狗的一个重要特点。人类原始艺术往往把实用性放在第一位，泥泥狗所体现出来的纹饰特点，实际上是先民在造物活动中创造出来的物质与精神层面的复合体的表现，象征并契合了中国文化天人合一的宇宙意识。伏羲观天地、类万物，一画开天，创造了八卦，开拓了中华文明的天地，将先民从混沌世界中解放出来，使人类知天地、方位、阴阳，"制嫁娶以修人道"，被认为是中华民族的启蒙祖先，并在当地民间形成了浓郁的生殖崇拜文化，而泥泥狗则可以看成是生殖崇拜的古老物化表现。

---

① [美]苏珊·朗格：《艺术问题》，滕守尧译，南京出版社2006年版，第23页。
② 程格格：《从审美心理看淮阳泥泥狗艺术》，《书画艺术》2007年第1期。

泥泥狗作为原始文化的嫡传，无论是造型、纹饰、着色乃至意蕴，都在强烈地反映出民众"生殖繁荣"的美好祈愿。泥泥狗中的"人猴"造型、"连体类"造型以及其无处不在的装饰性生殖符号等都指向了这个人类群体的基本追求和生命理想。联系太昊陵庙会"朝祖"与"求子"两大主题，这种对代代延续、生生不息的原始追求，无不集中体现着民众对"生殖繁荣"的渴望和诉求，而这些都与生命、圆满、长寿相关，所以追求完整、圆满、和谐、稳定成为民众依附于泥泥狗身上的基本信仰表达。①

三、与神话演述文本的互动

由语词或话语构成的文本与图像之间存在着非常复杂的关系，如同龙迪勇所说："语词是一种时间性媒介，图像则是一种空间性媒介，但由语词构成的文本却总想突破自身的限制，以达到某种空间化的效果；而图像意图在空间中去表现时间和运动，以达到叙事的目的。亚里士多德论述过诗歌与绘画的平行关系，贺拉斯的名言'诗如画'更是建立了它们的姊妹关系。在西方历史上，关于图像与语言的关系的争论，可谓是一场'符号之战'。"②泥泥狗作为依附于伏羲女娲信仰的民俗事象，在淮阳当地深厚的伏羲女娲文化中，不可避免和伏羲女娲神话、传说的其他叙事手段发生联系，并出现了印证、补充和模仿演述文本的情况。

（一）与《山海经》的"互文性"关系

《山海经》被学界看作忠实记录中国远古神话的最古老的地理书，书中虽无明确记载伏羲，对女娲的记载也是一带而过，但却不可否认它和

---

① 程格格：《从审美心理看淮阳泥泥狗艺术》，《书画艺术》2007年第1期。
② 龙迪勇：《图像叙事与文本叙事——故事画中的图像与文本》，《江西社会科学》2008年第3期。

伏羲女娲神话之间存在的深层次联系。泥泥狗所表现的内容丰富而奇特，每个形象都有其深刻内涵，有的简直就是古书《山海经》里描述的奇禽怪兽的"图解"。如"草帽老虎"是泥泥狗中比较经典的形象，一直被解读为是对伏羲、女娲兄妹成婚时"结草为扇以障其面"神话情节的艺术再现。但却和《山海经》中名曰"类"的一种兽的记载相似。《山海经·南山经》载："爰之山……有兽焉，其状如狸而有髦，其名曰类，自为牝牡，食者不妒。"《通雅》云：虎"或曰狸儿……""有髦"即脑后有扇面状的毛片，象征"遮面"。"其名曰类，自为牝牡。"《列子·天瑞》云："爰之兽自孕而生曰类。"庄子亦曰："类自为雌雄。"这样看来，遮面并不完全为了遮羞，而是约定俗成，有"法律"的作用。据此可以说明泥泥狗中草帽老虎实有婚配与性交的内涵，且存在古代婚俗之根源，应该也是伏羲定婚姻、制嫁娶的神话表现。

抱桃猴也是泥泥狗中的一个独特造型，属于"人面猴"的一支。在《山海经》多有记载。《山海经·西山经》："崇吾之山……有兽焉，其状如禺而文臂，豹虎（尾）而善投，名曰举父。"禺即母猴，《说文》曰："禺，母猴属。"

其他如猴头燕、九头狮子、独角兽、四不像等泥泥狗造型与《山海经》描述也有很多一致。如《山海经·中次四经》称"自鹿蹄之山至于玄扈之山，凡九山"，"其神状皆人面兽身"等。此外在《西次四经》《海外南经》中也有体现。泥泥狗造型中更有一种被泥泥狗艺人们称为"山海经"的怪诞造型（见图4-6）。它和《山海经》两者"互文"和

图4-6 泥泥狗"山海经"（笔者2010年5月31日拍摄与淮阳泥泥狗博物馆）

互相印证其实恰恰表明了泥泥狗作为神话图像与神话、传说间的本源关系。

（二）对伏羲女娲神圣演述文本的补充和模仿

泥泥狗的每种形式都有其神话来源，都是为内容服务而被民间艺人创造出来的。它的形式与内容结合得十分完美，不但包含着光怪陆离的神话传说，又充满着强烈的信仰色彩。在伏羲女娲神圣叙事的庞杂体系中，泥泥狗发挥着神话图像的优势，补充了演述文本在色彩、形式描绘上的弱势，如泥泥狗在用色传统上所体现出来的文化和信仰色彩就是最好的佐证。

泥泥狗作色有严格的规定，只能是黑、青、红、黄、白五色，自古及今千古传承。五色代表了"五行"，正是我们中华民族历史悠久的"五色观"中的五种颜色。"五色观"由来已久，究其源头应与五行有关。五行产生于原始初民对自然的崇拜，随着原始人类生产水平的提高和原始农业的进步，"五行"逐渐形成。最早系统地记载"五行"的是《尚书·洪范》，其中记载："五行，一曰水，二曰火，三曰木，四曰金，五曰土；水曰润下，火曰炎上，木曰曲直，金曰从革，土爱稼墙"。另外，泥泥狗作为一种反映远古文化的实物，以黑色作底的用色习惯和古代的尚黑习俗一致，体现了伏羲女娲文化所代表的远古文化，也是远古先民审美水平的直接呈现。

在伏羲女娲文化中，文本占据了叙事作品的绝大多数，是叙事传统中的绝对主流。按照法国学者加布里埃尔·塔尔德（Gabriel Tarde）的"模仿律"，"优势媒介"容易成为"范本"而被模仿，因此出现了叙事性图像模仿叙事文本的倾向。[①] 泥泥狗对演述文本的模仿在近年来的作品里

---

① [法]加布里埃尔·塔尔德：《模仿律》，何道宽译，中国人民大学出版社2008年版，第64页。

图4-7 泥泥狗人首蛇身的伏羲女娲（笔者拍摄）

有着一些体现。笔者在淮阳县许楼村进行田野调查时，在泥泥狗艺人许汝章的作品陈列架里就看到了人头蛇身的伏羲、女娲以及二神交尾的泥泥狗形象（见图4-7）。而在传统的泥泥狗造型里，泥泥狗偏重于动物，很少涉及人物，更无伏羲、女娲这类人蛇同体的形象出现。当我问及作品的出处时，许汝章告诉笔者，这是他中学毕业的儿子"自己根据书上捏的"，这显然是受到演述文本的影响，是民间艺人在创作时对演述文本有意无意地模仿。

四、风格、手法的多元化与叙事表达的趋同性

将泥泥狗作为神话图像并进行图像叙事研究时，有一个问题无法回避，那就是泥泥狗由不同民间艺人手工捏制、创作，他们在创作时的凭借是祖祖辈辈手口相传的捏制方法以及自己独特的生命体验，这就造成了可能同样一类作品，却因风格和手法不同，而有不同图像呈现的情况；即使同一个艺人，在不同时期创作出来的同一题材的泥泥狗，可能也会有细微的差异。再加上泥泥狗本来就多达500多种的造型种类，这使得泥泥狗图像出现了蔚为大观的局面，增加了研究的难度。

（一）风格、手法的多元化

淮阳当地制作泥泥狗的艺人分布在太昊陵东的金庄村、许楼村、武庄村、丁楼村、王坑村、陈楼村等12个村庄内，其中以金庄和许楼为最多。各个村捏制的专长并不一样，如陈楼村主要捏制"小泥鳖"，许楼村

图4-8 草帽老虎1（笔者2010年5月31日分别拍摄于淮阳泥泥狗博物馆和附近商摊，图4-9同）

图4-9 草帽老虎2

的"大花货"远近闻名等。相应地，每个村的泥泥狗捏制风格也不相同，在笔者看来，金庄的泥泥狗造型更大气、美观，许楼的泥泥狗色彩和纹饰更为艳丽；丁楼的泥泥狗则更中规中矩。在不同艺人之间，捏制泥泥狗的风格、手法也会存在差异，以草帽老虎为例，不同的艺人有着不同的表现形式：有的圆帽尖顶，有的帽为面平，有的头部上下都有帽檐儿，有的脑后呈扇面状；多数帽上彩绘鼻眼，并且身体上的花纹和用笔也都有差别（见图4-8、4-9）。

同一个民间艺人不同时期创作的作品风格也存在着细微差异，除了技法上日趋成熟和完善的因素外，同时还掺杂着创作主体独特的生命体验和对被创作对象理解上的变化。以当地著名民间艺人房国富为例，他早年捏制的"大花货"——"百鸟朝凤"与现阶段的同题材作品相比就有不小的差异：首先是凤与百鸟的布局发生了改变，现阶段的作品更加突出了凤的中心位置和比例；其次是彩绘线条更加简练而合理；最后就是整个图像画面更加和谐，更加突出了鸟崇拜的民众心理。

不同村庄、不同艺人、同一艺人的不同时期所创作出来的作品，在风格和手法上的或大或小的差异，使泥泥狗呈现出了多元化的表现形式。

（二）叙事表达的趋同性

泥泥狗作为一种史前文化遗存，其本身承载着厚重的伏羲女娲信仰，经过人们世代手口相传延续到今天，其本身已经具备了相对成熟的内质；从神话图像或者说图像神话的角度上来说，泥泥狗在早期作为伏羲女娲神话主要传承方式之一，它通过其所保存的知识系统对伏羲女娲神话进行传承，它的每一个形象、每一个符号、每一笔色彩都带有着伏羲女娲信仰的深深印记。

泥泥狗的表现形式虽然具备多元化的特点和风格，但它们却无一例外都遵从、服务于内容，使泥泥狗作为神话图像始终具有神圣叙事的特征，并在传承伏羲女娲信仰方面发挥着稳定的作用。如同当地泥泥狗民间艺人在面对"泥泥狗流传下来的原因是什么"的提问时，几乎众口一词的答案："为了纪念人祖爷、人祖奶奶，宣扬他们的功绩呗。"

（三）多重因素对泥泥狗神圣性的冲击

随着近年来民间文化热潮的兴起，泥泥狗也在悄悄发生着改变。首先是一些民间艺人突破了原来泥泥狗种类的局限，借鉴其他艺术形式，新创作出来了一些泥泥狗作品，一些诸如"鲤鱼跃龙门""功名利禄"等迎合市场的作品接连面世，神圣性大大减弱；其次是为了实现大批量生产，模具被引入并部分取代了原来的手工捏制，比如泥泥狗的经典形象"人面猴"目前有相当一部分是模具的产物；最后是传统的泥泥狗用色观念被打破，在原来只用黑、白、红、绿、黄五色的基础上，粉红、蓝色等开始频频出现在泥泥狗的身上。以上这些因素也是信仰艺术化的一个必然演变过程，在这个过程中，如何克服多重因素对泥泥狗神圣性的冲击、克服泥泥狗由原来信仰因素居多转变为审美因素居多而带来的造型变异、失去纯朴等诸多问题显得非常迫切和必要。

  近年来，针对神话图像或者说图像神话的研究仍然相对匮乏，但实际上，在文字产生以前，神话图像在史前神话的保存和传承方面发挥着非常重要的作用，同时承载了复杂的原始的民间信仰。文字产生后，以语词和语言组成的演述文本占据了神话叙事的主流，这很大程度上弱化了图像的叙事和传承功能，但由于它和神话及信仰间存在的天然联系，神话图像依然不可替代。诚如叶舒宪所言："在后现代的知识观中，图像的作用已经超越了唯文字至上年代里的所谓插图，它们不再满足于充当活跃文字阅读效果的附庸或调料。因为图像所代表的实物和想象物，足以充当引领文字躯壳的叙事魂灵，成为实现对读者、观众的视觉说服的呈堂证据！"[①] 泥泥狗作为一种罕见的古老民间工艺形式，一直以其奇特、怪异的造型和携带着神秘、神圣的原始文化被誉为是"真图腾""活化石"，其本身蕴藏着中国早期社会的古代社会意识与思维模式，镜像了丰富的观念符号系统。而泥泥狗所具备的伏羲女娲信仰因子使其在传承伏羲女娲信仰文化、表达民众信仰情节和深层次信仰心理方面继续发挥着独特作用。

[①] 叶舒宪：《熊图腾：中华祖先神话探源》，上海锦绣文章出版社2007年版，第14—15页。

第四节
民间叙事与伏羲女娲信仰

应该看到，淮阳地区信仰有组织、有教义的系统宗教的民众所占比例并不高，相比之下，伏羲女娲信仰有着更为广泛的群众基础，是当地民间信仰的重要组成部分。并且淮阳的伏羲女娲信仰经过数千年的积淀，已经变得系统化和规模化，潜移默化地影响着当地甚至中原地区一代又一代人的心理经验和人生态度，形成当地民众特有的伏羲女娲情节，进而影响着他们的行为准则。更重要的是，伏羲女娲信仰在很大程度上是通过淮阳伏羲女娲的神话、传说故事、民间经文及图像等叙事方式得以沿袭和传承的，其中蕴含着丰富信息和生动内容，不仅是淮阳民俗文化的典型代表，而且深刻影响着当地民众的精神生活。

民间叙事的内容往往是创作者最初根据自己的人生经验和审美理想进行想象创作，进而通过群众的口耳相传而得以广泛流播的，他们所体现出来的创作意识，其实已整合了当时、当地民众世代相传的观念体系与行为系统，是区域内民众尤其是创作者本身信仰心理的特殊体现。在这一过程中，民众常常有意识或者无意识地演绎传达出自己的民间信仰和精神追求。通过考察我们可以发现，蕴含在淮阳民间各种叙事方式里的伏羲女娲信仰的闪光。应该说，民间叙事与民间信仰有着密不可分的关系，这在淮阳当地的民间叙事与伏羲女娲信仰的关系中，得到了充分体现。笔者在此对民间叙事与民间信仰之间的关系和互动性进行研究，试图廓清淮阳当地民间神圣叙事与伏羲女娲信仰存在着的深层次联系。

一、从信仰到叙事

民间信仰通常根植于民众的深层心理结构之中，并在最初主要以神圣叙事的方式对民间社会发挥作用。随着民间信仰的进一步发展，其原本带有的浓厚神灵色彩逐级消褪、弱化，在传播、传承态势上越来越呈现大众化和模式化，诸多相关的民间传说和民俗事象随之产生，它们反过来又丰富了民间信仰的传播、传承的方式和手段，使民间信仰以更具活力的形态存于民间传说中。最终形成了民间信仰与民间传说互为作用、互为表里，构成了民间基层社会极富活力的文化运动。[①] 淮阳当地丰富的民间叙事是建立在伏羲女娲信仰的基础上的，是伏羲女娲信仰的重要载体，在很大程度上服务于伏羲女娲信仰。抑或说，当地的民间叙事是以民间伏羲女娲信仰的对象、观念和基本仪式为原型，借助于民间伏羲女娲的信仰活动而广泛传承的。

原始崇拜是伏羲女娲神话、传说发轫的温床。在原始社会，在生产力极其低下的条件下产生了原始崇拜。它实际上是将支配早期人类生活的自然力和自然物人格化成超自然的神灵，作为崇拜对象。太阳因为给中国先民们带来光明、温暖以及四季的变换而成为他们最早的自然崇拜

[①] 林继富：《神圣的叙事——民间信仰与民间传说互动研究》，《华中师范大学学报》（人文社会科学版）2003年第6期。

对象。太阳崇拜在中国有着悠久的历史，在小孤山遗址中出土的"拜日骨盘"让先民的太阳崇拜有了2万多年的记录。除了太阳崇拜外，自然崇拜当然包括动物崇拜，这也是早期人类狩猎时期社会意识的必然反映。当时的人们以动物为崇拜对象，认为各种飞禽走兽为有灵之物。需要指出的是，原始崇拜有一个动态的变化和演进过程，在原始社会发展到大约五六千年前时，原始崇拜就呈现出了新的进化特点。

一是人类进入早期农业文明时代后，动物崇拜的崇拜对象开始向能力型与力量型转变，崇拜对象发生了明显变化。人们放弃了先前对山羊、马、野牛等容易制服动物的崇拜，转而崇拜老虎、大象、狮子等凶猛的动物，希望通过崇拜汲取它们身上的超级能量，让自身变得更强大，以增加人类征服和改造自然的能力和勇气。

二是随着农业文明的出现，不同地区的人们出现了相对集中的崇拜对象，由泛神崇拜向多神崇拜演进。如东部地区的鸟崇拜、西部地区的鱼蛙崇拜、北部地区的蛇崇拜、西南地区的虎崇拜，等等。

三是人们希望自己崇拜的动物既有本身以外的种种能力与力量，又兼具人的成分，种种奇禽异兽便应运而生，异兽崇拜和人兽崇拜兴起。比如，对于爬行类动物，人们会希望它同时具有鸟儿的翅膀，具有鱼儿能游泳的鳍；对于狡猾有余、威猛不足的狐狸，人们总是希望它能具备猛兽的坚爪利齿。这样为了使它们便于同崇拜者的沟通，有些野兽也开始有了人的面孔或人的身躯。

四是祖先崇拜开始出现并成为原始崇拜的重要表现形式。在原始社会时期，随着人与自然的斗争过程中能力的不断提高，涌现出了一些勇敢的部族首领或代表人物，他们或者英勇善战，具有超于常人的体魄和力量；或者智慧过人，能够带领部族在恶劣的自然环境和与其他部族的争斗中取得胜利。进而成为一个部族的灵魂人物，对其的崇拜也就顺其自然地形成。

伏羲、女娲就是在这样一个大的背景下出现的。根据前人的研究成果，我们基本可以断定，伏羲处在中国原始社会母系氏族向父系氏族过渡的一个时期，伏羲诞生于"古成纪"（今天的甘肃天水一带），并在之后迅速成长为部族的首领，因为他的杰出才能，他率领的部族不断发展壮大，并被称为伏羲部族，部族的首领代代沿袭下来都被称为伏羲氏。伏羲部族在发展壮大后，一支沿渭河向东滚雪球式的迁徙，不断融合其他氏族，其势力渗透到黄河中下游一带；另一支沿西汉水向南迁徙，势力达到四川盆地、云贵高原。或有部族之一部进入陇南之后，北越秦岭进入关中。当时的黄河中下游一带地方，土质好，雨量好，气候好。所以，伏羲部族的一支在经过辗转的迁徙后就在定居下来，并与当时同样活动在这一带的太昊部族经过了充分的融合，形成了上古时期的更为强大的部族联盟——太昊伏羲部族联盟。他们以宛丘为中心，开创了一个中华文明肇始的时代。而文献中所记载的他的诸多功绩，应该可以看作一代代伏羲氏集体努力的成果。在这个过程中，人们对伏羲的崇拜和信仰日益得到巩固，在祖先崇拜的作用或影响下，关于伏羲的各种神话传说经过代代相传并且经过虔诚的人们不断的创作，也经历了一个从无到有、从人到神、由简单到复杂、由散乱到系统的过程，最终形成了今天丰富多彩的局面。

在淮阳民间叙事系统中，伏羲似乎成了一个必不可少的因素，其在当地的神话传说、风物传说中几乎无处不在。伏羲实际上已经构成了当地民间叙事系统中的一个最重要的古老因子。如在淮阳当地讲述历史人物陈胡公的传说和孔子来陈讲学等传说中，都呈现出了一种成熟的模式，即伏羲往往在主人公遇到危急或困难时以各种形象出现，最终帮主人公化解危难。从中可以让我们领略到民间伏羲信仰的力量。并且在后来伏羲信仰发展到伏羲女娲信仰阶段后，当地的很多神话和传说中伏羲单独出现的情况还很常见。

女娲的神话、传说也同样是在原始信仰中祖先崇拜的作用下，在尊崇、信仰女娲的前提下，经历了漫长的过程形成并不断加以丰富的。不过，伏羲信仰和女娲信仰，伏羲神话、传说和女娲神话、传说在形成初期是完全不搭界的。直到在汉以后二神形成对偶神后，这种情况才发生了改变。无论是伏羲还是女娲，他们的原型最早都应该是来源于现实，在此基础上才出现原始信仰，最后发展为神话、传说，也就是说，民间神话、传说等民间叙事的产生离不开原始信仰。

通过以上分析，我们可以得出的结论是没有信仰就没有神话、传说的发生；没有原始信仰中伏羲女娲信仰的沃野土壤的维系，神话、传说也就不能发展。在淮阳当地每一个关于伏羲女娲多姿多彩的神话、传说背后，都能触碰到其所蕴含的伏羲女娲信仰的存在。并且，随着伏羲女娲信仰的不断完善，民间叙事也在不断地传奇化、模式化和人格化。即使是伏羲女娲信仰中一些古老的因子会慢慢消退，但是它仍在继续维系着民间叙事的传承和发展。

二、从叙事到信仰

如果说民间信仰到民间叙事的演化过程具有必然性的话，那么从民间叙事生成民间信仰则展现了民间叙事的自身巨大能动性以及多重因素的干预。林继富认为："从民间叙事发展到民间信仰，可以看作是从口头叙事到行为模式，从表层言语到深层民俗心理的演化。"[1] 民间神话、传说要完成这个过程，必须是具备流传范围广、影响力强，并有与此相关的民俗习尚和模式化情节单元等特点。

在淮阳，民间叙事系统相对发达，这归结为当地厚重的农耕文化有助于民间神话、传说等叙事方式的滋生和保存，并且历史悠久的太昊陵古庙会在很大程度上激发了人们的创作欲望和表现愿望。笔者认为太昊

---

[1] 林继富：《神圣的叙事：民间传说与民间信仰互动研究》，《华中师范大学学报》（人文社会科学版）2003年第6期。

陵庙会所具备的伏羲女娲信仰内核以及当地民众的广泛参与在很大程度上促进了当地民间叙事系统的发展，并形成了以敬奉伏羲、女娲，围绕伏羲、女娲设置故事情节的表现特点。每年长达一个月的会期中，庙会成了当地群众的一个敬神、娱神的狂欢节，人们为了争相表达对神的虔诚，就不得不克服物质相对贫瘠、滞后的实际情况，转而在精神世界里向神灵呈现他们更多的"信仰成果"。在这种情况下，淮阳民间叙事系统得以不断地丰富和成长，并反过来影响和深化着当地人们对伏羲女娲的信仰。在每年的庙会上，人们讲述着宣扬伏羲女娲创世的伟大功绩的神话传说，以"担经挑""对功""表功""守功"等方式演述各种经文，一方面使表演者在讲述、演述中自身的信仰更为坚定；另一方面也潜移默化地影响和改变着身边的人和受众，促使当地伏羲女娲信仰的发展。

当地民间叙事对民间信仰的改造可以从伏羲信仰到伏羲女娲信仰的演化为例：

女娲最初是和伏羲毫无关系的大神，其在上古神话中的地位也要高于伏羲。大约在汉代，受当时的阴阳五行学说等多种原因影响，加上二神都具备始祖神和文化大神的神格，所以伏羲、女娲被人为地撮合起来，并和兄妹神话发生了粘连，成了兄妹而婚的人类始祖。在这之后，大量的关于伏羲、女娲共同创世的神话、传说在统治者的支持下被创造出来，并在之后的几百年中缓慢而持续地进行着对民间伏羲女娲叙事的改造。淮阳作为太昊伏羲建都的所在地，多少年来对伏羲的崇奉和信仰根深蒂固。但之所以能够取得成功，伏羲信仰被补充进了女娲信仰的内容，很大程度上就在于关于伏羲、女娲神话、传说等民间叙事的力量的巨大。在笔者看来，伏羲女娲民间叙事之所以能成功地将女娲信仰植入淮阳当地民间的伏羲信仰中，原因在于：

一是在民间叙事中将伏羲、女娲的对偶神关系与洪水后兄妹结婚再造人类这一深入人心的故事母题成功地捆绑了起来。伏羲、女娲与洪水后兄妹结婚再造人类故事之间原本各自独立、毫无关系，是两个完全独立的叙事系统：伏羲女娲神话是在中华民族本土流传的、具有鲜明民族个性的创世神话叙事系统；洪水后兄妹结婚再造人类神话则是流传区域极为广泛的一个世界性的故事母题。在长期传承过程中，两个原本在历史长河里平行发展的叙事传统交织到了一起，使平实无华、悄然前行的伏羲女娲神话、传说陡然增加了巨大能量。

二是民间叙事中故事构成上，女娲以伏羲的妹妹和妻子这样一个具备血缘关系和弱者身份的形象出现，使当地群众接受起来面临相对较小的心理阻力。在淮阳当地流传的伏羲女娲神话、传说中，伏羲毫无例外地占据主导地位，女娲则相对属于从属和次要的地位。即便是原本属于女娲独立的神绩，如造人和补天，到这里也都有了伏羲的身影。如在女娲补天的传说中，当女娲问伏羲天塌了怎么办时，伏羲回答女娲说："天属阳，地属阴；男属阳，女属阴，阳要阴补，娲妹子，西北角的天就由你来补吧。"然后女娲按照伏羲的说法承担起了补天的重任。这种在叙事中处处突出伏羲的做法明显留有部族情感的痕迹，但又能使女娲这个外来大神"低调"地为当地的人们所接受，在承认女娲是伏羲妹妹和妻子的双重身份后，对女娲的信仰也就随之确立了。

三是女娲作为民间叙事中的女主角，在淮阳地区具有明显的地理优势。前文已经提及在与淮阳相邻的西华县思都岗，相传是女娲最后长眠的地方，至今有女娲城的存在。并且在当地同样存在着历史悠久的崇奉女娲的信仰圈，女娲城每年正月的庙会在当地也有着很大的影响力。当地很多人习惯称太昊陵为东陵，称女娲城为西陵。可以想见的是，即使在伏羲、女娲形成对偶神之前，两个信仰圈之间也会不可避免受到对方的影响。选择女娲作为与伏羲配对的大神，对淮阳当地信奉伏羲的人们来说，无疑是个最好的选择。笔者在上文中也有提到自己的判断：伏羲和女娲两位传说中的大神最早发生粘连的地方极有可能就发生在豫东地区的陈州境内（过去淮阳和西华同属陈州）。在这种情况下，淮阳民间信仰伏羲的人们本来就对女娲不陌生，在民间叙事持续的影响下，接受女娲并和伏羲一起尊奉起来并不困难。

从民间叙事到信仰的过程，是口头叙事影响人们行为，口头传统积淀为民俗心理的过程，在这个过程中，除了神话和传说的独特魅力以外，还会受到诸如宗教、国家等人为政治干预的影响。因此，从叙事到信仰的发展历程既有民众不自觉的创作，又有上层文化"精英"的有目的的改造；既是神话、传说自身演化规律的展示，又是民众心灵情感依托的必然结果。

三、民间叙事对伏羲女娲信仰的表达

民间叙事与民间信仰虽然呈现互动的局面，但相比之下，民间信仰更具独立性，而民间叙事则是依托民间信仰而存在。同时，民间叙事中的信仰在历史发展中往往沉淀到叙事的深层结构之中，那么民间叙事在给人们历史表达功能和文学愉悦特性的同时，又以何种方式表达、呈现伏羲女娲信仰呢？

（一）神话叙事的余波

早期许多民间叙事既是神话，又是传说，如伏羲就是原始部落战争造就的部落英雄，关于他的民间叙事本身就具有神圣神奇的信仰色彩。当地的民间叙事系统在承袭神话叙事表达方式基础上，很大程度上受到淮阳伏羲女娲神话群的影响，自始至终贯穿着信仰的力量，因此，这类传说的发展的支撑点是厚重的伏羲女娲信仰。如在当地流传的"泥泥狗的来历"以及"伏羲女娲造六畜"的传说中，我们可以清楚它们与"女娲抟土造人"神话的叙事方式一脉相承的痕迹。一些流传下来的关于伏羲女娲的叙事长诗，至今还能在庙会一次次被演述，它们同样是伏羲女娲神话有着不可分割的内在联系。从中我们也可以窥见当地民间叙事中内在的精神支柱——古老的伏羲女娲信仰以及对其的祈祷。其中，一些民间传说是神话不断社会化、历史化的结果，虽然人的自觉意识、民族历史意识比较明晰，但是背后隐藏的深厚信仰基因，则是规约民间传说发展的关键。

至于淮阳当地的风物传说，则基本遵循着神灵解释风物来历的叙事模式，其神灵形象、神性的思维等信仰基因依然存在。在淮阳，关于太昊陵、画卦台、白龟池等风物及其传说背后显然是以伏羲信仰民俗作支撑。就连淮阳临近的其他地区，因为受到淮阳伏羲信仰圈的辐射和影响，在民间叙事表达上也留有伏羲信仰的痕迹。如在淮阳临近的上蔡县流传的关于白龟庙的传说：

> 白龟庙位于城东十五公里处，蔡河从村子的南边流过。因白龟经常在蔡河浮游，又是极罕见的东西，被人们敬为神物，于是人们便在蔡河岸边建了一座白龟祠，春秋祭祀，后来人们又称白龟祠为白龟庙，白龟庙村由此而得名。再后来，人们嫌白龟庙村名不雅，才改成了现在的白圭庙。
>
> 说起白龟庙和白龟庙会，有两样神物不得不提，一是蔡河里的白龟，另一个就是蓍草。古书记载：蓍草"上有白云覆之，下有灵龟守之"。灵龟就是指白龟，历朝历代都视之为神物。齐桓公兴诸侯之兵伐蔡，就是因为蔡侯没有按时将蓍草进贡给周天子，周天子祭祀时没有蓍草，上天不保佑他，所以周王朝一天不如一天衰败了。齐桓公为了称霸，就找了这么个借口伐蔡。古时候上蔡为蓍城，也是因蓍草而得名。白龟庙内有蓍台，画卦亭，原来还有羲皇城。蓍台是个占地二十多顷的高台，因蓍草丛生而得名。
>
> 蓍草是多年生草本植物，俗称"蚰蜒草"、"羽衣草"或"阴阳草"，可入药。蓍草的另一个用途主要是用来占卜、算卦。相传，当年伏羲云游天下到了上蔡，见此地有这两样神物，于是就在蔡河边上用龟甲和蓍草推演起先天八卦，八卦的发源地就在这里。伏羲氏

生于成纪,都于宛丘,画卦于蔡水之滨,葬于陈。现在方圆几百里的老百姓还说:到上蔡算卦,到淮阳烧香。因为上蔡有白龟和蓍草,所以算卦最灵,淮阳有太昊陵,所以烧香许愿灵。现在白圭庙内还有一座"画卦亭",就是当年伏羲的画卦处。伏羲庙和伏羲像,已经损毁,明朝时朱元璋曾下旨拨供田八百顷,命礼部督理,建有一寨一城,寨东西八百米、南北一千二百米,称羲和寨,寨内就是羲皇城,也就是伏羲庙,香火盛得不得了,连周边省份的人都来进香问卦。①

在另外一则女娲城庙会兴起的传说中,反映出了民间叙事系统中伏羲信仰和女娲信仰有意无意地走向融合的实际情况:一个山西商人在人祖伏羲的庇护下发了财,就从家乡赶到淮阳太昊陵去进香还愿,中途因为下大雨,就停宿在了女娲城附近,梦中受到了女娲的点化。进香回来后,他就出巨资在女娲城修葺陵庙,并请来了有名的戏班子,兴庙会,广散钱财,从此庙会连年不断,并逐渐发展成今天的女娲庙会。② 这些大量活态的与伏羲、女娲相关的风物传说中,伏羲、女娲的原始灵光虽然有所消退,但由对超自然力崇拜引起的原始信仰,逐渐形成为一种相对稳定的伏羲、女娲信仰情结及民俗心理则依然风采依旧。地方风物传说形成因素复杂,千百年形成的民族感情、民俗信仰、民俗心理等都是影响风物传说的各种因素,但不可否认的是,伏羲女娲信仰是构成当地甚至周边地区风物传说的精神内核,它赋予了风物以无穷的神韵和独特的内涵。

---

① 梁国华(男,44岁,上蔡县塔桥乡白圭庙村)讲述,杨复竣记录整理。见杨复竣:《淮阳神话传说故事》,中国炎黄文化出版社2007年版,第219页。
② 陈春生(女,73岁,西华县聂堆镇思都岗村)讲述,笔者2011年3月采集整理。

（二）民间祭祀的叙事话语

民间祭祀对民间叙事起着一定程度的支撑作用，是一些民间风俗传说产生的土壤和种子。反过来看，民间叙事不但记录了民间祭祀的仪式过程和内容，还以民间文学叙事的形式阐释着民间祭祀的行为。两者可谓是互为表里、互为作用。民间祭祀的行为动作和仪式内容，通过口头叙事等得到传承、扩布和保留，民间叙事又通过民间祭祀行为得以具体展示。如：

> 相传在太昊陵庙会刚刚兴起的时候，陵不像现在那么大，但香火特别旺盛，陵上的土也因为沾了人祖的神气能治百病，人们来进香的时候，总是要从陵上抓把土回去，给家人用水冲服治病。一来二去陵上的土越来越少。一天伏羲就给陵庙的主持托梦说，陵上的土不能白拿了，白拿了就不再有效了，只能"换"，于是主持就让人们来上香时从自己家拿土后来换人祖陵上的土，拿的越多越灵验。这样当地人们再来祭祀人祖时会从家带一包土，撒在陵上，久而久之，太昊陵就变得越来越大。而来给人祖上香时"添土"的做法一直延续至今。成为每年庙会上一道独特的祭祀方式。①

民间叙事最早就是祖先祭祀的叙事话语，带有浓厚的信仰色彩。它的叙述基本采用人类学的客观描述记录，没有故事情节，而是根据节日信仰核质进行故事演绎，这里不仅包含着民众信仰民俗的文学化，而且寄寓了民众主要的审美叙事表达。虽然民间祭祀不是习俗传说叙事的中心，但是没有祭祀的习俗传说，它的体裁性质就会发生变化，因此，祭祀作为民间叙事系统中的有机部分，集中展示了民间叙事与民间伏羲女娲信仰的互动

---

① 戚井涌讲述，杨复竣记录整理。见杨复竣：《淮阳神话传说故事》，中国炎黄文化出版社2007年版，第129页。

关系。可以说民间叙事是民间对伏羲女娲祭祀的民间注释和口头表达，它与行为祭祀一道全面展示了民间伏羲女娲信仰的独特魅力。

（三）伏羲女娲信仰对民间叙事的促进和制约

几千年来，伏羲女娲信仰深深植根于淮阳这片土地，并在很大程度上占据着当地人们的精神世界，规约着他们日常的生产、生活。而民间叙事作为依附于民间信仰的一个民俗事象，不可避免地受到伏羲女娲信仰的影响，并呈现出独特的区域特点。

伏羲女娲信仰作为区域内的民间信仰，其最大的载体就是太昊陵庙会和女娲城庙会，换句话说，两个庙会是因伏羲、女娲而兴起，随着伏羲女娲信仰的日益盛隆而逐渐形成规模的。而恰恰是庙会为民间叙事的发展和丰富提供了一个绝无仅有的平台。如果说当地的民间叙事是一株越来越旺盛的植物的话，那么庙会就是它成长的土壤，而伏羲女娲信仰就是它赖以枝繁叶茂的养料。以太昊陵庙会为例，在长达一个月的会期里，每天都能达到最低几万最高几十万人次的规模，而参加庙会的主体构成仍然是以当地人为主，这就意味着有很大一部分人是重复去庙会的，甚至是每天都要去庙会的，这在笔者的实际调查中也得到证实。那么是什么吸引他们能如此频繁地出入庙会呢？如果说是去敬神，倒不如是娱神的方式吸引了他们，而担经挑、对功、表功等丰富的民间叙事系统无疑是娱神方式中的主要一种，他们在敬神、娱神的同时，娱人的特点也同样突出，这大大增加了庙会的吸引力，而随着关注度的加大，那些演述人和表演团体的积极性也被大大调动了起来，而当地民间叙事系统中"对功"等形式的存在，使他们花费很大力气去丰富自己的所掌握的内容，润色自己的唱腔，一方面向人祖爷、人祖奶奶表达自己的虔诚，另一方面也能吸引更多的受众，在"对功"中占据上风。

值得一提的是，当地民间叙事的发展和民间朝祖会的努力密不可分。在淮阳当地的84家朝祖花会中，有一些会每年都会找民间的文化人为自己的花会编词，然后再简单套上豫剧、曲剧的声腔后教大家学唱，然后再去庙会上表演。从采录情况看，豫剧、曲剧的声腔占据了很大部分。尤其是长篇祭歌。豫剧那奔放嘹亮的声腔，粗犷悲凉的风格，及曲剧调式的凝重婉曲、如泣如诉，都与伏羲女娲神话传说中表现出来悲苦环境以及英雄气概有了完美的结合。其他地方戏曲，也有相当数量，如"越调""道情"等。也有一些香会采用民歌、流行歌曲的调式演唱，歌词是即兴的，大都和人祖、人祖奶奶相关。如《四季歌》《黄水谣》《小燕子》等。

在肯定积极性的同时，我们也不能否认伏羲女娲信仰给民间叙事的创作和传承带来的消极影响，由于信仰的严肃性、可信性，大大禁锢了民间传说创作者和传承者神思狂放的创作自由，其美好情感的表达、对未来生活的憧憬往往受到一定程度的限制。

总之，淮阳民间叙事与伏羲女娲信仰有着相互依赖的密切联系。民间叙事更是在淮阳伏羲女娲信仰中发挥着独特作用：首先，它为我们传承下来了伏羲女娲神话传说的种种版本及其异文，这无疑是伏羲女娲信仰得以存在、发展的种子；其次，富有鲜明地域特色的民间说唱经文本身所具备的在祭祀中的实用功能以及强烈的感染力，为伏羲女娲信仰根植于当地民间提供了丰富的养料；最后，以泥泥狗为代表的诸多古老民俗事象在文字形成以前就具备了很强的叙事功能，在信仰传承、表达方面持续发挥着重要作用，即使是在演述文本占据叙事主流的今天，泥泥狗的图像叙事仍然承载着独特的作用。在淮阳区域内，民间叙事先天就具备了伏羲女娲信仰的内核，它为伏羲女娲信仰而生，在很大程度上承载着伏羲女娲信仰的传承，见证着对伏羲女娲信仰几千年来发展的历程。

第四章 民间叙事

小　结

　　正如罗兰·巴特（Roland Barthes）所言，人是"总在进行讲述的动物"，讲述占据了人类太多实践的内容，成为表达人类对世界各种信息理解的方式。在最根本的意义上，讲述正是人类制造意义，使群体与世界同时得以秩序化并获得存在感的普遍性活动。[①]本章对民间叙事的研究，主要围绕着伏羲女娲信仰展开，侧重于探索民间叙事的内容上与伏羲女娲信仰的关系，以及其突出服务于伏羲女娲信仰的功能。民间叙事的演述是一个充满了传承与变异、延续与创造、集体性传统与个人创造力的不断互动协商的复杂动态过程。只有使用综合研究的方法，我们才能比较深入地了解民间叙事的传承和变异的本质，以及其形式、功能、意义和表演等之间的相互关系。

---

① 法国的罗兰·巴特认为，凭借各种语言、姿势、图像等形式，叙事无处不在：它是普遍的、永恒的、跨文化的。也就是说，任何材料都适宜于叙事。参见［法］罗兰·巴特：《罗兰·巴特著作文集》第二册，李幼蒸译，中国人民大学出版社2008年版，第167–169页。

围绕伏羲女娲所展开的淮阳民间叙事系统呈现出多层级、多样式的轮廓，具有如下特点：一是在发展中受到地域性和时段性因素的影响，不断会融入时代元素和越来越多的地域特征；二是以伏羲女娲信仰为依托，对信仰的表达是其传承下来的主要动力和根本原因；三是神圣与世俗交融的特性，它为当地人在日常生活实践中打通面向神圣与世俗的两个世界提供了重要的表述契机，形成了其介于"神圣"与"世俗"之间的叙事类型。虽然近年来当地民间叙事系统常态化的表述方式在"国家叙事"和"精英书写"的挤压下日益被放逐到表述系统的边缘，但传统在这里有着更为深厚的根基和生命力，一直生机勃勃地存续下来。

在淮阳民间叙事的发展和流变中，伏羲女娲信仰是规约叙事发展的关键。并且伏羲女娲信仰因时代、场景及传承人的不同也会呈现出不同的特点。无论是讲述者，还是接受者，他们信仰的强弱，必然影响民间叙事系统中不同的叙事风格和受众不同的审美判断。沉淀于当地民间叙事深层中的伏羲女娲信仰不仅以各种方式存在民间叙事之中，而且也是导致民间叙事神圣特征的重要因素。而当地发达的民间叙事系统以其丰富的形式和成熟的传播手段，促使古老的信仰逐渐积淀为民族心理而呈现模式化的特点，并在不断的展演和传承中闪现出信仰的灵光，这进而凸显了伏羲女娲信仰在当地民间文化中发挥着不可或缺的作用，尤其是中原作为中华文明的重要发源地，在整个中华文明中一直有着古老、起源、神秘的标签，而民间叙事恰恰在这些方面给予了更为具体的佐证和更为直接的支持，当然这些传承伏羲女娲信仰的民间叙事系统，其本身就是中原文化的内容，或者说精神内核的一部分。

结　语

　　本书的主要关注点在于以特定区域为观照，探讨淮阳地区伏羲女娲信仰的缘起、发展流变及其特点，意图通过对"活形态"的伏羲女娲的信仰和仪式活动的研究，考量其对区域内民众生活带来的深层次影响，透视伏羲女娲信仰是如何影响民众思想和日常生产生活，如何塑造了淮阳乃至中原别具一格的地域文化，从而阐释在这一特定区域里伏羲女娲信仰生生不息的运行机理。本书充分借鉴了国内外学者的大量相关研究成果，并在充分尊重研究成果的基础上，将研究目光专注于淮阳这个特定区域内，依据各种历史文献、考古成果以及田野调查获取的第一手资料，尽可能打破学科界限，运用民俗学、历史学、人类学、考古学及图像学等多种学科方法开展研究。全书除绪论中对伏羲女娲相关研究和中国区域信仰研究成果、研究的缘起和意义以及涉及的相关术语进行交代外，分为四个篇章，分别从伏羲女娲信仰的生成与发展、所依存的文化空间、相关仪式活动以及民间叙事解读四方面进行研究，主要结论如下。

（一）伏羲女娲信仰对于当地区域社会具有多重职能，是淮阳乃至整个中原地区民众形成区域文化认同的主要推动力和重要构成

伏羲女娲既是中国上古神话中具有重要地位的两位大神，又在淮阳区域内具有深远影响和独特地位，区域内民众对二神的信仰既是主动的、自觉的，又是被动的、不自觉的。伏羲女娲信仰在淮阳几千年来被不间断地传承下来，它们早已渗透到了淮阳区域社会的方方面面，占据了区域内民众的精神世界，并具有了多重职能。

对于地方传统社会的调控职能。在中国传统社会里，国家权力机构通常只设立到县一级的层面，为了保证其权力触角的延伸，统治者一般会在乡村设立一系列带有临时性质的地方组织，如明朝的里甲制和清朝的保甲制等。[1]但其主要功能局限于为政府征收赋税、加派劳役及把民众束缚在土地上以加强专制统治等方面，而无法在教化乡民、建构区域社会里的传统文化方面发挥更多作用。伏羲女娲信仰作为深植于淮阳的民间信仰，具备了跨越中国传统宗族社会和兼容性、开放性的特征，在区域社会里具有很高的威望和认同度，自然代表着民间社会中"公"的一面，在调控当地社会中民众之间、宗族之间的矛盾和冲突、整合地方区域社会以及营造和谐有序的社区秩序方面发挥着积极作用。

对于地方传统文化的建构职能。对当地绝大多数人来说，伏羲女娲信仰不单单是一种信仰，实际上还充当着社区特有知识系统的角色，支撑着区域内民众对日常各种生活现象的解释，是当地民众感知、理解世界并阐释自身生活的一种方式。它一方面是伏羲女娲神话对区域社会的投射，是伏羲女娲神话群经过几千年来的流传和持续渗透后，完全融入当地人们生产、生活后的必然呈现；另一方面伏羲女娲信仰作为民间信仰的一种，它在具备自己特性的同时，也有民间信仰本身诸多的共性。

---

[1] 罗勇：《论民间信仰对客家传统社会的调控功能》，《西南民族大学学报》（人文社科版）2004年第7期。

结　语

通过研究，我们能够看出伏羲女娲信仰在淮阳当地以"有形"和"无形"两种形式存在着，"有形"的是指陵庙等遗迹、遗址，各种祭祀仪式活动以及诸多民俗事象等；"无形"的是指伏羲女娲信仰实际上已深深根植于在当地人们的精神世界，进而在人们的生产和生活中悄悄发挥着作用。它其实可以看作淮阳这个特定区域社会的内在运行秩序，是维持区域社会稳定的"无形法则"，也在整个中原地区几千年的不间断的岁月变迁中贡献了自己的力量。

对于区域内民众精神世界的影响。和其他民间信仰一样，伏羲女娲信仰同时具备理性和感性两方面的特征。在理性方面，伏羲女娲信仰其实带着半强制性的作用，从社会伦理、生命节奏等方面制约着人们的生活，除了在日常生活中潜移默化地影响、制约人们的生活外，它还会在特定的时间内，如节日时令，通过一些仪式或借助一些民俗活动，使人们的生活发生变化，在此情况下，人的精神状态不同于平时，人们或停止生产，通过一定的方式反思生活，享受生活；或从事纪念活动，完成某种生命节奏；或在特定的氛围中叙旧、交往。这一切都在约定俗成的情境下迫使人们的生活有别于平时。在感性方面，一方面是长期以来人们对伏羲女娲养成的依赖性，使他们的行为举止受信仰约束的同时会渴望伏羲女娲带给自己更大的满足、更多的快乐，这在每年的祭祀庙会上得到充分体现，人们在每年这个时节，迎来了自己精神放松的最佳时机，通过在祭祀中娱神的同时，他们自己的精神得到了充分的放松，全身心地沉浸于这个"狂欢节"中去。在中国的民间信仰中，理性的作用往往只在于构筑特定的仪式，这些仪式所营造的氛围同人们的心理状态时离时合。

由伏羲女娲信仰在淮阳区域社会里发挥着的种种职能可以看出，关于伏羲、女娲二神创世的神话、传说既是中华民族文化的重要组成部分，又因为长期在淮阳区域内的深入流传而成为区域内民众根深蒂固的共同历史记忆；每年为期一个月的围绕朝祖进香为中心内容而展开的庙会生活，可以看作地方传统对当地民众的区域认同的因循与强化。共同的历史记忆、共同的崇奉对象、共同的节日礼俗以及区域内的同族源、近地缘关系，使当地民众的宇宙观、道德观、价值观、人生观及时空观等文化观念逐渐趋于一致，在此基础上形成了区域文化的一致性特征。[①] 总之，这种以伏羲女娲信仰文化为核心的区域文化特征，在长时期的发展传承中，在自身保持稳定的同时，会不断融汇楚文化等其他文化的片段，并成为区域内民众相互认同存在、发展和重构的基础，而对二神的神圣信仰则是淮阳当地民众的区域文化认同的主要推动力和重要构成。淮阳当地的民众现在仍在讲述创世神话，讲述二神的英雄神迹，就是为了增强认同感，增加自信力量。

（二）"生命繁荣"的核心信仰诉求是中国传统文化的底色，是促成伏羲女娲信仰从区域认同的中心内容上升到国家认同（national identity）重要方面的主元素

以美国亚历山大·温特（Alexander Wendt）为代表的建构主义学者认为，所谓国家认同是指不同国家行为体经过国家间互动而共同构造并认同的国际规范和国际制度，是一种集体知识，即共同观念；区域认同则是指区域范围内成员对区域内共同文化的理解、接受和实践的文化心态，它的目的在于用共同拥有的信念、价值观和行为方式，更好地生活在集体当中，并为集体的团结和发展发挥重要作用。[②] 在我国，由于行政区划的不同归属和长期的社会经济发展的不均衡，使得区域间的认同存在着较大差异，并且和国家认同存在较大距离，但国家与地方，国家认同与区域认同长期存在互动却是不争的事实。萧凤霞曾指出，中国文明的进

---

① 高志英：《宗教认同与区域、民族认同》，《中南民族大学学报》（人文社会科学版）2010年第2期。
② ［美］亚历山大·温特：《国际政治的社会理论》，秦亚青译，上海世纪出版集团2001年版，第19页。

化，既包含了地方文化和经济不断衍生分化的过程，也包含了各个地区努力用各种方式表达国家认同的过程。① 而淮阳的区域认同因为受到伏羲女娲信仰的强有力作用，则和国家认同有着密切关联，这其中，伏羲女娲信仰中关于"生命繁荣"的核心诉求可以看作促成信仰本身从区域认同的中心内容上升到国家认同重要方面的主元素。当然国家权力层面长期以来的改造对之发生的作用也不可小觑。

淮阳作为中原地区的腹地，其伏羲女娲信仰保留了较强的原始信仰色彩，具有生殖崇拜的内核，其生成发展、所在文化空间、各种仪式活动和民俗事象以及民间叙事系统无不强烈地反映出民众"生命繁荣"的心理诉求和美好祈愿，而这也是中国厚重传统文化的基础。中国传统文化非常突出"生"的作用，《易传》："天地之大德曰生。"又说"生生之谓易"。中国古代哲学家认为"天地以'生'为道"，"生"是宇宙的根本规律。周敦颐说，"天以阳生万物，地以阴成万物"，把生看作推动自然社会和人类社会发展的原动力。这其实是原始思维在人们意识里的具体呈现，体现了原始社会里初民对生殖的重视乃至崇拜的原始信仰。人口繁衍对于原始社会来说是头等大事，是关系到种族的大事情。一方面，氏族、部落等群体出于生产和战争的需要，必须保持并扩大人口；另一方面，在原始社会极其恶劣的条件下，医疗水平和生活水平很低，婴孩的出生率和成活率非常低，初民渴望他们的族群在神灵的庇护下，能像自然界的动植物一样，繁衍得越来越茂盛，越来越有生机。从这个角度来说，生殖不只是一种纯自然的、动物性的行为，实际上是社会对个人的强制性要求，成为个人的义务。生殖是性的社会属性进一步发展的表现，而生殖崇拜也是个人利益服从社会整体利益的表现。

黑格尔曾把生殖看作东方文化的一个重要特征。他指出："东方所强

---

① ［美］萧凤霞：《传统的循环再生——小榄菊花会的文化、历史与政治经济》，《历史人类学集刊》2003年第1卷第1期。

调和崇敬的往往是自然界普遍的生命力，不是思想意识的精神性和威力而是生殖方面的创造力……更具体地说，对自然界普遍生殖力的看法是用雌雄生殖器的形状来表现和崇拜的。"[1] 周予同则从中国传统文化是儒家文化出发，指出儒家的"仁""孝"的核心思想其实来源于生殖崇拜，并进而得出了"因为崇拜生殖，所以主张仁孝"的结论。[2] 车广锦在周予同的研究基础上，运用了大量考古资料对中国传统文化的实质进行研究，最终指出："中国自古以来传统文化的实质，就是生殖崇拜文化和祖先崇拜文化。"[3] 淮阳伏羲女娲信仰，从民众和族群的角度来讲，归根结底是叙述了人的繁殖问题。信仰自身承载的古老的生殖信仰因子历经几千年的流传和转换，却不见丝毫褪色，在国家的层面上，被引申为"三纲五常"等封建统治阶级所赖以统治的精神武器；在民众的生活伦理层面，其所演变而来的"不孝有三，无后为大"及"多子多福"的观念至今仍在人们的意识里发挥着重要作用。而信仰中生殖崇拜的底色，与兄妹婚神话发生的深度粘连，以及诸多的民俗事象，这些围绕的中心问题其实反映了传宗接代的人伦纲常的秩序，是中国传统文化的重要组成部分，也使信仰本身在国家的有意识改造下，从区域文化认同的中心内容上升到了国家文化认同重要方面。

伏羲女娲信仰具有民间信仰本身特有的开放性特征，可以顺应民众生活的需求，随意地进行信仰内涵的转换与整合，来满足民众平衡其心理的精神寄托，逃避现实中的困苦。但也因为开放而导致内在体系性的简略与松散，缺乏严谨的教义规范与礼仪实践，一旦面对到外在强烈的文化挑战时缺乏核心力量的精神领导，很容易在生存的困境中遗漏了其

---

[1] 黑格尔：《美学》，朱光潜译，商务印书馆1982年版，第87页。
[2] 周予同：《"孝"与"生殖崇拜"》，《周予同经学史论著选集》，上海人民出版社1983年版，第117页。
[3] 车广锦：《中国传统文化论——关于生殖崇拜和祖先崇拜的考古学研究》，《东南文化》1992年第5期。

长期所累积的理性精致文化，剩下来的是原始信仰那种最基本的精神寄托，回到最原始的崇拜形式中，诉诸神灵的原始灵力，来减轻其现实生活中各种巨大的生存压力。

伏羲女娲信仰是在经过漫长的岁月沉淀下来的，深深根植于当地群众内心乃至灵魂深处的一种精神寄托，是几千年来信众们在精神世界内赖以实现救赎的"诺亚方舟"。伏羲女娲信仰在民俗的口头语言层面（民间叙事，包括神话、传说、经歌等）、行为仪式层面（各种祭祀活动）、心理感受层面（尊崇、畏惧、依赖）上给当地民众以充分接受与表现的空间，形成了心理支配体系，并真正在民众思维中沉淀下来，伏羲女娲信仰由此获得了在当地民间一代又一代传承下来的生命力。虽然它的神圣性在世俗化的挑战和冲击下有所降低，它的存在对于区域内信众以外的大多数民众来说，实际上充当着地方传统文化一个重要组成的角色，它本身也已经成为当地意识形态的组成部分，体现了本地民人对其生存环境与生存状态的一种合理性的解释，恰如吉尔兹指出的，其"重要性在于它有能力为个人或群体提供一个关于世界、自身及他们之间关系的普遍而独特的概念的源泉"[①]。伏羲女娲信仰实际上是直接与当地社会、经济、与文化秩序的维持紧密联系在一起的，毫无疑问，它已经被编织进了地方社会传统的脉络，在几千年的社会变迁中深深影响着中原地区的一草一木，一饮一啄，它既成就了中原文化，也得益于中原文化，或者更准确地说，我们很难将这两者剥离开，因为伏羲女娲信仰作为当地重要的民间信仰，其本身早已深深融入进整个中原文化中。

我们是否可以说，以祖先崇拜和生殖崇拜为内核的伏羲女娲信仰，和其他原始民间信仰一起，其天、地、人和谐共生及生命繁荣的信仰内核使得在漫长的历史演变中，在历代统治者被动或主动，有意或无意的包容、改造、利用下，已然成为中原文化的厚重底色，并和历史长河中

---

① [美]吉尔兹：《文化的解释》，韩莉译，译林出版社1999年版，第151页。

随后出现的儒、释、道一起，在中原大地上交织交融、彼此渗透，成就了中原地区多神崇拜的蔚为大观，成为我们解读古老神秘、生生不息中原文化的密码。

主要参考文献

一、古文献资料（按作者姓氏音序排列，下同）

1.（汉）班固：《白虎通疏证》，（清）陈立撰、吴则虞点校，北京：中华书局，1994年。

2.（汉）班固：《汉书》，（唐）颜师古注，北京：中华书局1962年。

3.（晋）常璩：《华阳国志校注》，刘琳校注，成都：巴蜀书社，1984年。

4.（汉）董仲舒：《春秋繁露义证》，苏舆义证、钟哲点校，北京：中华书局，1992年。

5.（唐）杜佑：《通典》，北京：中华书局，1989年。

6.（晋）葛洪：《抱朴子内篇校释》，王明校释，北京：中华书局，1985年。

7.（清）顾祖禹：《读史方舆纪要》，北京：中华书局，2005年。

8.（清）郝懿行：《山海经笺疏》，成都：巴蜀书社，1985年。

9.（宋）洪兴祖：《楚辞补注》，白化文等点校，北京：中华书局，1983年。

10.（清）贾汉复：《河南通志》，南京：江苏广陵古籍刻印社，1987年影印。

11.蒋礼鸿：《商君书锥指》，北京：中华书局，1986年。

12.（宋）乐史：《太平寰宇记》，南京：光绪八年金陵书局刻本。

13.（宋）李昉等：《太平御览》，北京：中华书局，1960 年。

14.（北魏）郦道元：《水经注疏》，杨守敬、熊会贞疏，段熙仲点校，陈桥驿复校，南京：江苏古籍出版社，1989 年。

15.（汉）刘安：《淮南子》，沈阳：万卷出版公司，2009 年。

16. 刘文典：《淮南鸿烈集解》，冯逸、乔华点校，北京：中华书局，1989 年。

17.（汉）刘熙：《释名疏证补》，（清）王先谦证补，上海古籍出版社，1984 年。

18.（清）龙文彬：《明会要》，北京：中华书局，1998 年。

19.（战国）屈原等：《楚辞章句》，（汉）刘向集、王逸章句，长沙：长沙书堂山馆刻本，光绪九年。

20.（清）瞿中溶：《汉武梁祠画像考》，北京：北京图书馆出版社，2004 年。

21.（清）阮元校刻：《十三经注疏》，北京：中华书局，1980 年版。

22. 上海古籍出版社编：《纬书集成》（全两册），上海：上海古籍出版社，1994 年。

23.（清）尚秉和：《焦氏易林注》（上下），张善文校理，北京：中国大百科全书出版社，2005 年。

24.（汉）司马迁：《史记》，（宋）裴骃集解、（唐）司马贞索引、张守节正义，北京：中华书局，1959 年。

25.（西汉）司马迁等：《二十五史》，中华书局点校本，北京：中华书局，1974 年。

26.（明）宋濂等：《元史》，北京：中华书局，1976 年。

27.（清）孙诒让：《墨子闲话》，孙以楷点校，北京：中华书局，1986 年。

28.（汉）王充：《论衡校笺》，杨宝忠校笺，石家庄：河北教育出版社，1999 年。

29. 王国维：《水经注校》，上海：上海人民出版社，1984 年。

30.（晋）王嘉：《拾遗记》，（梁）萧绮录、齐治平点校，北京：中华书局，1981 年。

31. 王利器：《吕氏春秋注疏》，成都：巴蜀书社，2002 年。

32.（宋）王溥：《唐会要》，上海：上海古籍出版社，1991 年。

33.（清）王先谦：《荀子集解》（诸子集成本），北京：中华书局，1954 年。

34.（清）吴煦增订：《大清律例增修统纂集成》，杭州：武林清来堂，吴氏原本增修。

35.（梁）萧统：《文选》，（唐）李善注，北京：中华书局，1977 年。

36.（汉）许慎：《说文解字》，北京：中华书局，1963 年。

37. 颜昌峣：《管子校释》，长沙：岳麓出版社，1996 年。

38.（汉）扬雄：《太玄集注》，（宋）司马光注、刘韶军点校，北京：中华书局，1998 年。

39.（明）杨士奇等：《明太祖实录》，南京：江苏国学图书馆民国年间影印本。

40.（明）佚名：《明英宗实录》，南京：江苏国学图书馆，民国年间影印本。

41.（汉）应劭：《风俗通义校注》，王利器校注，北京：中华书局，1981 年。

42. 袁珂：《山海经校注》，成都：巴蜀书社，1993 年。

43.（晋）张华：《博物志校证》，范宁校证，北京：中华书局，1980 年。

44.（清）张澍：《世本八种》，秩集补注本，上海：上海商务印书馆，1957 年。

45.（清）张廷玉等：《明史》，北京：中华书局，1974 年。

46.（清）张廷玉等：《清朝文献通考》，上海：上海商务印书馆，1936 年。

47.（晋）张湛注：《列子注》（诸子集成本），北京：中华书局，1954 年。

48.（清）赵翼：《陔余丛考》，石家庄：河北人民出版社，1990 年。

49. 赵幼文：《曹植集校注》，北京：人民文学出版社，1984 年。

50.（宋）郑樵：《通志》，杭州：浙江古籍出版社，2000 年。

51.（明）朱熹：《诗经集传》，长春：吉林人民出版社，1999 年。

二、专著

1. 巴莫阿依：《彝族祖灵信仰研究》，成都：四川民族出版社，1994 年。

2. 巴莫曲布嫫：《神图与鬼板：凉山彝族祝咒文学与宗教绘画考察》，南宁：广西人民出版社，2004 年。

3. 巴莫曲布嫫：《鹰灵与诗魂——彝族古代经籍诗学研究》，北京：社会科学文献出版社，2000年。

4.［美］保罗·康纳顿：《社会如何记忆》，纳日碧力戈译，上海：上海人民出版社，2000年。

5. 北京大学哲学系编：《费尔巴哈哲学著作选集》（下卷），北京：生活·读书·新知三联书店，1962年。

6. 蔡衡溪编著：《淮阳乡村风土记》，开封：开封新豫印刷所印，1934年。

7. 陈建宪：《神话解读》，武汉：湖北教育出版社，1997年。

8. 陈进国：《隔岸观火：泛台海区域的信仰生活》，厦门：厦门大学出版社，2008年。

9. 董素芝：《伟哉羲皇》，北京：中华书局，2004年。

10. 樊奇峰：《太昊伏羲陵墓》，郑州：河南人民出版社，1985年。

11. 方立天：《中国佛教与传统文化》，台北：台湾桂冠图书公司，1990年。

12. 傅修延：《先秦叙事研究——关于中国叙事传统的形成》，北京：东方出版社，1999年。

13. 富育光、孟慧英：《满族萨满教研究》，北京：北京大学出版社，1991年。

14. 高有鹏：《庙会与中国文化》，北京：人民出版社，2008年。

15. 高有鹏：《民间庙会》，郑州：海燕出版社，1997年。

16.［美］格尔茨：《文化的解释》，韩莉译，南京：译林出版社，1999年。

17.［法］葛兰言：《中国人的宗教信仰》，程门译，贵阳：贵州人民出版社，2010年。

18. 龚维英：《原始崇拜纲要：中华图腾文化与生殖文化》，北京：中国民间文艺出版社，1989年。

19. 顾长声：《从马礼逊到司徒雷登——来华新教传教士评传》，上海：上海人民出版社，1985年。

20. 顾颉刚：《妙峰山》（影印本），上海：上海文艺出版社，1988年。

21. 郭淑云：《原始活态文化：萨满教透视》，上海：上海人民出版社，2001年。

22. 郭于华主编：《仪式与社会变迁》，北京：社会科学文献出版社，2000年。

23. 黄勇：《人生礼俗》，北京：京华出版社，2005年。

24.［法］加布里埃尔·塔尔德:《模仿律》,何道宽译,北京:中国人民大学出版社,2008年。

25.姜彬:《区域文化与民间文艺学》,北京:中国民间文艺出版社,1990年。

26.姜彬:《吴越民间信仰习俗——吴越地区民间信仰与民间文艺关系的考察和研究》,上海:上海文艺出版社,1992年。

27.荆学民:《人类信仰论》,上海:上海文化出版社,1992年。

28.［俄］李福清:《中国神话故事论集》,马昌仪编,北京:中国民间文艺出版社,1988年。

29.李红军:《寻根淮阳》,郑州:河南大学出版社,2009年。

30.李零:《长沙子弹库战国楚帛书研究》,北京:中华书局,1985年。

31.李乃庆:《太昊陵》,郑州:中州古籍出版社,2005年。

32.李文海:《民国时期社会调查丛编(宗教民俗卷)》,福州:福建教育出版社,2004年。

33.李亦园:《人类的视野》,上海:上海文艺出版社,1996年。

34.林国平、彭文宇:《福建民间信仰》,福州:福建人民出版社,1993年。

35.林继富:《灵性高原——西藏民间信仰源流》,武汉:华中师范大学出版社,2004年。

36.林素英:《古代祭祀中之政教观——以〈礼记〉成书前后为论》,台北:文津出版社,1997年。

37.林用中、章松寿:《老东岳庙会调查报告》,收录于《民国时期社会调查丛编·宗教民俗卷》,福州:福建教育出版社,2004。

38.刘道超:《筑梦民生——中国民间信仰新思维》,北京:人民出版社,2011年。

39.刘慧:《泰山庙会》,济南:山东教育出版社,1999年。

40.刘慧:《泰山宗教研究》,北京:文物出版社,1994年。

41.刘锡诚、宋兆麟、马昌仪主编:《中华民俗文丛》,北京:学苑出版社,1994年。

42.刘锡诚:《中国原始艺术》,上海:上海文艺出版社,1998年。

43.刘锡诚主编:《中国民间信仰传说丛书》,石家庄:花山文艺出版社,1995年。

44. 刘亚虎：《神话与诗的"演述"——南方民族叙事艺术》，北京：北京大学出版社，2006年。

45. 刘晔原、郑惠坚：《中国古代的祭祀》，北京：商务印书馆国际有限公司，1996年。

46.［日］柳田国男：《传说论》，连湘译，北京：中国民间文艺出版社，1987年。

47. 吕微、安德明：《民间叙事的多样性》，北京：学苑出版社，2006年。

48. 吕微：《神话何为：神圣叙事的传承与阐释》，北京：社会科学文献出版社，2001年。

49. 罗冬阳：《明太祖礼法之治研究》，北京：高等教育出版社，1998年。

50.［法］罗兰·巴特：《罗兰·巴特著作文集》，李幼蒸译，北京：中国人民大学出版社，2008年。

51.［德］马克思：《马克思恩格斯选集》，中共中央马克思恩格斯列宁斯大林著作编译局译，北京：人民出版社，1971年。

52. 马西沙、韩秉方：《中国民间宗教史》，上海：上海人民出版社，1992年。

53.［罗马尼亚］米尔恰·伊利亚德：《神圣与世俗》，王建光译，北京：华夏出版社，2002年。

54.［英］帕特里夏·法拉、卡拉琳·帕特森主编：《剑桥年度主题讲座·记忆》，户晓辉译，北京：华夏出版社，2006年。

55.［法］皮埃尔·布迪厄、［英］华康德：《实践与反思——反思社会学导引》，李猛、李康译，邓正来校，北京：中央编译出版社，1998年。

56. 戚井涌：《伏羲八卦拳》，郑州：河南科技出版社，1988年。

57.［英］乔·詹·弗雷泽：《金枝》，徐育新等译，北京：大众文艺出版社，1998年。

58. 青海文物考古研究所：《青海柳湾》，北京：文物出版社，1984年。

59. Robert Redfield. Peasant Society and Culture. University of Chicago Press，1956.

60.［瑞士］荣格：《心理学与文学》，冯川、苏克译，北京：生活·读书·新知三联书店，1987年。

61. 史新民、唐经武、骆崇礼、彭兴孝：《三皇之首太昊伏羲》，郑州：河南美术出版社，1990 年。

62. ［日］松村武松：《神话和神话学》，林相泰译，《民间文学理论译丛》（一），北京：中国民间文艺出版社，1986 年。

63. 宋兆麟：《民间性巫术》，北京：北京团结出版社，2005 年。

64. 宋兆麟：《生育神与性巫术研究》，北京：文物出版社，1990 年。

65. ［美］苏珊·朗格：《艺术问题》，滕守尧译，南京：南京出版社，2006 年。

66. 孙进忠：《妙峰山：香会组织的传承与处境》，北京：知识产权出版社，2011 年。

67. 唐君毅：《论中国原始宗教信仰与儒家天道观之关系兼释中国哲学的起源》，《中国人文与当今世界补编》，台北：台湾学生书局，1988 年。

68. ［法］涂尔干：《宗教生活的基本形式》，渠东、汲喆译，上海：上海人民出版社，1999 年。

69. 汪毅夫：《客家民间信仰》，福州：福建教育出版社，1995 年。

70. 王纪友、霍进善：《龙都淮阳》，郑州：中州出版社，1991 年。

71. 王铭铭：《村落视野中的文化与权力》，上海：上海三联书店，1997 年。

72. ［英］王斯福：《帝国的隐喻——中国民间宗教》，赵旭东译，南京：江苏人民出版社，2009 年。

73. ［英］王斯福：《学宫与城隍》，［美］施坚雅主编，叶光庭等译、陈桥驿校：《中华帝国晚期的城市》，北京：中华书局，2000 年。

74. 王宵冰：《仪式与信仰——当代文化人类学新视野》，北京：民族出版社，2008 年。

75. ［德］韦伯：《宗教与世界》，康乐、简惠美译，桂林：广西师范大学出版社，2004 年。

76. ［美］韦思谛：《中国大众宗教》，南京：江苏人民出版社，2006 年。

77. ［美］维克多·特纳：《仪式过程：结构与反结构》，黄剑波、柳博赟译，北京：中国人民大学出版，2009 年。

78. 闻一多：《伏羲考》，上海：上海古籍出版社，2009 年。

79. 吴晗：《朱元璋传》，海口：海南出版社，2001 年。

80. 吴诗池：《原始艺术》，北京：紫禁城出版社，1996 年。

81. 吴效群：《妙峰山：北京民间社会的历史变迁》，北京：人民出版社，

2006年。

82. 徐晓望：《福建民间信仰源流》，福州：福建教育出版社，1993年。

83. 许道龄：《玄武之起源及其蜕变》，北京：国立北平研究院史学研究所1947年。

84. 许地山：《扶箕迷信的研究》，北京：商务印书馆，1941年。

85. 杨复竣：《淮阳神话传说故事》，北京：中国炎黄文化出版社，2007年。

86. 杨复竣：《史话太昊伏羲陵》，郑州：中州古籍出版社，1995年。

87. 杨复竣：《易经传说》，郑州：中州古籍出版社，1991年。

88. 杨复竣：《中华始祖太昊伏羲——中国远古文明探源》，上海：上海大学出版社，2010年。

89. 杨利慧：《女娲的神话与信仰》，北京：中国社会科学出版社，1997年。

90. 杨利慧：《女娲溯源——女娲信仰起源地的再推测》，北京：北京师范大学出版社，1999年。

91. 杨利慧等：《现代口承神话的民族志研究——以四个汉族社区为个案》，西安：陕西师范大学出版总社，2011年。

92. ［美］杨庆堃：《中国社会中的宗教》，范丽珠等译，上海：上海人民出版社，2007年。

93. 杨树喆：《师公·仪式·信仰》，南宁：广西人民出版社，2007年。

94. 叶春生、蒋明智：《悦城龙母文化》，哈尔滨：黑龙江人民出版社，2003年。

95. 叶舒宪：《熊图腾：中华祖先神话探源》，上海：上海锦绣文章出版社，2007年。

96. 叶涛、周少明主编：《民间信仰与区域社会》，桂林：广西师范大学出版社，2010年。

97. 叶涛：《泰山石敢当》，杭州：浙江人民出版社，2007年。

98. 张光直：《中国青铜时代》，北京：生活·读书·新知三联书店，1983年。

99. 张铭远：《生殖崇拜与死亡抗拒》，北京：中国华侨出版公司，1991年。

100. 张振犁、陈江风等：《东方文明的曙光——中原神话论》，上海：东方出版中心，1999年。

101. 张振犁：《中原神话研究》，上海：上海社会科学院出版社，2009年。

102. 赵国华：《生殖崇拜文化论》，北京：中国社会科学出版社，1990年。

103. 赵世瑜：《狂欢与日常——明清以来的庙会与民间社会》，北京：三联书店，2002年。

104. 郑合成编：《陈州太昊陵庙会概况》，杞县：河南省立杞县教育试验区印，1934年。

105. 郑振满、陈春生：《民间信仰与社会空间》，福州：福建人民出版社，2003年。

106. 郑志明：《想象：图像·文字·数字·故事——中国神话与仪式》，贵阳：贵州人民出版社，2010年。

107. 钟敬文：《话说民间文化》，北京：人民日报出版社，1990年。

108. 钟敬文：《民间文艺谈薮》，长沙：湖南人民出版社，1981年。

109. 钟敬文：《民俗学概论》，上海：上海文艺出版社，1998年。

110. 钟敬文：《钟敬文民间文学论集》（下），上海：上海文艺出版社，1985年。

111. 周燮藩、牟钟鉴等：《中国宗教纵览》，南京：江苏文艺出版社，1992年。

112. 周予同：《周予同经学史论著选集》，上海：上海人民出版社，1983年。

113. 朱天顺：《妈祖研究论文集》，厦门：鹭江出版社，1989年。

三、论文

1. ［英］埃德蒙·利奇：《语言的人类学面面观：动物类别与言语滥用》，［英］托马斯·科伦普主编：《数字人类学》，郑元者译，北京：中央编译出版社，2007年。

2. ［美］安东尼·卡斯卡蒂（Anthony J cascardi）：《柏拉图之后的文本与图像》，张志斌译，《学术月刊》2007年第2期。

3. 车广锦：《中国传统文化论——关于生殖崇拜和祖先崇拜的考古学研究》，《东南文化》1992年第5期。

4. 陈进国：《民俗学抑或人类学——中国大陆民间信仰研究的学术取向》，金泽、陈进国：《宗教人类学》（第一辑），北京：民族出版社，2009年。

5. 陈进国：《中国民间宗教研究的学术转向》，《中国社会科学报》2004年11

月 9 日，第 2 版。

6. 陈梦家：《祖庙与神主之起源》，《文学年报》1937 年第 3 期。

7. 陈泳超：《关于"神话复原"的学理分析——以伏羲女娲与"洪水后兄妹配偶再殖人类"神话为例》，《民俗研究》2002 年第 3 期。

8. 陈泳超：《神话信仰研究中的民俗学方法》，《博览群书》2000 年第 11 期。

9. 程格格：《从审美心理看淮阳泥泥狗艺术》，《书画艺术》2007 年第 1 期。

10. 程健君：《中原活神话及其民俗价值》，《民间文化论坛》1993 年第 4 期。

11. 程玉艳：《生殖崇拜文化——淮阳太昊陵庙会文化的底色》，《周口师范学院学报》2008 年第 1 期。

12. 董晓萍：《华北说唱经卷研究》，《北京师范大学学报》（社会科学版）2000 年第 6 期。

13. 杜谆、陈克秀：《太昊陵庙会求子习俗解析》，《寻根》2007 年第 4 期。

14. 杜谆、刘振玲：《担经挑生殖崇拜研究》，《神州民俗》2007 年第 7 期。

15. 樊恭炬：《祀龙祈雨考》，《二十世纪中国民俗学经典·信仰民俗卷》，北京：社会科学文献出版社，2002 年。

16. 樊奇峰：《稀世白龟放归自然》，《人民日报》1998 年 4 月 2 日，第 11 版。

17. 高丙中：《一座博物馆——庙宇建筑的民族志》，《社会学研究》2006 年第 1 期。

18. 高有鹏：《论中国神话时代的基本划分——以盘古、女娲、伏羲三个神话时代为例所做的历史文化考察》，《河南大学学报》（社会科学版）2002 年第 5 期。

19. 顾颉刚、杨向奎：《三皇考》，吕思勉、童书业编著：《古史辨》，上海：上海古籍出版，1992 年。

20. 郭红彦：《浅论中原龟信仰的发展历程》，《民间文化论坛》2004 年第 6 期。

21. ［美］韩书瑞：《北京妙峰山的进香之旅：宗教组织与圣地》，周福岩、吴孝群译，《民俗研究》2003 年第 1 期。

22. 吉林省博物馆：《吉林集安五盔坟四号墓和五号墓清理略记》，《考古》1964 年第 2 期。

23. 蒋守丰：《论佛教文化与中国民间信仰的相互渗透与影响》，《正法眼》2009 年第 2 期。

24. 景军：《知识、组织与象征资本——中国北方两座孔庙之实地考察》，《社会学研究》1998 年第 1 期。

25. 李建成：《伏羲文化研究简论》，《天水师范学院学报》2003 年第 3 期。

26. 李乃庆：《朱元璋太昊陵御祭碑及御祭文》，《中原文物》2007 年第 3 期。

27. 李秋香：《近 30 年来的汉代民间信仰研究》，《史学月刊》2010 年第 3 期。

28. 梁珊：《〈郭丁香〉与灶神信仰——中原第一民间叙事长诗的文化解析》，《湖南工业职业技术学院学报》2009 年第 2 期。

29. 梁钊韬：《中国古代巫师的种类》，《民族学研究集刊》1946 年第 5 期。

30. 林继富：《神圣的叙事——民间信仰与民间传说互动研究》，《华中师范大学学报》（人文社会科学版）2003 年第 6 期。

31. 刘铁梁：《庙会类型与民俗宗教的实践模式——以安国药王庙会为例》，《民间文化论坛》2005 年第 4 期。

32. 刘文锁：《伏羲女娲图考》，《艺术史研究》2006 年第 8 辑。

33. 刘晓春：《一个地域神的传说和民众生活世界》，《民间文学论坛》1998 年第 3 期。

34. 刘亚虎：《伏羲女娲、楚帛书与南方民族洪水神话》，《百色学院学报》2010 年第 6 期。

35. 刘永华：《关羽崇拜的塑成与民间文化传统》，《厦门大学学报》1995 年第 2 期。

36. 刘正平：《作为国家宗教的宗法性传统宗教——关于"儒教"争鸣问题的可能解决之道》，《原道》，北京：首都师范大学出版社，2006 年。

37. 刘仲宇：《道教对民间信仰的收容和改造》，《宗教学研究》2000 年第 4 期。

38. 龙迪勇：《图像叙事与文本叙事——故事画中的图像与文本》，《江西社会科学》2008 年第 3 期。

39. 吕继祥：《泰山庙会述论》，《民俗研究》1994 年第 1 期。

40. 吕微：《楚地帛书敦煌残卷与佛教伪经中的伏羲女娲故事》，《文学遗产》1996 年第 4 期。

41. 罗冬阳：《从明代淫祠之禁看儒臣、皇权与民间社会》，《求是学刊》2006 年第 1 期。

42. 罗勇：《论民间信仰对客家传统社会的调控功能》，《西南民族大学学报》

（人文社科版）2004 年第 7 期。

43. [法] 马伯乐：《中国的民间宗教与儒释道三教》，胡锐译，《世界宗教文化》2010 年第 1 期。

44. 马雪莲：《伏羲祭祀变迁中的文化内涵分析》，《西北第二民族学院学报》2004 年第 1 期。

45. 牟钟鉴：《关于中国宗教史的若干问题》，《中国宗教与文化》，台北：唐山出版社，1995 年。

46. Noel Barnard. The Chu's Silk Manuscript: Translation and Commentary, *Studies on Chu's Silk Mauscript*, Dart 2, Monographs on Far Eastern History 5, Caneberra: Australian National University, 1973.

47. 纳钦：《从传说到信仰：一个蒙古村落民间叙事传统的文化运行——以珠腊沁村公主传说为个案》，《民族文学研究》2004 年第 2 期。

48. 倪宝诚：《民俗文化：民族文化的根》，《河南日报》2007 年 4 月 11 日。

49. 乔晓光：《天下第一狗》，《中华遗产》2006 年第 4 期。

50. 山曼：《山东庙会文化考略——兼论世纪之交的庙会文化走向》，《妙峰山·世纪之交的中国民俗流变》，北京：中国城市出版社，1996 年。

51. 盛燕、赵旭东：《从"家"到"庙"——一个华北乡村庙会的仪式变迁》，黄宗智主编：《中国乡村研究》第六辑，福州：福建教育出版社，2008 年。

52. 孙作云：《中国古代的灵石崇拜》，《民族杂志》1937 年 5 卷 1 期。

53. 索端智：《信仰与仪式中的文化、权力和秩序——隆务河流域"六月勒如"仪式发微》，《青海民族学院学报》2008 年第 1 期。

54. 陶立璠：《民俗意识的回归——河北省赵县范庄村"龙牌会"仪式考察》，《民俗研究》1996 年第 4 期。

55. 王齐洲：《论关羽崇拜》，《天津社会科学》1995 年第 6 期。

56. 王月清：《中国佛教善恶报应论初探》，《南京大学学报》（哲学人文社会科学版）1998 年第 1 期。

57. 王悦勤：《守望人祖的背影——河南淮阳民间泥彩塑"陵狗"田野调查笔记》，《黄河文明与可持续发展》2008 年第 1 期。

58. 吴真：《民间信仰研究三十年》，《民俗研究》2008 年第 4 期。

59. 向云驹：《论"文化空间"》，《中央民族大学学报》（哲学社会科学版）2008 年第 3 期。

60. 萧放：《东岳庙与城市社会信仰空间的构建——以北京东岳庙为例》，《华中师范大学学报》（人文社会科学版）2009 年第 1 期。

61. 萧放：《文化遗产视野下的民间信仰》，《探索与争鸣》2010 年第 5 期。

62. [美] 萧凤霞：《传统的循环再生——小榄菊花会的文化、历史与政治经济》，《历史人类学集刊》2003 年第 1 卷第 1 期。

63. 杨成志：《安南人的信仰》，《民俗季刊》1937 年第 1 期。

64. 杨丹妮：《口传—仪式叙事中的民间历史记忆——以广西和里三王宫庙会为个案》，《涪陵师范学院学报》2007 年第 1 期。

65. 杨堃：《灶神考》，《汉学》（北平中法汉学研究所）1944 年第 1 期。

66. 杨利慧：《神话的重建——以〈九歌〉、〈风帝国〉和〈哪吒传奇〉为例》，《民族艺术》2006 年第 4 期。

67. 杨利慧：《中原汉民族中的兄妹婚神话——以河南淮阳人祖庙会的民族志研究为中心》，《云南师范大学学报》（哲学社会科学版）2010 年第 6 期。

68. 叶舒宪：《四重证据法：符号学视野重建中国文化观》，《光明日报》2010 年 7 月 19 日。

69. 叶涛、任双霞：《泰山王母池九月九庙会调查报告》，《民俗研究》2004 年第 1 期。

70. 叶涛：《碧霞元君信仰起源考》，《文史》2007 年第 4 期。

71. 叶涛：《论泰山崇拜与东岳泰山神的形成》，《西北民族研究》2004 年第 2 期。

72. 雍际春：《论伏羲文化的演变与内涵》，《甘肃社会科学》2008 年第 6 期。

73. 袁爱国：《泰山东岳庙会考识》，《民俗研究》1988 年第 4 期。

74. 袁珂：《再论广义神话》，《民间文学论坛》1984 年第 3 期。

75. 岳永逸：《传说、庙会与地方社会的互构——对河北 C 村娘娘庙会的民俗志研究》，《思想战线》2005 年第 3 期。

76. 张俊：《神圣空间与信仰》，《福建论坛》（人文社会科学版）2010 年第 7 期。

77. 张鹏：《"泥泥狗"作为文化符号和审美元素的解读》，《洛阳大学学报》2007 年第 1 期。

78. 张群成：《淮阳"泥泥狗"的民族特色与内涵研究》，《艺术教育》2005 年第 6 期。

79. 张士闪：《传统妈祖信仰中的民间叙事与官方叙事》，《齐鲁艺苑》2007年第6期。

80. 张自修：《骊山女娲风俗及其渊源》，中国民间文艺研究会陕西分会编：《陕西民俗学研究资料》，1982年。

81. 赵权力：《淮阳人祖爷信仰的神性源泉初探》，《焦作大学学报》2008年第4期。

82. 赵世瑜：《传说·历史·历史记忆——从20世纪的新史学到后现代史》，《中国社会科学》2003年第2期。

83. 赵世瑜：《论中国传统庙会的狂欢精神》，《清史研究》1997年第4期。

84. 赵世瑜：《庙会与明清以来的城乡关系》，《中国社会科学》1996年第1期。

85. 赵世瑜：《明清时期华北庙会研究》，《历史研究》1992年第5期。

86. 赵世瑜：《明清时期江南庙会与华北庙会的几点比较》，《史学集刊》1995年第1期。

87. 赵献海：《明代毁"淫祠"现象浅析》，《东北师大学报》（哲学社会科学版）2002年第1期。

88. 郑渺渺：《民间叙事与精神追求——闽南民间故事中的民间信仰》，《文艺争鸣》2006年第5期。

89. 郑萍：《村落视野中的大传统与小传统》，《读书》2005年第7期。

90. 郑志明：《民间信仰的和谐观与儒释道三教的关系》，《性与命》2000年第10期。

91. 郑志明：《台湾神庙的信仰文化初论——神庙发展的危机与转机》，《寺庙与民间文化研讨会论文集》，台北："行政院"文化建设委员会、汉学研究会出版，1995年。

92. 钟伯清：《多元与和谐：中国民间信仰的基本形态》，《福州大学学报》2007年第5期。

93. 钟国发：《20世纪中国关于汉族民间宗教与民俗信仰的研究综述》，《当代宗教研究》2004年第2期。

94. 周谦：《民间泰山香社初探》，《民俗研究》1989年第4期。

95. 朱孔阳：《历代陵寝备考》（上），吴平、张智编：《中国祠墓志丛刊》（第四册），扬州：广陵书社，2004年。

四、学位论文

1. 过文英：《论汉墓绘画中的伏羲女娲神话》，杭州：浙江大学博士学位论文，2007年。

2. 李海荣：《北京妙峰山香会组织变迁研究》，北京：首都师范大学硕士学位论文，2005年。

3. 李秋香：《文化认同与文化控制：秦汉民间信仰研究》，开封：河南大学博士学位论文，2010年。

4. 李彦锋：《论民间信仰与民间美术造型——以河南淮阳泥泥狗为例》，开封：河南大学硕士学位论文，2007年。

5. 刘勤：《女神降格研究》，成都：四川师范大学硕士学位论文，2007年。

6. 骆建建：《归来之神：一个乡村寺庙重建的民族志考察》，上海：上海大学博士学位论文，2007年。

7. 庞倩华：《女性与女娲：女娲信仰对女性主体地位的凸显》，开封：河南大学硕士学位论文，2008年。

8. 汪洋：《论女娲神话中的灵石信仰》，长春：东北师范大学硕士学位论文，2006年。

9. 王健：《明清苏淞地区民间信仰研究》，上海：华东师范大学博士学位论文，2007年。

10. 王晓莉：《碧霞元君信仰与妙峰山香客村落活动的研究——以北京地区与涧沟村的香客活动为个案》，北京：北京师范大学博士学位论文，2002年。

11. 文忠祥：《土族民间信仰研究》，兰州：兰州大学博士学位论文，2006年。

12. 吴效群：《北京的香会组织与妙峰山碧霞元君信仰》，北京：北京师范大学博士学位论文，1998年。

13. 杨冰：《神灵、庙宇与村落生活：对一个鲁中山村民间信仰的考察》，济南：山东大学硕士学位论文，2007年。

14. 尹虎彬：《河北民间后土信仰与口头叙事传统》，北京：北京师范大学博士学位论文。

15. 余粮才：《民间视野中的伏羲与女娲》，西安：西北民族大学硕士学位论文，2008年。

16. 岳永逸：《庙会的生产——当代河北赵县梨区庙会的田野考察》，北京：北京师范大学 2004 年博士学位论文，2003 年。

17. 张翠玲：《女娲城祭祀歌舞研究》，郑州：郑州大学硕士学位论文，2002 年。

18. 张小燕：《女娲神话的生命美学意蕴》，济南：山东大学硕士学位论文，2008 年。

19. 张义飞：《北京妙峰山民间武会研究》，广州：华南师范大学硕士学位论文，2007 年。

五、地方志及内部资料

1. 淮阳县地方志编纂委员会编：《淮阳县志》，郑州：河南人民出版社 1991 年版。

2. 淮阳县内部资料：《淮阳县委县政府关于 2009 年太昊陵庙会的总结报告》。

3. （清）王士麟修、何润纂：《陈州府志》，陈州：顺治十七年刻本。

4. 《西华县戏曲志》，西华县文化局内部资料，1988 年印制。

5. 张念文、李长城主编：《中华民间经文汇编》（内部资料）。

6. 甄纪印修、蒋麟祥纂：《淮阳县志》，开封：开明印刷局 1934 年印。

后 记

这本书是我多年前的博士毕业论文，之所以选择在学苑出版社的帮助下出版，一是以此纪念缅怀我的导师尹虎彬先生；二是对自己学习生活尤其是专业学习研究的一个总结，以及对能够静下心来，真真正正从事学术研究的学人们的一份致敬。想想看，能够专注于一个领域的研究并沉浸其中，那份热爱和执着，真的能够穿透岁月，可以忽略这个喧嚣世界带给我们的影响和裹挟，这是多么美好的一件事啊。

德国哲学家卡尔·雅斯贝尔曾说过："教育的本质是一棵树摇动另一棵树，一朵云推动另一朵云，一个灵魂唤醒另一个灵魂。"我对此深以为然，并想借此来感谢尹虎彬先生。他谦逊平和的性格，先人后己的风格，以及对于学术精益求精的态度，使我终身受益。博士学习的3年间，老师两次与我一起深入田野调查，不辞舟车劳顿之苦；6次细细修改我20余万字的论文，从论文立意到字词句章，从全篇架构到脚注规范，无不悉心指导，可以说，这篇论文同时凝聚了老师太多的心血和汗水。于我而言，先生既是让我尊敬有加的师长，又是敦厚可亲的亲人，更是可以畅所欲言的朋友。先生离世前曾不止一次建议我要把这篇论文出版，言犹在耳，斯人已逝。现在这本小书的整理出版，被我视为对先生最好的缅怀。

这本书能有幸出版，得益于很多人的帮助，中国社会科学院学部委员、民族文学研究原所长朝戈金老师，原副所长汤晓青老师分别为我作序。朝老师颇具大家风范，在我求学期间，对我的指导总是高屋建瓴，切中肯綮；汤老师时时关注着我学业的进展，并曾赠予一套专业书籍，使我受益匪浅。犹记得博士复试和开题报告时，朝老师谈及民俗学领域时的洒脱从容和妙语连珠；犹记得田野调查时，汤老师耐心细致地示范以及摄取田野资料时的忘我和投入……华艺出版社的殷芳老师和学苑出版社的陈佳老师对于本书的出版助力甚大，尤其是陈佳老师作为责任编辑，她的高效、严谨和认真大大加快了该书面世的进程。此外，首都师范大学的谢继胜老师，北京师范大学的万建中老师、杨利慧老师，社科院民族文学研究所的刘亚虎老师、宋颖老师、莎日娜老师，在我求学期间给了我很多具体的帮助；在论文的基本材料搜集和几次田野调查中，淮阳的很多朋友对我支持很多，包括当时的文化馆的雷泉君馆长，平粮台博物馆的张志华馆长，当地的人文学者、作家董素芝女士，等等，在此一并致谢！

俄国作家陀思妥耶夫斯基曾说过："我怕我配不上我自己所曾受的苦难。"这本小书对于地方民间信仰的梳理、勾勒和探讨，受限于自身的学术能力等因素，肯定会有一些瑕疵和不足，敬请大家谅解。同时，于我个人而言，它既见证了我求学生涯中的迷茫、苦痛、勤奋和执着，也多少能折射出我在滔滔社会洪流中努力向上、向前、向善的身影。

"凤凰鸣矣，于彼高岗；梧桐生矣，于彼朝阳。"

此记。

李丹阳

2023 年 11 月 24 日